국악 교수·학습방법

윤명원 · 곽은아 · 강혜인 · 박소현 · 박지영
정모희 · 황부남 · 이영주 · 배영진 공저

KOREAN TRADITIONAL MUSIC TEACHING AND LEARNING METHOD

학지사

머리말

오늘날 우리나라 문화예술교육 정책은 '모든 국민의 문화적 삶의 질 향상과 국가의 문화역량 강화'를 중요한 목표로 두고 있습니다. 문화예술교육이 문화예술전문가를 집중적으로 육성하던 이전 시대와 달리, 보다 폭넓고 보편적인 국민의 문화예술 향유에 중점을 두고 진행되고 있는 것입니다. 그러나 예술교육의 확산과 질적 향상은 올바른 예술정책의 수립과 더불어 우수한 예술교육자의 질을 확보하고 있어야 합니다. 문화예술교육의 필요성이 강조되고 교육활동의 범위가 확대되어 갈수록 문화예술 교육자들의 역량 강화가 더욱 필요한 것입니다.

이러한 시대의 요구에 따라 문화예술사 제도가 「문화예술교육 지원법」 제27조 2항에 의거하여 만들어졌습니다. 문화예술교육사는 문화예술의 전문성을 바탕으로 문화예술교육 활동에 참여하는 인력을 말합니다. 문화예술교육사 자격제도는 문화예술교육사에 대한 법적 근거를 마련하고 문화예술교육 관련 전문 역량을 갖춘 자에게 국가공인 자격증을 부여함으로써, 미래 수요 변화에 대비할 뿐만 아니라 인력정책의 패러다임 전환을 모색하여 사회적 공신력을 제고하고 예술 관련 전공 대학졸업생 등의 진출 영역을 확대하고자 하는 의도가 내포되어 있습니다.

국악교육 분야는 문화예술교육의 여러 영역 중에서 가장 먼저 시작되었고 그간 학교교육에 집중되어 있던 지원 범위가 점차 지역사회의 여러 기관에 이르기까지 문화예술교육 전 분야로 확대되고 있습니다. 우리나라 역사에서 근현대의 음악교육이 서양음악 중심으로 진행되었음을 볼 때, 국악교육의 기회는 그동안 잃어버린 민족 고유의 음악정서를 회복하는 길이며 국악 전공자들에게는 문화예술 교육자의 역할을 당당하게 펼칠 수 있는 시간이 될 것입니다. 그러나 여기에 고민이 있습니다. 현재의 국악 전공자들이 개별 분야의 역량은 뛰어날지 몰라도 교육에 필요한 소양과 실재적 역량을 갖추고 있는가 하는 것입니다. 이러한 시대적 고민의 실마리를 풀어 보고자 오랫동안 대학에서 국악교육을 담당해 왔던 교수들과 현장에서 직접 문화예술교육을 실천해 온 교사 및 예술 강사들이 그동안의 연구와 교육적 경험을 바탕으로 지혜를 모았습니다.

『국악 교수 · 학습방법』은 문화예술교육사를 비롯한 예술교육을 담당하는 교수자들이 기본적으로 갖추어야 할 교수 · 학습이론, 교수 · 학습방법, 수업 설계 실습으로 구성하였습니다. 교수 · 학습이론에서 음악교육학의 기본 이론들을 살펴보고 이를 적용한 국악교육 방법을 모색합니다. 또한 교수 · 학습방법에서는 유아, 아동 · 청소년, 청 · 장년, 노년 대상에 따른 체계적인 국악교육을 위한 교수법, 교수 · 학습 과정안 작성 방법을 학습합니다. 마지막으로 수업 설계 실습에서는 앞에서 학습한 교수 · 학습 이론과 방법을 활용하여 현장에서 활용이 가능한 국악교육 프로그램을 설계할 수 있도록 하였습니다.

이 책이 문화예술교육사로서 새길을 걷고 있는 국악 전공자들과 국악교육을 책임지고 있는 여러 교수자에게 부족하나마 유익한 동반자가 되기를 바라며, 이 책이 세상에 나올 수 있도록 정성을 다해 준 학지사 여러분에게도 깊은 감사를 드립니다.

2018년 봄

저자 일동

차례

제1장

국악 교수 · 학습방법 교과목의 이해

윤명원

1. 국악 교수 · 학습방법 교과목의 이해
2. 국악교육에 소개된 다양한 국악 교수법
3. 국악 교수 · 학습방법의 교재 구성

이 장에서는 문화예술교육사 2급 교육과정의 교과목인 국악 교수 · 학습방법의 내용을 소개하는 것으로 구성하였다. 본 교과목의 수업 목표와 수업 운영 방식, 평가 방법 등을 알아보고 각 장에 구성된 핵심내용을 미리 살펴볼 것이다. 이러한 과정을 통해 문화예술교육사로서의 효과적인 교수 · 학습을 위해서는 어떠한 이론적인 지식과 실제적인 기술이 필요한지 스스로 탐구하도록 한다.

1. 국악 교수 · 학습방법 교과목의 이해

교수 · 학습방법은 말 그대로 교사와 학생들이 가르치고 배우는 방법으로 학교 교육에서 시작된 개념이다. 따라서 학교 교육과정의 교수 · 학습방법은 교육과정의 내용에서 언급한 요소 및 개념을 토대로 구체적인 방법을 제시한 것이라고 할 수 있다. 그러므로 학교 교육과정에서 사용하는 교수 · 학습방법의 개념을 문화예술교육사 교육과정에서 사용하게 된 배경에 관해 언급할 필요가 있다.

문화예술교육의 역사는 그리 오래되지 않았다. 전공자들을 양성하는 문화예술 교육의 역사는 매우 깊으나 일반인들을 위한 문화예술교육의 전문적인 연구와 공적인 영역에서의 확대는 2006년 문화예술교육지원법이 시행되면서부터라고 볼 수 있다. 그러므로 문화예술교육의 역사보다 학교 교육의 역사가 매우 길기 때문에 학교 교육에서 연구되고 발전된 교수 · 학습방법 중에 문화예술교육에 적합한 방법을 차용하는 것이 효율적일 수 있다. 그러나 앞으로는 문화예술교육이 자리를 잡고 체계화되어 갈 것이므로 문화예술교육만의 새로운 교수 · 학습 방법이 개발되어야 하는 것도 중요한 과제일 것이다.

교수 · 학습방법은 '학습자를 어떤 방법으로 가르치고 배우게 할 것인가'를 다루는 교과목이다. 학습자들에게 적절한 교수 · 학습방법으로 교육하기 위해서는 각 대상의 특성을 잘 파악해야 하고 이들이 원하는 요구와 기대를 반영해야 한다. 이를 위해 학교 교육과정에서 그동안 시행됐던 교수 · 학습방법의 이론들을 반드시 살펴보아야 할 필요가 있다. 기존에 이미 적용되어 효과성이 입증된 교수 · 학습방법이 있는데 그것을 모르고 자신이 새로운 교수 · 학습방법을 찾는다면 시행착오가 있을 수 밖에 없고 그 와중에 학습자는 물론이고 교수자도 흥미를 잃을 수 있다. 따라서 본 교과목에서는 기존 교수 · 학습방법의 이론을 학습하고 각 대상에 맞게 적용함으로써 보다 효과적인 국악교육의 교수 · 학습방법을 만들어 내는 기초를 닦는 것에 중점을 둔다.

2. 국악교육에 소개된 다양한 국악 교수법

학교 교육에서 국악교육이 강조되면서 국악어법에 맞는 다양한 국악 교수법이 제시되었다. 각 장에서 대상에게 맞는 다양한 교수·학습방법을 살펴보기 전에 기존에 제시되었던 국악 교수법을 정리해볼 필요가 있다고 본다. 성기련(2009)은 과거 명인들이 제자들을 가르치던 전통적 교수 방식을 재정립하면서 현대의 국악교육에 적용할 수 있는 방안을 모색하고자 하였다. 내용은 다음과 같다.

1) 가락선보 교수법

가락선보는 음악의 선율을 마치 물이 흘러가는 듯한 선으로 기보한 악보로 국악의 음악적 특징인 시김새를 효과적으로 표현할 수 있다. 가락선보는 시조, 민요 등의 악보에 주로 사용되며 현재 학교 교육과정에서도 가락선보의 사용을 권장하고 있다.

2) 구음 교수법

구음은 악기의 음색을 표현할 수 있다는 장점 때문에 예로부터 널리 쓰여 왔다. 특히 타악기를 가르침에 있어서 구음을 활용하는 것은 매우 효과적이며 유용하다. 초등학교 교육과정에서 가장 많이 쓰이는 꽹과리, 북, 장구, 징의 경우에도 그 구음이 각기 악기에 맞게 발전해 왔고 구음을 제시하는 것만으로도 소리의 길고 짧음, 세고 여림 등을 자연스럽게 나타낼 수 있다.

3) 총보 활용 교수법

총보는 말 그대로 악보가 모두 모여 있는 것을 의미하며 악곡을 연주하는 구성 악기들의 가락을 한눈에 볼 수 있다는 장점이 있다. 총보 교수법은 특히 기악 수업에서 활용하기 적합하며 사물놀이, 풍물놀이 등의 합주 지도에서도 용이하게 활용할 수 있다.

4) 발림 교수법

발림이란 우리 춤에 있어서 손짓 또는 발짓 등과 같은 몸놀림을 의미한다. 실제로 한배가 빠르지 않고 여음이 중요한 우리 음악에서는 연주자 혹은 반주자가 음악을 연주함에 있어서 발림과 같은 몸동작을 통해 박자감을 잃지 않으며 연주하는 모습을 종종 볼 수 있다. 이 교수법은 특히 앉아서 수업을 듣는 가창 수업에서의 장단감 지도에 적합하다고 할 수 있다.

5) 디딤새 교수법

디딤새는 우리 춤을 구성하는 기본 동작으로 장단에 맞추어 오금을 굽혔다 폈다 오금질을 하며 걷는 동작을 의미한다. 디딤새 교수법은 앞의 발림 교수법과 비교하여 볼 때 장단감 체득을 목적으로 한다는 점에서는 공통적이지만, 책상에 앉지 않고 일어난 상태로 신체표현을 하며 놀이 혹은 춤을 추는 활동 위주의 수업에서 장단감을 지도하기에 적합하다(성기련, 2009).

6) 손장단(양수지박) 교수법

가창자가 시조, 가곡 등을 혼자 장단에 맞춰 흔히 양손을 무릎에 치며 박을 맞췄던 양수지박은 조순자 명인에 의해 체계화된 바 있다. 방법은 합장단에서는 양손 모두 무릎을 치고 채편만 칠 때는 오른손으로 무릎을 짚으며 북편을 칠 때는 왼손으로 무릎을 친다. 주의할 점은 오른손으로 무릎을 치고 난 다음 박에서 왼손으로 무릎을 치기 위해서는 왼손을 올려 준비 동작을 취하는 것이다. 처음에는 익숙해지는 데에 시간이 필요할 수 있지만, 실제 시조의 말붙임새와 장단치기에 익숙해지면 시김새를 손으로 표현하면서 양수지박을 하는 것까지 가능하다.

7) 손시김 교수법

손으로 요성, 추성, 퇴성 등의 시김새를 표현하는 것을 '손시김'이라고 하는데 시김새가 발달한 장르의 음악에서 주로 활용된다. 이와 같이 손놀림을 활용한 시김새 교수법은 시김새가 뚜렷이 드러나는 서도소리 교수법 등 다른 지역의 민요 혹은 타 장르에도 활용할 수 있으며, 반드시 정해진 손동작이 아니라 교사와 학생들과의 약속에 의해서 훨씬 더 다양한 형태로 개발하여 적용해 볼 수 있다(변미혜, 2009).

한윤이(2012)는 초등학교 음악 교과서에 제시된 국악 교수법을 고찰하여 유형별로 분류하였다. 내용은 다음과 같다.

〈표 1-1〉 국악 교수 · 학습방법의 유형

<table>
<tr><th>내용
분류</th><th colspan="2">유형</th><th>구체적인 설명</th></tr>
<tr><td rowspan="3">기보법 활용 교수법</td><td colspan="2">가락선보 활용 교수법</td><td>곡선적인 가락의 흐름을 선으로 나타낸 가락선보를 활용하는 방법</td></tr>
<tr><td colspan="2">율명 활용 교수법</td><td>국악에서 사용하는 음이름인 율명으로 가락을 나타낸 기보법을 활용하는 방법</td></tr>
<tr><td colspan="2">총보 활용 교수법</td><td>선율(노래, 악기), 노랫말, 장단, 춤 동작까지 총체적으로 제시한 총보를 활용하여 지도하는 방법</td></tr>
<tr><td rowspan="4">신체표현 활용 교수법</td><td rowspan="2">한배감지 교수법</td><td>상체 활용</td><td>장단의 흐름에 맞추어 상체를 움직이는 동작을 활용하여 한배를 느끼도록 지도하는 방법. 예로써 팔을 둥글게 원을 그리듯이 움직이는 동작을 활용하는 방법이 있음</td></tr>
<tr><td>하체 활용</td><td>장단의 흐름에 맞추어 하체를 움직이는 동작을 활용하여 한배를 느끼도록 지도하는 방법. 예로써 오금을 굴신하며 발을 내딛는 동작을 활용하여 한배를 느끼도록 지도하는 방법이 있음</td></tr>
<tr><td colspan="2">무릎장단 교수법</td><td>양손으로 무릎을 치면서 박이나 장단을 맞추는 방법</td></tr>
<tr><td colspan="2">손시김 교수법</td><td>손으로 시김새를 표현하면서 시김새와 선율을 익히도록 하는 지도 방법</td></tr>
<tr><td rowspan="2">언어 활용 교수법</td><td colspan="2">구전심수법(口傳心授法)</td><td>소리를 직접 입으로 전해 듣고 마음으로 받아들이는 방법으로 듣고 따라 부르는 방법</td></tr>
<tr><td colspan="2">구음 활용 교수법</td><td>악기의 소리를 흉내 낸 말(口音)을 이용하여 악기 주법을 지도하는 방법</td></tr>
</table>

	말장단 활용 교수법	장단의 형태나 구조에 알맞은 말을 사용하여 장단을 지도하는 방법
	추임새 활용 교수법	판소리의 추임새를 활용하여 추임새의 쓰임새에 맞게 다양한 활동을 지도하는 방법
통합 교수법	놀이 활용 교수법	전승된 전래 놀이를 활용하거나 창작한 놀이를 활용하여 노래와 함께 지도하는 방법
	가무악 통합 교수법	노래(歌), 춤(舞), 악기 연주(樂)의 활동을 통합하여 지도하는 방법

앞에서 제시한 다양한 교수법은 말 그대로 가르치는 방법을 나열한 것이다. 앞의 방법을 사용해서 대상에 따라 어떤 단계와 절차를 거쳐 효과적으로 수업을 할 것인지는 교수자의 역량에 달려있다고 본다. 그리고 국악 교수법을 체계화하고 다양화하기 위해서는 현장에서 직접 국악교육을 하고 있는 교사와 강사 등 국악교육자들의 역할이 매우 중요할 것이다.

3. 국악 교수 · 학습방법의 교재 구성[1)]

1) 개요

본 교과는 문화예술교육으로서 국악교육을 실행할 때 효과적인 '학습'이 발생할 수 있도록 준비, 계획, 실행(수업), 평가 등을 포함한 포괄적인 교수능력을 지닌 예술교육전문가의 역량 강화를 위한 과목이다. 이를 위하여 '교수'와 '학습'이 이루어지는 조건과 과정을 파악하고, 다양한 목적을 위한 교수 · 학습 모형과 교수전략들을 이해한 뒤, 직접 자신의 국악수업을 효과적으로 실행하기 위해 창의적으로 교수 · 학습 과정안을 작성하여 문화예술교육 현장에 적용할 수 있는 실제적인 능력을 갖추도록 한다. 이 교과목은 국악 분야 문화예술교육사로서 보다 전문성 있는 예술교육을 수행할 수 있는 기초 교수역량을 함양하는 데 목적을 두고 있으므로, 교수학습방법에 대한 이론적 기초이해뿐만 아니라 이를 문화예술교육으로써 국악

1) 한국문화예술교육진흥원(2017)의 『문화예술교육사 2급 교육과정』 중 일부를 정리하였다.

교수 · 학습에 활용할 수 있도록 지도의 중점을 둔다.

2) 수업목표

본 교과목은 문화예술교육 현장에서 다양한 국악분야를 실제 학습 대상에 알맞게 그리고 효과적으로 지도할 수 있는 역량을 강화하기 위해, 교수 · 학습 이론의 지도뿐만 아니라 실제 사용되고 있는 교수 · 학습방법들을 소개하여, 문화예술교육사들이 예술가로서뿐만 아니라 예술 분야 교육자로서 전문적인 교수역량을 갖출 수 있게 하는 것을 목적으로 한다.

- 학습의 의미와 중요성, 그리고 학습이 효과적으로 이루어지는 과정을 이해한다.
- 수업에서 목표로 한 학습이 이루어질 수 있도록 돕는 다양한 교수 · 학습방법과 전략을 이해한다.
- 다양한 수업목표를 위한 효과적인 국악 교수 · 학습모형과 교수전략들을 탐색하여 문화예술교육을 위한 창의적인 국악 교수 · 학습 과정안을 설계한다.
- 국악분야 2급 문화예술교육사로서 만나게 될 다양한 학습자들과 그들의 국악교육에 대한 요구와 기대들을 이해한다.
- 국악분야 문화예술교육이 이루어지는 국내외 다양한 교육현장을 이해한다.

3) 각 장의 핵심 내용

각 장은 국악교육에 필요한 교수 · 학습이론을 이해하는 것에서 시작하여 대상별 맞춤 교수 · 학습방법을 살펴보고 직접 실습하는 과정으로 구성하였다. 각 장의 학습 목표와 학습 내용은 다음과 같다.

〈표 1-2〉 각 장의 학습 목표와 학습 내용

제목	학습 목표	학습 내용
제1장. 국악 교수 · 학습 방법 교과목의 이해	교과목의 중요성과 가치를 이해하고 문화예술교육사로서 갖추어야 할 효과적인 국악교육 방법을 탐색한다.	1. 국악 교수 · 학습방법 교과목의 이해 2. 국악교육에 소개된 다양한 국악 교수법 3. 국악 교수 · 학습방법의 교재 구성
제2장. 학습이론의 이해와 전통적 국악교육	다양한 학습이론과 우리나라의 전통적인 국악교육의 방법을 학습한다.	1. 학습이론의 이해 2. 우리나라의 전통적 국악교육
제3장. 동기이론의 이해와 동기유발의 기능과 방법	학습동기유발을 위한 동기이론을 이해하고 동기유발의 방법을 학습한다.	1. 동기이론의 이해 2. 동기유발의 기능과 방법
제4장. 대상별, 수업단계별, 지도영역별 동기유발의 실제	대상별, 수업단계별, 지도영역별 동기유발의 실제와 사례를 탐색한다.	1. 대상별 동기유발 2. 수업단계별 동기유발 3. 지도영역별 동기유
제5장. 창의성 신장을 위한 국악교육	창의성교육을 이해하고 창의성 신장을 위한 국악교육의 실제를 탐구한다.	1. 창의성교육의 이해 2. 창의성 신장을 위한 국악교육의 실제
제6장. 학습자 중심 국악교육 환경 구성과 그 의미	학생들의 다양성, 적성, 특기를 존중하는 학습자 중심 교육 방향을 이해한다.	1. 구성주의와 학습자 중심 교육 2. 학습자 중심 국악학습 환경의 구성
제7장. 유아 국악 교수 · 학습방법	유아 대상 국악 교수 · 학습방법의 실제를 살펴보고 수업 설계를 실습한다.	1. 유아 대상의 이해 2. 유아 국악 교수 · 학습방법의 실제 3. 유아 국악 수업 설계 실습
제8장. 아동 · 청소년 국악 교수 · 학습 방법	아동 · 청소년 대상의 학습 특성과 음악적 능력 발달에 적합한 국악 교수 · 학습방법을 탐구한다.	1. 아동 · 청소년 대상의 이해 2. 초 · 중등 음악교과 연계 국악 교수 · 학습 방법 3. 국악교육을 통한 삶의 만족도 교육

제9장. 청 · 장년 국악 교수 · 학습방법	청 · 장년 대상의 특성을 반영한 교육 목표를 설정하고 국악 교수 · 학습방법을 탐구한다.	1. 청 · 장년 대상의 이해 2. 청 · 장년 국악 교수 · 학습방법의 실제
제10장. 노년 국악 교수 · 학습방법	노인 대상의 특성을 고려하여 국악교육의 영역과 내용을 설정하고 국악 교수 · 학습방법을 탐구한다.	1. 노인 대상의 이해 2. 노인 국악교육의 영역 및 학습방안 3. 노인 국악 교수 · 학습방법의 실제
제11장. 학교문화예술교육으로서 국악교육을 위한 수업 설계 실습	문화예술교육으로서 학교 국악교육을 위한 수업 설계 방법을 학습하고 국악 교수 · 학습 과정안 작성을 실습한다.	1. 문화예술교육으로서 국악교육을 위한 수업 설계 2. 학교에서의 교수 · 학습 과정안 3. 국악 교수 · 학습 과정안 작성 실습
제12장. 사회문화예술교육으로서 국악교육을 위한 수업 설계 실습	문화예술교육으로서 사회국악교육을 위한 수업 설계 방법을 학습하고 국악 교수 · 학습 과정안 작성을 실습한다.	1. 사회문화예술교육 대상을 위한 수업 설계 2. 사회문화예술교육 대상을 위한 차시별 교수 · 학습 과정안 작성 실습

4) 수업 운영 방식

예술교육전문가로서 다양한 교수 · 학습방법과 전략들을 학습하는 교과목이기 때문에, 강의자 스스로가 일방적인 강의일변도의 수업보다는 다양한 교수 · 학습 형태와 동기유발 전략, 창의적 교재교구를 적절하게 사용하는 등 학습이 효과적으로 이루어질 수 있는 '학습조건'과 '학습상황'을 고려한 모범적인 수업을 운영하는 것이 필요하다.

평가방법

문화예술교육사 2급 교육과정에서 평가는 7주 차와 마지막 주차에 배정되어 있으나 일정과 평가 내용은 학교와 교육 강사의 사정에 따라 변경될 수 있을 것이다. 중간과제는 조사 발표 형식으로 학습자의 동기유발을 위한 창의적인 동기유발 전략을 사례 조사하는 것이다. 기말과제는 마지막 주차에 2주간 진행되도록 배정하였고 국악 교수 · 학습 과정안을 작성하고 발표한 후 종합토론하는 형식으로 제시되었다. 개인 또는 조별로 가장 효과적이라고 생각하는 교수 · 학습 방법 중 하나를 활용하여 국악 교수 · 학습 과정안을 작성하고 발표한다. 그리고 동료의 발표를 듣고 교육목표와 교수 · 학습 방법의 적절성 등을 평가할 수 있는 동료 평가지를 작성한다.

- 출석: 30%
- 수업참여: 30%(수업 시 질문과 응답 및 토론, 자율적 발표 참여도)
- 중간과제: 20%
- 기말과제: 20%
- 중간과제: 미적 체험, 표현, 감상을 위한 창의적 동기유발 전략 사례조사
- 기말과제: 개인 또는 조별로 학습한 교수학습 모형 중 하나를 활용한 국악 교수 · 학습 과정안 작성
- 발표방식: PPT 등 멀티미디어를 활용하여 집중도를 높일 수 있도록 한다.

토의주제

1. 교수 · 학습방법의 의미를 설명해 보자.

2. 국악교육 발전에 있어서 교수 · 학습 방법 개발의 필요성을 논의해 보자.

3. 문화예술로서 국악교육을 하고자 하는 이유와 경험을 이야기해 보자.

참고문헌

변미혜(2009). 전통문화예술교육 교육 활동 지침서 개발 연구: 국악. 서울: 한국문화예술교육진흥원.

성기련(2009). 국악 어법에 맞는 국악 교수법 고찰. 국악교육연구, 3(2), 167-188.

한국문화예술교육진흥원(2017). 문화예술교육사 2급 교육과정(교수자용). 서울: 한국문화예술교육진흥원.

한윤이(2012). 초등학교 음악 교과용 도서에 제시된 국악 교수법 고찰. 음악교육연구, 41, 229-258.

제2장

학습이론의 이해와 전통적 국악교육

박소현, 이영주

1. 학습이론의 이해
2. 우리나라의 전통적 국악교육

교수 · 학습의 개념을 이해하는 것은 교육을 전문적으로 하는 사람이라면 누구나 기본적으로 갖추어야 할 소양이라고 할 수 있다. 학습을 제대로 이해하기 위해서는 다양한 학습이론을 알아볼 필요가 있다. 학습이론은 행동주의, 인지주의, 구성주의의 철학적 배경을 두고 있는데, 학습이론을 이해하면 보다 효과적인 수업을 설계하는 데 도움이 된다. 또한 학습이론을 이해한 바탕 위에 전통적인 국악교육방법을 알아봄으로써 효과적인 국악 교수 · 학습방법을 설계할 수 있는 기초를 다진다.

학습은 연습이나 경험의 결과로 일어나는 행동의 지속적인 변화로, 인간의 삶을 유지하고 문명을 발전시키는 데 기초가 되는 개념이다. 또한 인류 역사가 시작된 이래 지금까지 지속되고 있는 매우 중요한 과정이라고 할 수 있다. 학습이란 행동의 변화이며, 변화는 연습이나 훈련 또는 경험에 의한 변화를 말한다. 연습이나 훈련이 동반되지 않은 학습자의 성숙에 의한 변화는 학습으로 간주되지 않으며, 학습에 의한 변화는 비교적 영속적이어야 한다.

학습이론은 '학습'이 일어나는 현상을 연구한 이론이다. 구체적으로는 학습자에게 학습이 발생하는 과정을 체계적이고 과학적으로 탐구하는 것으로, 행동주의, 인지주의, 구성주의 학습이론으로 구분할 수 있다.

1. 학습이론의 이해

1) 행동주의 학습이론

행동주의 학습이론에서는 학습을 통해 나타나는 결과를 관찰 가능한 행동의 변화라고 정의하고 있다. 환경으로부터 학습자에게 제시되는 시각, 청각, 촉각 등의 자극(stimulus)과 그 자극으로 인해 나타나는 행동, 즉 반응(response) 간의 연합을 근본적인 학습 원리로 본다(한용진 외, 2007). 따라서 어떤 학습을 유발시키기 위해서는 그에 상응하는 자극요인이 주어져야 한다. 또한 학습자의 학습능력은 선천적으로 결정되는 것이 아니라 학습자에게 제공되는 환경에 따라 그 효과는 달라질 수 있다(성태제 외, 2010).

주요 이론으로는 파블로프(I. P, Pavlov)의 고전적 조건화 이론, 손다이크(E. L. Thorndike)의 시행착오에 의한 학습이론, 스키너(B. F. Skinner)의 조작적 조건화 이론, 반두라(A. Bandura)의 관찰학습 이론 등이 있다.

(1) 파블로프의 고전적 조건화 이론

파블로프의 고전적 조건화 이론을 성태제 등(2010)은 다음과 같이 설명하고 있다. 러시아의 생리학자인 파블로프는 배고픈 개에게 고기를 주며 동시에 종소리를 들려주는 일을 여러 번 반복한 결과, 고기를 주지 않고 종소리만 들려주어도 침을 흘린다는 사실을 발견하였다. 즉, 특정 반응이나 관련이 없는 중립자극이 자연스러운 반응을 불러일으키는 무조건자극과의 반복적 결합을 통해 두 자극 간의 조건형성이 이루어짐으로써 무조건자극의 제시 없이 중립자극만으로도 동일한 반응을 일으키게 한다는 것이다. 이러한 고전적 조건화 이론은 학습자의 환경을 적절히 조작함으로써 원하는 학습을 이룰 수 있다는 중요한 원리를 제공하였다.

고전적 조건화 형성의 3단계를 도식화하면 [그림 2-1]과 같다.

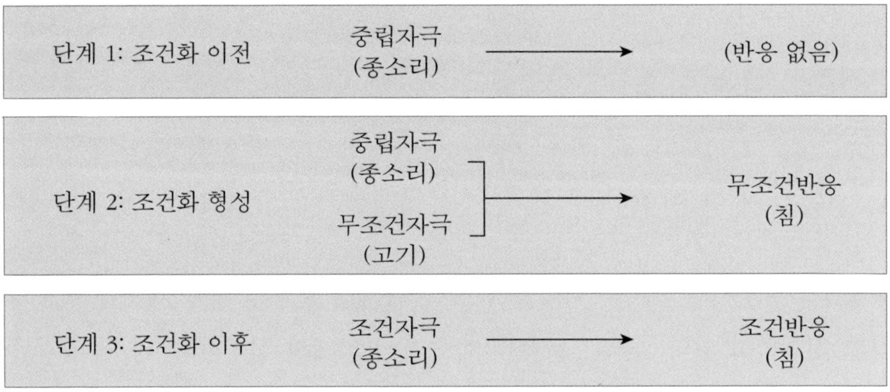

[그림 2-1] 고전적 조건화 이론의 3단계

출처: 성태제 외(2010).

(2) 손다이크의 시행착오에 의한 학습이론[1)]

이형행(2007)은 손다이크의 시행착오에 의한 학습이론을 다음과 같이 설명하고 있다. 손다이크는 상자 안의 발판을 밟으면 상자 문이 열리도록 장치를 설치하고 굶주린 고양이를 넣어 두었다. 우연히 발판을 밟게 된 고양이는 상자 문이 열리자 밖으로 나와 먹이를 먹게 된다. 이러한 실험이 되풀이되면서 고양이는 발판을 밟고 나오는 시간이 단축되고 즉각적으로 상자에서 나오게 된다. 즉, 고양이는 상자 문

1) 최신 교육학개론(성태제 외, 2010: 135-136)의 내용을 정리하였다.

을 열고 나오는 것을 학습하게 되었으며, 고양이의 착오 반응은 점진적으로 약화되어 없어지고 반대로 옳은 반응은 점차 강화된다. 이와 같은 실험을 통해 손다이크는 시행착오(試行錯誤)의 과정을 통해 학습이 이루어진다고 주장하였다.

(3) 스키너의 조작적 조건화 이론

파블로프의 고전적 조건화 이론이 행동을 유발시키기 위한 자극에 관심을 두었다면, 스키너의 조작적 조건화 이론은 자극보다는 유발된 행동의 결과에 관심을 둔다(김영봉 외, 2008). 스키너는 이론을 설명하기 위해 지렛대를 누르면 먹이가 나오도록 되어 있는 장치를 고안하여 쥐를 넣어 실험하였다. 쥐가 우연히 지렛대를 눌러 먹이를 얻은 후에는 지렛대를 누르는 행동을 반복하였다. 그러나 지렛대를 눌러도 먹이를 얻을 수 없게 했을 경우에는 지렛대를 누르는 행동은 감소되었다. 이처럼 쥐가 지렛대를 누르는 행동의 빈도가 증가되는 과정을 스키너는 '강화'라는 용어로 설명하고 있다(성태제 외, 2010). 강화란 조작적 조건화 이론에서 가장 중요한 개념이다. 학습자에게 학습되어야 할 행동은 어떤 선택된 보상자극이나 강화자극이 뒤따라야 한다는 것이 스키너 이론의 특징이다. 또한 강화에 사용되는 강화물의 제시방법에 따라 정적 강화와 부적 강화로 분류될 수 있다(성태제 외, 2010). [그림

강화

정적 강화: 학습자를 만족시킬 수 있는 강화물을 제공함으로써 의도한 행동을 유발하고 유지

부적 강화: 학습자가 싫어하는 것을 제거함으로써 의도하는 행동의 빈도를 증가시키고 유지

소거

강화가 제공되지 않을 경우 행동의 빈도가 감소하거나 사라지는 과정

벌

바람직하지 않다고 가정된 행동을 약화시키거나 감소시키는 과정

[그림 2-2] 스키너의 조작적 조건화 이론의 주요 개념

출처: 성태제 외(2010).

2-2]는 강화, 소거, 벌 등 행동주의 학습이론의 주요 개념들을 정리한 것이다.

2) 인지주의 학습이론

김영봉 등(2008)은 인지주의 학습이론에서의 학습이란 이해를 통한 학습자의 인지 구조의 변화라고 보았다. 새로운 정보의 구조와 이미 알고 있던 지식의 구조를 적절하게 연결하여 그 관계를 파악할 때 효과적인 학습이 이루어진다는 것이다. 이와 같이 일종의 지식 구조 개념인 스키마를 강조하고 있으며, 효과적인 학습이 일어나기 위해서는 학습자가 새 정보를 기존 지식에 잘 연결할 수 있도록 해야 한다. 또한 학습내용을 조직함으로써 학습자가 선수지식을 사용하여 현재 지식 구조를 내적으로 구성하고 새로운 상황에 맞게 변화시키도록 도와주어야 한다는 것이다(김영봉 외, 2008).

이러한 인지적 견해의 기초라고 볼 수 있는 형태(Gestalt)심리학은 베르트하이머(Wertheimer)에 의해 처음 소개되었으며, 주요 이론으로는 쾰러(Köhler)의 통찰학습 이론, 레빈(K. Lewin)의 장 이론, 피아제(J. Piaget)의 인지발달 이론, 브루너(J. S. Bruner)의 발견학습 이론, 비고츠키(L. S. Vygotsky)의 사회문화인지 이론, 정보처리 이론 등이 있다. 이 중 쾰러의 통찰학습 이론, 피아제의 인지발달 이론, 브루너의 발견학습 이론, 정보처리 이론을 살펴보고자 한다.

(1) 쾰러의 통찰학습 이론

성태제 등(2010)은 쾰러의 통찰학습 이론을 다음과 같이 설명하고 있다. 쾰러는 바나나를 높은 곳에 매달아 놓고 가까이에 나무막대와 상자들을 준비한 후 침팬지의 행동을 관찰하였다. 침팬지는 바나나를 얻기 위해 애를 쓰지만 바나나를 딸 수 없다는 것을 깨닫고 잠시 주변을 살핀 후, 상자들을 쌓고 올라가 나무막대를 이용해 바나나를 땄다. 이러한 실험결과를 통해 문제 해결 과정은 통찰적 전략의 사용을 통해 이루어진다는 사실을 보여 주고 있다. 즉, 학습자는 학습상황에서 문제를 해결할 때 문제사태를 전체적으로 파악함으로써 자신의 목표달성을 위한 행동과 결부시켜 문제사태를 재구성 또는 재체계화 하는 인지적 장(field)의 과정을 거친다는 것이다(김영봉 외, 2008).

(2) 피아제의 인지발달 이론

피아제는 모든 생명체가 인지적 적응, 인지적 조직화, 인지적 평형화라는 세 가지의 기본적 성향을 가지고 태어나며 이를 통해 학습과 인지적 성장이 이루어진다고 보았다(김영봉 외, 2008). 인지적 적응이란 유기체가 환경에 적응하기 위해 개체와 환경간의 상호작용이 이루어지는 것으로, 동화와 조절이라는 두 과정이 내포되어 있다. 동화와 조절은 [그림 2-3]과 같이 설명할 수 있다.

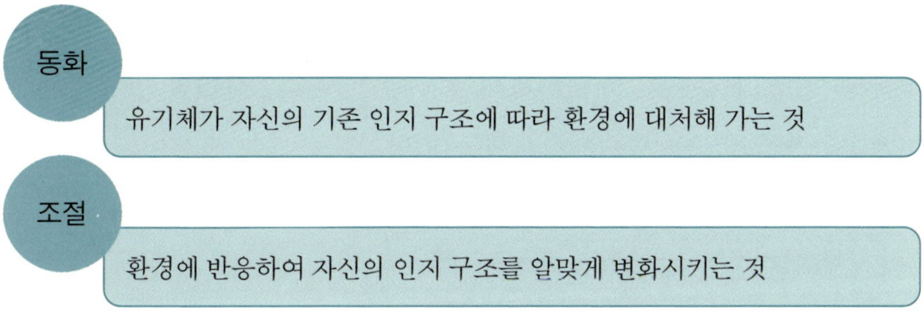

[그림 2-3] 동화와 조절

출처: 김영봉 외(2008).

인지적 조직화란 모든 유기체가 세상과 상호작용함에 있어 심리적 구조를 통합된 체제로 조직해 가는 성향을 뜻한다. 인지적 평형화는 유기체가 기존의 이해의 틀에 맞지 않는 사건을 대하게 되면 긴장과 갈등이 수반되어 지적 평형상태가 파괴된다고 보는데, 이를 해소하기 위해서 유기체는 다시 인지적 평형상태를 유지하고자 동화와 조절이라는 두 과정을 사용하게 되는 것이다(김영봉 외, 2008).

또한 피아제는 인간이 태어나서 성인이 될 때까지 감각운동기, 전조작기, 구체적 조작기, 형식적 조작기의 네 단계의 인지적 발달과정(김영봉 외, 2008)을 거친다는 것을 발견하였다. 각각의 인지적 단계는 위계적이며 개인의 발달 차이에도 불구하고 인종과 문화에 관계없이 보편적인 것이라고 하였다.

인지발달 이론의 입장에서는 학습 시에 교수자가 학습자 스스로 자신의 인지 구조를 발견할 수 있도록 가능성을 조성해 주어야 한다. 학습자가 학습과정에 참여할 수 있도록 교육과정을 구성해야 하며, 학습자의 개념발달 수준을 고려하여 과제를 연결시켜야 한다.

(3)브루너의 발견학습 이론

브루너는 어떤 발달단계에 있는 학습자에게도 지식의 근본적인 구조로 표현한다면 어떠한 지식도 가르칠 수 있다고 하였다. 또한 학습자의 인지 구조에 적응하는 표상 형태로 교과 지식의 구조를 재조직하는 것이 교육과정이라 보았다. 지식의 구조란 지식을 성립시키는 일반적 원리나 기본적 관념을 뜻하고, 표면적 지식이 아니라 보다 교과 지식 본질의 습득을 말한다. 따라서 브루너는 학교에서 교수자가 해야 할 것은 성장하는 아동의 지적 수준에 맞추어 지식을 제공해야 하고, 학습 자료는 학습자들의 표상양식(단계)에 적절한 형태로 작동적(신체적), 영상적(시각적), 상징적(추상적) 경험의 순으로 계열화해야 한다는 것이다. 이러한 발달론적 관점을 가진 브루너는 발견학습 이론을 제시했는데 발견학습이란 사실이나 문제의 파악, 가설의 설정, 가설의 검증과 확인, 실제 적용 등의 과정으로 이루어진다(김영봉 외, 2008). 따라서 교수자는 학습자들이 여러 개념들 간의 관계를 발견하고, 그 개념들을 체계적으로 조직할 수 있도록 도와야 한다.

(4) 정보처리이론

정보처리이론은 인간의 인지발달과 학습을 컴퓨터처럼 정보를 입력하고 저장하며 인출하는 과정과 유사한 것으로 본다(김영봉 외, 2008). 또한 외부로부터 획득한 정보를 어떻게 지각하고 이해하고 기억하는가에 중점을 둔다. 즉, 학습을 학습자 외부로부터의 정보를 획득하여 저장하는 과정으로 보면서(김영봉 외, 2008), 인간의 감각기관을 통해 들어온 자극은 작업기억에 저장되고 시연과 부호화의 과정을 통해 장기기억으로 전환되는 과정을 거친다고 보았다.

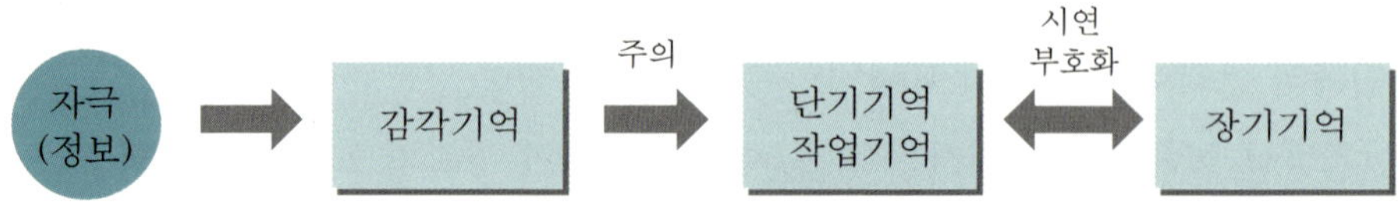

[그림 2-4] 정보처리이론

3) 구성주의 학습이론

구성주의는 학습자들이 스스로 지식을 형성하거나 구성한다는 관점에서 시작되었다. 지식을 독립된 실체로 보는 행동주의에 기초한 객관주의와는 반대로, 구성주의는 개체와 상황의 상호작용을 강조하는 상대주의적 인식론을 기반으로 한다(이경화 외, 2004). 따라서 배경 지식, 사회적 상호작용의 역할, 실제적인 과업의 가치를 강조하며, 교사는 조력자 역할로서 학습자들이 능동적으로 새로운 지식을 구성할 수 있도록 학생들의 역할과 학습지도에 다양한 접근을 필요로 한다.

대표적 이론으로는 인지적 도제 이론, 문제기반학습 이론, 인지적 융통성 이론 등이 있다.

(1) 인지적 도제 이론

인지적 도제(cognitive apprenticeship)란 학습자가 전문가나 자신보다 유능한 또래와의 상호작용을 통해 지식이나 기술을 습득하는 것을 말한다. 외형적 지식이나 기능의 전수를 도모했던 전통적 도제방법과는 달리(이신동 외, 2014), 학습자들이 실생활에서 활용할 수 있는 실제적 학습의 견해를 반영하여 개발된 이론이다. 전문가는 인지적 과정을 시범을 통해 보여 주고 교수적 지원을 제공하여 학습자들이 전략을 내면화하고 고등정신능력을 신장시킬 수 있도록 유도한다.

인지적 도제학습의 원리를 반영한 교수·학습방법은 다음과 같다.

- 관찰과 연습을 통해 종합적인 능력을 형성하도록 노력한다.
- 학습자 자신이 이해한 것, 추론한 것, 문제해결 과정을 명료하게 표현하도록 한다.
- 학습자 스스로 문제를 해결할 수 있도록 장려한다.

(2) 문제기반학습 이론[2)]

문제기반학습(problem based learning: PBL)이란 실생활과 관련된 문제를 중심으로 교육과정과 수업을 구조화하여 학습자가 문제해결 과정을 통해서 내용 지식과

2) 이신동 외(2014: 263-265)의 내용을 정리하였다.

문제해결 전략을 습득할 수 있도록 하는 수업방법이다. 학습자로 하여금 자신의 견해를 제시하게 하며 비판적 사고기능과 협동기술을 신장시킬 수 있도록 돕는다.

문제기반학습의 원리를 반영한 교수 · 학습 방법은 다음과 같다.

- 적절한 문제 혹은 과제를 만들어 내는 것이 가장 중요하다.
- 비구조화된 문제(문제해결 과정이 다양하고 단일한 정답이 없는 문제)를 사용한다.
- 학습자는 교과목 중심이 아닌 문제 중심으로 지식을 구성한다.
- 학습자는 자신의 학습에 책임을 지며 자기주도적인 학습을 한다.
- 교수자는 모델링과 코칭을 통해 학습자의 문제해결 능력을 촉진한다.
- 모둠활동의 구조를 사용하여 학습자들의 협동의 가치와 의사소통 능력을 신장시킨다.

(3) 인지적 융통성 이론

인지적 융통성(cognitive flexibility)이란 새로운 상황의 요구에 맞도록 기억 내 지식을 융통적으로 재구성하는 능력을 말한다(이신동 외, 2014). 비구조적인 과제들을 해결하기 위해 여러 지식의 범주를 넘나들며 다양한 방법으로 탄력성 있게 대처하는 능력을 발휘하는 개인의 인지 구조 변화에 초점을 두고 있다.

인지적 융통성 이론을 반영한 교수 · 학습방법을 정리해 보면 다음과 같다.

- 지식에 대한 다중적 표상의 기회를 제공한다.
- 학습 및 상황에 따라 다양하게 도입되는 주변의 학습 경험을 제공해야 한다.
- 지식을 실제 상황에 맥락적으로 적용하기 위해서는 다양한 사례의 경험이 필요하다.
- 교재는 학습위계를 고려해야 한다.

2. 우리나라의 전통적 국악교육

조선 전기 음악학을 집대성한 음악이론서인 『악학궤범』(1493년, 성종 24년)의 서문에는 악(음악)을 다음과 같이 정의하고 있다.

> 악(樂)이란 하늘에서 나와 사람에게 깃들며, 허(虛)에서 발하여 자연에서 이루어지는바 사람의 마음으로 하여금 느끼게 하며 혈맥을 뛰게 하고 정신을 유통케 하는 것이다.

앞의 내용을 보아 우리 조상들은 음악이 교육적으로 중요한 가치를 가지고 있음을 일찍이 간파했음을 알 수 있다. 『삼국지』 위지 부여전에도 "사람들이 길을 다닐 때 낮에나 밤에나 늙은이 젊은이 할 것 없이 모두 노래를 부르기 때문에 하루 종일 노래 소리가 그치지 않았다."라고 기록되어 있듯이, 우리 민족은 참으로 노래를 좋아하고 더불어 악기 연주와 춤을 즐길 줄 아는 민족이다.

국악교육은 가정에서부터 사회에 이르기까지 생활과 문화 속에서 자연스럽게 이루어져 왔으며, 앞 세대로부터 뒷 세대로 자연스럽게 전수되어 왔다. 출생 전 태교 단계에서부터 유아기와 아동기까지 〈짝짜꿍이〉나 〈달강달강〉과 같은 노래를 듣고 부르며 자라고, 청 · 장년기에는 일과 놀이를 함께하면서 늘 음악을 생활화한다. 이를 통해 누구나 자연스럽게 음악을 익히고 향유하는 음악문화를 가꾸어 왔다.

우리가 흔히 가질 수 있는 국악의 선입견 중 하나는 특별히 음악에 재능이 있거나 특수한 계층의 사람만이 음악을 즐겨 왔을 것이라는 생각이다. 그러나 음악이란 우리의 삶과 늘 함께해 왔기 때문에 우리 민족이 공통적으로 갖고 있는 사고체계와 언어, 사상 등이 고루 담겨 있다. 역사적으로 잘 알려진 인물 중 음악을 가까이하고 스스로 연주하여 즐긴 대표적인 인물로는 조선시대의 세종대왕이나 세조, 성종대왕 등 여러 성군을 꼽을 수 있다. 이들은 백성을 다스리는 데 있어서 음악의 중요성을 알고 예악사상(禮樂思想)을 강조하였으며 음악에 관련된 업적을 많이 남기기도 하였다.

또한 고려시대의 이규보나 조선시대의 화가 김홍도, 그리고 실학자 홍대용 등의 문인이나 예술가들도 직접 악기를 연주하는 악회(樂會)를 조직하는 등 음악을 가까이하면서 개인적인 수양과 예술적인 표현을 즐겨 했다.

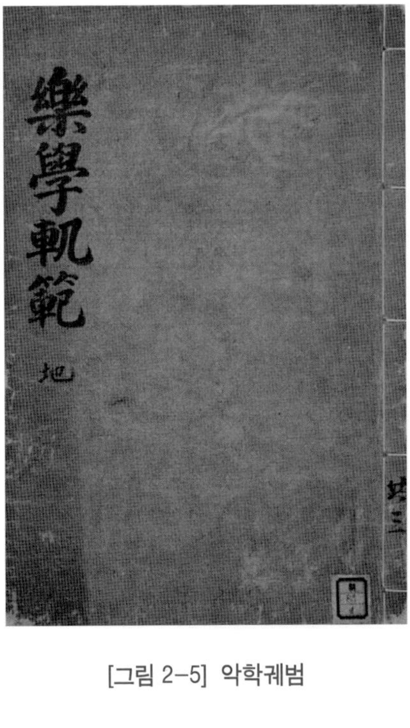

[그림 2-5] 악학궤범

이들 이외에 기록에 남지 않은 많은 민중들이 시가(詩歌)나 민요를 통해 스스로의 삶을 풍성하게 하며 국악을 발전시켜 왔다.

결국 한민족의 음악문화는 소수의 전문 연주가뿐 아니라 다수의 일반인에 의해서도 좌우된다고 해도 과언이 아니다. 이러한 국악의 전승방식에는 기록 전승과 구비 전승, 직업적 전승과 비직업적 전승, 가전적 전승과 도제적 전승 등으로 세분하여 설명할 수 있다.

1) 기록 전승과 구비 전승

기록 전승은 각종 문헌, 그림, 불상의 조각 등의 고고학 자료나 고악보(古樂譜)에 의해 전승되는 것을 말한다. 고악보에 의하여 전해지는 기보방식에는 율자보, 궁상자보, 합자보, 오음약보, 공척보, 약자보, 육보, 정간보 등이 있다. 한국의 고악보는 일부 궁상자보로 기보된 것을 제외하면, 대부분이 육보와 합자보로 된 거문고보(금보, 琴譜)이다. 고악보들은 대개 근간음(根幹音)만을 기보하기 때문에, 전하는 악보와 실제 음악의 연주효과와는 거리가 있어서 실제 음악의 모습으로 이해하면 안 될 것이다.

그러므로 이러한 악보를 통해서는 음악의 묘미를 터득하기 어려우며, 도제식의

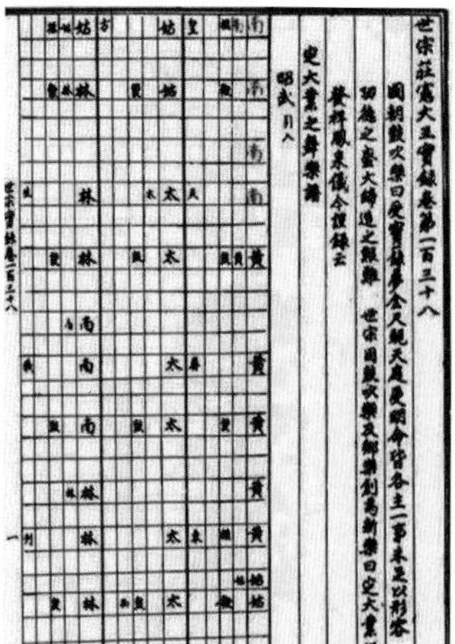

정간보

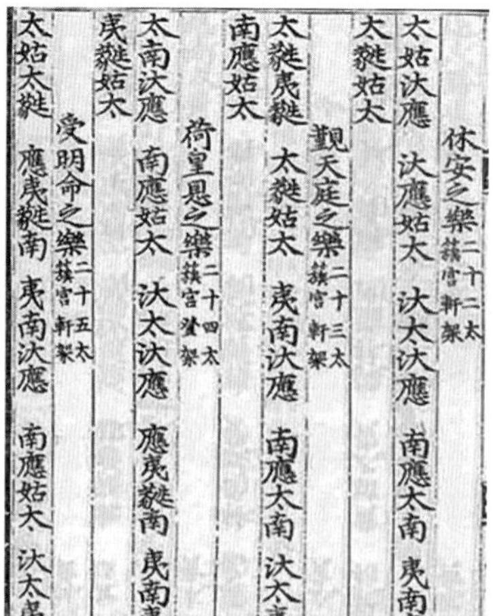

율자보

궁상자보

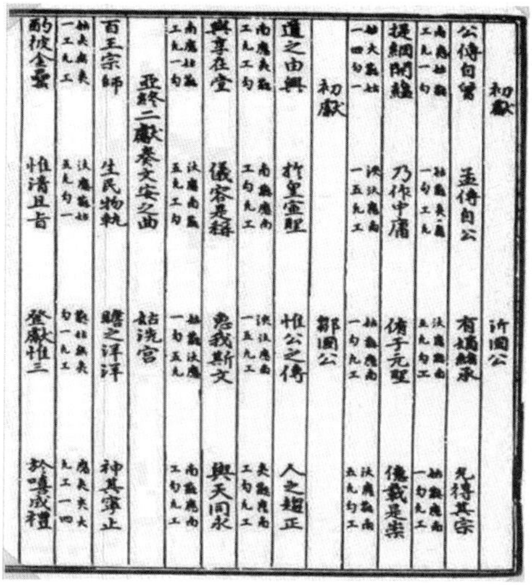

공척보

육보

합자보

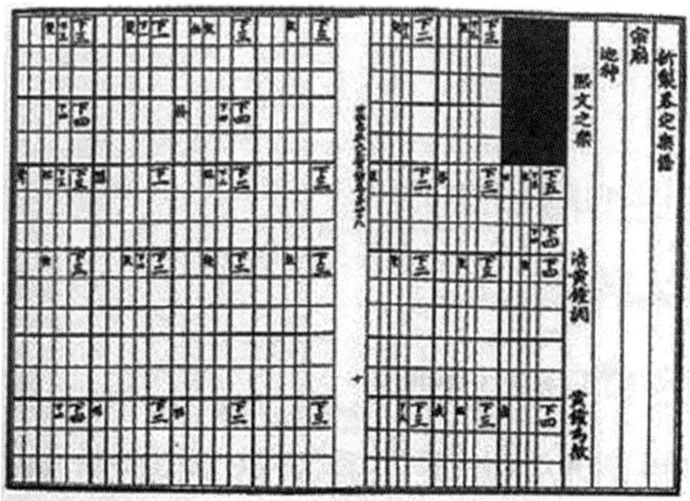

오음약보

[그림 2-6] 고악보

구전심수(口傳心授)의 방법을 필요로 하게 되었다. 지금도 악보를 고쳐 가면서 교습을 하고 있는 것을 보면 옛 음악의 기록 전승이란 것이 그렇게 큰 비중을 차지하지 않았던 것을 알 수 있다. 기록 전승은 일부 문자 체계를 이해한 지식계층에서만 사용되었기 때문에 사회적 여건으로 인하여 교육을 제대로 받지 못한 음악인들에게는 별 의미가 없었다. 다만, 구비 전승을 통한 구음(口音)의 전통은 끈질기게 그 맥을 이어 오고 있다.

구비전승(口碑傳承)이란 '구비'는 '대대로 전하여 내려오는 말'이란 뜻이고, '전승'은 '말로 전함'이란 뜻이니 어휘는 달라도 그 뜻은 상호 유사하다. 따라서 구비전승은 '입에서 입으로 대대로 전하여 내려오는 말'로 이해될 수 있을 것이다. 다만 여기서 구비는 비석에 새겨진 글처럼 입에 새겨진 말로서 비교적 고정된 형태의 말을 함축한다는 것을 전제해야겠다(장덕순 외, 2005: 19).

많은 종류의 민간음악이 구전심수의 방법에 의존하였으며 기록 전승은 보충적인 구실밖에 하지 못했다. 국악의 전승체계는 전반적으로 구비전승이란 속성에서부터 이해하고 출발하여야 한다. 음악, 특히 민간 음악의 경우 대부분이 구비 전승으로 이루어지고 있는데, 전승되는 과정에서 피전승자의 음악적 역량에 따라 많은 관용구(idiom)가 생겨 음악이 신축성을 가지는 요인이 되었다. 이 중 민요는 삶의 현장에 더욱 직결되어 있어서, 즉 노동, 의식, 유희의 과정상 필요해서 불리기 때문에 우리의 삶의 환경이 바뀌면 바로 전승이 중단되는 경향이 강하다. 모를 손으로 심지 않고 이앙기로 심으면서 모내기 노래가 노동의 현장에서 사라진 것은 단적인 예로 구비 전승되는 음악을 잘 보존해 나가기 위한 다각적인 노력이 필요할 것이다(최원오, 2008).

2) 직업적 전승과 비직업적 전승

고려시대부터 궁중의 악공들은 세습적으로 그 음악을 전승하여 온 직업음악가들이었고, 무(巫)의식과 불교의식의 가무(歌舞)도 직업적 전승에 속한다. 그러나 구전의 향토민요와 풍물놀이는 비직업적 전승체계에 의해 전승된 것으로, 그 당시 사회적 관습에 의해 자연스럽게 전승된 음악문화라고 할 수 있다.

역대 위정자들은 예악으로 나라를 다스린다는 생각에서 음악을 민족의 교화수단으로 삼아 왔다. 역대 장악기관들은 각기 그 명칭을 달랐는데 신라시대에는 음성서, 고려시대에는 대악서, 관현방 등을, 조선시대에는 장악원, 악학도감 등을 설치하여 전통음악을 정리하고 계승을 촉진시켰다. 조선 후기에는 지방 관아에서도 관속 음악인을 두어 儀典(의전)과 宴享(연향) 등의 활동을 하였다는 기록이 있다(배인

[그림 2-7] 이원기로회계첩(1730)의 장악원에서 열린 연회 모습

교, 2008). 이후 일제강점기에는 기생양성기관인 권번에 의해 민요, 가곡 등의 성악음악뿐만 아니라 가야금, 양금 등의 악기도 전승되었다.

비직업적 전승 또한 중요한 것으로 민중의 생활 속에서 자연스럽게 생산된 음악이 그들의 사상과 함께 광범위하게 지속적으로 전승되어 왔다. 역으로 민간 음악이 궁정에 유입되어 아정(雅正)한 형태로 바뀌어 상승음악문화를 형성하기도 했다. 이와 동시에 궁중에서 활약했던 악인들이 민간에 유입되어 궁중의 연향악을 이식시키면서 다채롭게 변화 · 전승되어 침강음악문화를 형성시키기도 하였다.

3) 가전적 전승과 도제적 전승

조선시대에는 음악을 한다는 것을 천시하였기 때문에, 일부는 가족단위로 전승되기도 하였다. 특히 무속음악이 가계(家系)에 의해 전승된 가전적 전승의 대표적인 예라고 할 수 있다. 동해안 별신굿을 주재하는 무당은 주로 세습무가 담당(최성진, 2008)하는데, 세습무란 부모로부터 무당의 신분이나 직능을 물려받아 무당이 된 사람을 의미한다. 이들은 무속음악을 전문적으로 전승받기 때문에 신내림을 받은 강신무에 비해 예술적 수준이 높다고 할 수 있다.

반면에 도제적 전승의 대표적인 예로 민간음악 중에서 판소리와 산조를 들 수 있을 것이다. 판소리, 산조 등은 스승으로부터 그 기능을 전수받는 도제적 방식에 의

[그림 2-8] 동해안 별신굿 중 손님굿 연행 모습

해 전승되는 경우가 많았다. 도제적 전승의 특징은 '구전심수(口傳心授)'로 설명할 수 있는데, 전통을 그대로 계승해야 하는 분야에는 도제적 전승 방법이 지속되어야 할 필요가 있다.

근대의 서구식 학교 교육제도가 전 세계적으로 확산, 보급되면서 각 사회에서 전통적으로 행해 온 도제제도의 방식은 단시간에 빠른 속도로 단절되어 버렸으나 장인정신이 중요하게 부각 되는 특정 분야에서는 전통적인 도제제도가 오늘날에도 여전히 가장 효과적인 방법으로 활용되고 있다. 도제제도는 현재의 학교 교육제도에서 효과적이지 못한 교육적 측면을 보완해 줄 수있고, 개인이 학교 교육을 벗어난 이후의 삶에서 직면하게 되는 다양한 상황학습에 대한 특성을 잘 보여준다는 점에서 의의가 크다(안주영, 2009: 127).

토의주제

1. 학습이론에서 제시한 세 가지 학습이론은 무엇인가?

2. 인지주의 학습이론의 주요 이론을 두 가지 이상 설명해 보자.

3. 구성주의 학습이론의 인지적 도제 이론과 우리나라의 전통적 국악교육에 도제적 전승의 공통점과 차이점을 설명해 보자.

참고문헌

국악교육연구회(1976). 국악교육 창간호. 서울: 국악교육연구회.

권오성(1999). 한민족음악론. 서울: 학지사

김영봉, 김경수, 강병재, 나항진, 박선미, 박영래, 박혜경, 이덕난, 이명숙(2008). 신교육학개론. 경기: 서현사.

박혜정(2012). 국악과 세시풍속, 춘하추동. 서울: 민속원.

서울대학교 교육연구소(2011). 교육학용어사전. 서울: 하우동설.

성태제, 강이철, 곽덕주, 김계현, 김천기, 김혜숙, 봉미미, 유재봉, 이윤미, 이윤식, 임웅, 한숭희, 홍후조(2010). 최신 교육학개론. 서울: 학지사.

안주영(2009). 무형문화재의 도제제도에서 나타난 상황학습에 대한 고찰. 중앙민속학. 1(14). 123-175.

이경화 , 고진영, 최병연, 정미경, 박숙희(2004). 효과적인 교수-학습을 위한 교육심리학. 서울: 교육과학사.

이신동, 최병연, 고영남(2014). 최신교육심리학. 서울: 학지사.

이용식(2009). 한국 전통음악의 전승과 미래. 공연문화연구, 19, 281-315.

이형행(2007). 교육학개론(전정 2판). 경기: 양서원.

장덕순, 조동일, 서대석, 조희웅(2005). 한글개정판 구비문학개설. 서울: 일조각.

최성진(2008). 동해안별신굿 무가의 전승현황 연구. 한국무속학, 17, 39-87.

최원오(2008). 구비전승의 현재와 미래. 한국문화인류학. 41(2), 187-224.

한국교육심리학회(2000). 교육심리학용어사전. 서울: 학지사.

한용진, 권두승, 남현우, 오영재, 류지헌(2007). 교육학개론(2판). 서울: 학지사.

제3장

동기이론의 이해와 동기유발의 기능과 방법

윤명원, 이영주

1. 동기이론의 이해
2. 동기유발의 기능과 방법

동기는 학습자들이 교육활동에 참여하게 만드는 중요한 요소이므로, 동기유발에 대한 이해는 교수자들이 필수적으로 갖추어야 할 기본 소양이라고 할 수 있다. 이 장에서 동기는 학습에서 중요한 역할을 한다는 것을 이해하고, 동기학습 모형 등 관계 이론들을 이해하며 국악교육에 적용할 수 있도록 탐구한다.

1. 동기이론의 이해

1) 학습동기의 중요성

동기(motivation)란 움직인다는 의미의 라틴어 movere에서 유래된 것으로(김영봉 외, 2008), 인간의 활동과 행동의 활발성을 증가시키기도 하고 감소시키기도 하는 심리적 요인으로서(한용진 외, 2007) 목표로 이끌게 하는 중요한 원인이 된다. 그중 학습과 관련해서 학습자가 스스로 배우려는 의욕을 가지고 학습활동 조건을 형성하려는 동기인 학습동기는 학습행위를 성공적으로 지속, 유지시키기 위한 여러 측면들을 다루고 있다. 학습동기의 사전적 의미는 다음과 같다.

> 학습동기란 학습목표를 개인의 목표와 결부시켜 분명한 목표의식을 가지게 하고, 적성이나 흥미에 맞는 과제의 제시와 보상, 경쟁심의 적용, 피드백 등을 활용하는 학습에 작용하는 동기이다(서울대학교 교육연구소, 1995).

성공적인 학습과정을 위해 학습동기는 중요한 요인이기 때문에 학습자에 따라 적합한 동기가 연구되어야 한다. 이러한 동기는 동기의 범주에 따라 외재적 동기(외적 동기)와 내재적 동기(내적 동기)로 구분할 수 있다.

2) 학습동기의 유형과 동기유발

(1) 외재적 동기

학습자 행동의 원인이 외부에서 유발된 동기로서 경쟁, 사회적 압력, 처벌, 인정 등의 외부적 · 환경적인 것을 의미한다(조원호, 2009). 예를 들어, 높은 성적을 받아 그에 따른 보상으로 상장을 수여할 때, 심부름을 했을 때 용돈을 주는 등 학습자가 외부로부터 받을 수 있는 강화자로서의 동기(김영봉 외, 2008)를 뜻한다. 이러한 외재적 동기가 학습자의 내적인 면에 긍정적인 영향을 줄 수 있지만 학습자의 학습활동의 관심과 지속력이 떨어지고 결과에만 관심을 기울일 수도 있다는 점을 주의해야 한다.

(2) 내재적 동기

학습자가 본질적으로 가지고 있는 동기로서 욕구, 도전감, 성취감, 흥미, 호기심, 즐거움 등과 같이 개인적인 것을 의미한다(조원호, 2009). 즉, 학습자 스스로의 욕구에 반응하며 학습과제에 대한 외부 보상과는 상관없이 능동적으로 활동에 참여할 때 형성된다(김영봉 외, 2008). 이러한 외재적 동기와 내재적 동기는 함께 적절히 사용하는 것이 학습의 효과성을 높일 수 있다고 설명하고 있으며, 이형행(2007) 또한 내재적 동기는 학습자의 외부 환경적 조건이 조성되어야 하며 외재적 동기 또한 학습자 내적인 욕구가 작용해야 효과적이라고 역설하고 있다. 그 예로, 좋은 성적을 얻기 위해, 상을 받기 위해 시작된 학습은 그것이 성취되었을 때 망각이 빨리 오게 되므로 실제 학습을 지도할 때 학습자의 학습동기가 어디에 있으며, 그 동기에 자극을 주었을 때 효과적인 학습으로 이끄는 유인이 무엇인지 알아내는 것이 중요하다고 제시하고 있다.

현재 교육학에서 소개되는 학습동기 유발 방법은 다음과 같이 정리해 볼 수 있다.[1)]

□ 학습동기 유발 방법

- 학습자들에게 긍정적 기대와 자신감을 심어 주어야 한다.
- 학습자들에게 학습 속도와 수준을 맞추어야 한다.
- 학습목표는 뚜렷하게 인식시킨다. 따라서 가까운 시일 내에 달성 가능한 구체적이고 실제적인 학습목표를 설정해야 한다.
- 학습활동의 가치에 대해 충분히 인식할 수 있도록 해야 한다. 그러므로 학습과제 자체의 가치와 다른 학습활동에도 도움이 될 수 있음을 이해시킨다.
- 학습자들에게 문제해결의 모범이 되어야 한다. 또한 노력을 통해 긍정적 학습 결과를 얻을 수 있음을 믿게 한다.
- 해답을 제시하지 않거나, 완전한 해답보다는 부분 해답을 제시하도록 한다.

1) 김영봉 외, 2008; 이형행, 2007; 한용진 외, 2007.

- 학습자들이 학습활동에 어려움을 느껴 진전이 없을 경우 포기하지 않고 계속해서 몰두할 수 있도록 다양한 지도 방법을 고안해야 한다.
- 경쟁심을 심어 주는 것은 동기유발에 효과적이다. 특히 집단 경쟁보다는 개인 경쟁이 더욱 효과적으로 작용한다.
- 학습자들에게 학습 결과에 대한 피드백을 수시로 주도록 한다.
- 벌보다는 칭찬이나 상이 동기유발에 효과적이다.

3) 학습동기 유발 설계 모형: 켈러의 ARCS 모형

류지헌 등(2015)은 학습동기 유발 설계 모형으로서 켈러의 ARCS 모형을 다음과 같이 설명하고 있다. ARCS 모형은 켈러(Keller)가 제안한 학습동기 유발을 위한 동기 증진 전략을 강조한 설계 모형으로 주의집중(attention), 관련성(relevance), 자신감(confidence), 만족감(satisfaction)의 네 가지 범주에 대한 구체적인 전략과 적용 예시를 제시하고 있다. ARCS 모형을 통해 학습자의 학습 자극에 대한 주의 유지, 자신과 학습목표와의 관련성 인식, 학습목표에 대한 자신감, 학습 노력의 결과에 대해 만족할 경우 학습에 긍정적 영향을 준다고 설명하고 있다(류지헌 외, 2015).

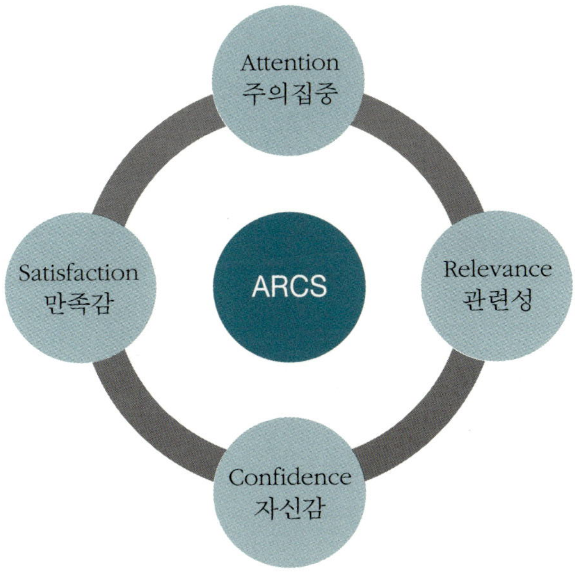

[그림 3-1] 켈러의 ARCS모형

(1) 주의집중

학습자의 주의집중을 높이기 위한 방법으로, 학습동기가 유발, 유지되기 위해서는 학습자가 주어진 학습 자극에 주의를 기울여야 한다. 또한 흥미 유발은 탐구적 호기심을 촉진시키기 때문에 학습자의 주의집중을 높일 수 있으며 다양한 수업방법의 적용은 주의집중을 유지시키는 역할을 할 수 있다. 주의집중의 전략과 적용 예시는 다음의 〈표 3-1〉과 같이 정리해 볼 수 있다.

〈표 3-1〉 주의집중의 전략과 적용 예시

요인	전략	적용 예시
주의집중 (A)	지각적 주의 환기	수업 시 시각적 보조 자료를 활용한다.
		비일상적인 사건 제시 및 자극 지양 방법들을 활용한다.
	탐구적 주의 환기	문제해결을 위한 학습자의 능동적 반응을 유도한다.
		지적 갈등을 유발하여 호기심을 자극한다.
	다양성 주의 환기	다양한 형태의 수업방법을 적용해 본다.
		수업내용의 계열에 변화를 줘서 운영한다.

출처: 류지헌 외(2015).

(2) 관련성

학습활동에 학습자 개인의 흥미나 목적과의 관련성을 부여함으로써 학습동기가 촉진될 수 있다는 것이다. 관련성을 높여 줌으로써 학습활동 자체에 의미를 부여할

〈표 3-2〉 관련성의 전략과 적용 예시

요인	전략	적용 예시
관련성 (R)	친밀성	익숙한 사례나 친밀한 예문 및 배경 지식을 활용한다.
		학습자들에게 친밀한 개념과 현재 과제를 연결시킨다.
	목적 지향	실용성에 중점을 둔 학습목표를 제시한다.
		수업의 내용과 학습자의 목적이 관련되어 있음을 강조한다.
	필요나 동기화의 부합성	학습자의 관심사에 적합한 학습 환경을 제시한다.
		학습자들이 성취 과정과 관련된 감정들을 시각화하도록 한다.

출처: 류지헌 외(2015).

수 있게 되고, 자신의 흥미 요소에 맞는 학습내용을 선택하면 학습동기를 증진시킬 수 있게 된다. 관련성의 전략과 적용 예시는 〈표 3-2〉와 같이 정리해 볼 수 있다.

(3) 자신감

학습자에게 학습 수행에 대한 기대감을 형성하고 성공적인 학습 결과를 예측할 수도 있도록 만들어야 한다. 즉, 다양한 형태의 성공 기회를 제공하고 학습자의 수준에 맞는 학습내용을 선택할 수 있도록 해 줌으로써 자신감을 증진시킬 수 있으며, 학습자 스스로 학습 결과에 대한 노력을 통한 책임감을 경험할 수 있게 한다. 자신감의 전략과 적용 예시는 〈표 3-3〉과 같이 정리해 볼 수 있다.

〈표 3-3〉 자신감의 전략과 적용 예시

요인	전략	적용 예시
자신감 (C)	학습의 필요 조건 제시	수업의 목표와 구조를 제시한다.
		평가기준 및 피드백을 제시해서 숙달 수준을 알려 준다.
	성공의 기회 제시	단순한 과제에서 어려운 과제로 계열화한다.
		연습문제에 대한 답안과 즉각적인 피드백을 제공한다.
	개인적 조절감 증대	다양한 난이도와 과제를 제공해서 선택할 수 있도록 한다.
		학습속도에 맡게 학습할 수 있도록 기회를 제공한다.

출처: 류지헌 외(2015).

(4) 만족감

학습자가 학습 결과에 대해 만족감을 형성한다면 학습과정 수행을 지속적으로 유지할 수 있게 된다. 그러므로 학습 과정과 결과에 대한 긍정적인 지각을 할 수 있도록 격려와 배려를 제공하는 것이 중요하다(류지헌 외, 2015). 또한 학습 결과에 대해서는 공정성을 유지하여 학습자가 그 결과를 수용할 수 있도록 해야 하며, 긍정적 결과에 대해 외적 보상을 제공하는 것도 학습자의 만족감을 증진시킬 수 있다. 만족감의 전략과 적용 예시는 〈표 3-4〉와 같이 정리해 볼 수 있다.

〈표 3-4〉 만족감의 전략과 적용 예시

요인	전략	적용 예시
만족감 (S)	적용 기회의 제공	연습문제를 통해 학습내용을 적용할 수 있는 기회를 제공한다.
		과제를 숙달한 학습자가 학습이 미진한 동료를 돕도록 한다.
	공정성 전략	수업 목표와 내용의 일관성을 유지한다.
		수업을 통해 배운 내용과 시험 내용을 일치하게 한다.
	긍정적 결과의 강조	정답에 대해 칭찬하는 말을 하는 등 보상을 강조한다.
		새로운 기능을 숙달하기 위한 노력이 보일 때 강화를 사용한다.

출처: 류지헌 외(2015).

2. 동기유발의 기능과 방법

1) 동기유발의 기능

동기유발의 기능에는 활성적 기능, 지향적 기능, 조절적 기능, 강화적 기능이 있다. 활성적 기능(activating function)의 동기는 행동을 유발시키고 지속시켜 주며 유발시킨 행동을 성공적으로 추진하는 힘을 준다. 지향적 기능(directive function)의 동기는 행동을 환경 속에 있는 대상을 향해 전개하는 경우가 많다. 이처럼 행동의 방향을 어느 쪽으로 결정하느냐 하는 동기가 달라지므로 이를 지향적 기능이라고 한다. 조절적 기능(adjusting function)의 동기는 선택된 목표행동에 도달하는 데 필요한 다양한 동작이 선택되고 이를 수행하는 과정을 겪는데, 이처럼 다양한 분절적 동작을 선택하고 수행하는 과정에서 동기는 조절적 기능을 갖는다. 강화적(reinforcing function) 기능의 동기는 행동의 수행이 유기체에 어떠한 효과를 미치는가에 따라 그 행동이 일어날 확률이 증가하기도 하고 감소하기도 한다. 즉, 행동의 결과로 어떠한 보상이 주어지느냐에 따라 동기유발의 수준이 달라지는 강화적 기능을 갖는다. 이처럼 동기유발은 학습활동에 있어 흥미를 갖게 하고 능동적으로 행하게 할 뿐만 아니라 학습활동을 계속 유지하며 선택적으로 강화하는 기능을 가지고 있다(김인례, 2003).

2) 동기유발의 방법

동기유발은 여러 가지 방법으로 이루어질 수 있으므로 교사는 학생들이 수업에 활동적으로 참여할 수 있도록 다양한 동기유발 방법을 제공해야 한다(전미선, 2011). 예를 들어, 학습제재에 따른 여러 가지 영상매체 사용, 이야기 중심 교수·학습, 통합적인 다양한 수업활동, ICT(Information and Communications Technology)를 적용한 교수·학습 활용, 대중음악 활용, 신체표현을 통한 동적인 놀이 활동 등이 있다. 이러한 활동은 학습자가 지속해서 수업에 흥미를 느끼고 참여할 수 있는 동기유발로 이끌어 낼 수 있다(이은정, 2006). 구체적인 예를 들면, 만화, 그림, 도표, 손뼉 따라 치기, 퍼즐 놀이, 악기 연주하기, 영화음악 감상하기, 놀이하기, 그림 배열하기, 앱 프로그램 이용하기 등이 있다. 동기유발의 일반적 방법은 〈표 3-5〉와 같다.

〈표 3-5〉 교수·학습을 위한 동기유발 방법

스토리텔링	영상매체	수업활동 자료	놀이
그림 배열하기 만화 음악극 등	영화음악 광고음악 드라마 속 음악 등	장난감 스마트 기기 앱 프로그램 등	악기 연주하기 게임하기 다양한 놀이하기 등

이은정(2006)은 동기유발 방법을 학습제재에 따른 것이 아니라, 중심활동에 따라 공통적으로 사용할 수 있는 방법들을 제시하고 있다. 그러므로 이러한 영역별 동기유발의 형태는 또다시 학습제재에 따라 다양한 교수·학습 방법으로 제시될 수 있기 때문에 수업이 전개됨에 따라 학생들은 지속적으로 동기화되어 학습목표에 더 도달할 수 있도록 활동적으로 참여할 수 있게 된다고 한다. 학습자에게 국악의 흥미유발을 위한 영역별 동기유발 방법을 표로 나타내면 다음과 같다.

[스토리텔링 동기유발]

[영상매체 동기유발]

[자료 동기유발]

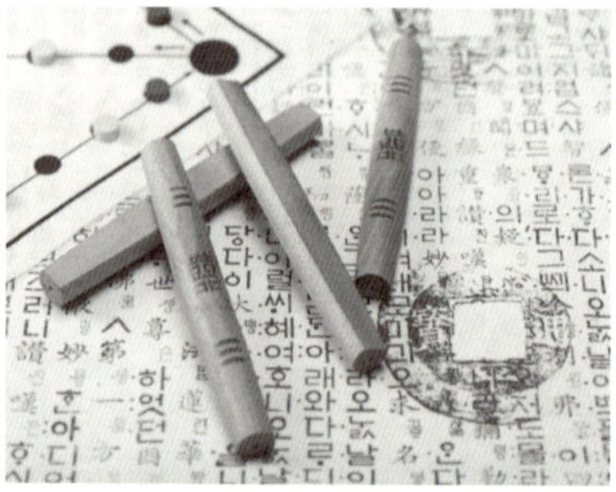

[놀이 동기유발]

[그림 3-2] 교수 · 학습을 위한 동기유발 방법

〈표 3-6〉 영역별 동기유발 방법의 예

활동 영역	동기유발 방법
가창중심활동	-모둠원별로 작은악절씩 음정, 박자, 그리고 분위기에 맞게 연결되도록 곡 완성하여 외워 부르기(일명 '쟁반 노래방') -시작 음을 들려주고 마음속으로 노래하여 박자 맞추기 -발성법을 위해 warming-up(신체동작), 복식호흡 자세, 좋은 소리 위치에 대해 자신의 신체를 이용하여 경험하기
기악중심활동	-유명 연주가의 악기 연주 동영상 감상하기 -악기로 연주할 곡을 독톡한 구음(비트박스)을 붙여 가창하기 -음악실을 소 공연장으로 만들기 -악기 음색 구별 퀴즈 -생활용품 등으로 악기 만들어 연주하기
창작중심활동	-모둠원별로 두 마디씩 창작하여 곡 완성하기 -새로운 소리를 경험하고 도형악보로 만들기 -알려진 대중가요의 가사에 맞게 가락 짓기 -자신이 창작한 곡을 직접 연주하거나 교사가 연주해 주어 확인하기
감상중심활동	-감상곡의 주제 악보 활용하기 -모둠별로 작곡가와 곡명 알아맞히기 -감상한 곡의 주제 가락을 기억하여 불러 보기 -감상한 곡의 분위기를 그림으로 그려 보고 이야기 만들기 -방송매체의 활용(대중음악을 차용한 광고음악, 영화음악과 관련하여 방송장면의 비디오나 영상, 사진 제시) -감상하면서 자유롭게 몸을 움직여 선율의 높낮이, 셈여림, 빠르기 등을 표현하기

출처: 이은정(2006).

우혜종(2009)은 음악과 교육과정에서 제시하고 있는 영역 중심으로 동기유발을 제시하였다. 즉, 감상 영역, 표현 영역, 생활화 영역으로 구분하여 동기유발 방법을 〈표 3-7〉, 〈표 3-8〉, 〈표 3-9〉와 같이 구체적으로 제시하고 있다.

〈표 3-7〉 감상 영역 동기유발 방법

영역	동기유발 방법
감상중심활동	-1부부터 4부까지 음악을 들으며 주요 멜로디의 제목과 악기를 알아맞히기 -악기군별로 악기 소리를 듣고 음색 구별하기

출처: 우혜종(2009).

〈표 3-8〉 표현 영역 동기유발 방법

영역	동기유발 방법
기악중심활동	-리듬에 맞추어 팀별 악기 정하기 -상대팀의 악기 소리를 들으면서 연주하기 -음악이 악기 소리와 어떻게 어우러지는지 느끼기
창작중심활동	-〈악기 놀이〉라는 노래의 가사와 2/4 박자 리듬형 창작해보기 -창작된 가사와 리듬형으로 노래 불러보기
가창중심활동	-게임을 통해서 동기유발을 시키면서 리듬 익히기 -동물에 대해 이야기 나누기 -동물의 이름과 동물이 내는 소리를 표현하며 노래 부르기

출처: 우혜종(2009).

〈표 3-9〉 생활화 영역 동기유발 방법

영역	동기유발 방법
생활화중심활동	-〈달팽이 노래〉의 가사를 율동으로 표현하기 - '피아노' '포르테' '점점 세게' '점점 여리게'의 개념 이해하기

출처: 우혜종(2009).

동기유발은 '무엇을 사용하느냐?'보다는 '어떻게 사용하느냐?'가 더 중요하다. 그러므로 동기유발은 수업 시작과 동시에 수업 마칠 때까지 방법을 제시하고 전략적으로 계획하여야 한다(길애경, 임미경, 2008). 이러한 활동은 학습자에게 전통음악을 좋아하게 만들 것이고 그것이 외재적 동기유발, 내재적 동기유발이 모두 가능하게 하는 방법이 된다. 학습자는 동기유발을 위한 국악교육을 통하여 전통음악에 대해 흥미와 즐거움을 가질 것이며, 심미적 체험을 하고, 우리 문화에 대한 자긍심을 갖게 될 것이다.

토의주제

1. 학습동기이론의 종류를 들고, 특히 켈러의 ARCS 모형은 무엇인지 이야기해 보자.
2. 동기이론을 국악교육에 어떠한 방법으로 적용할 것인지에 대해 토론해 보자.
3. 오늘날 국악교육에 활용하고 있는 현대적인 국악 교수·학습방법에 대해 발표해 보자.

참고문헌

길애경, 임미경(2008). 초등음악 지도법. 서울: 수문당.

김미영(1994). 초등학교 수업에 있어서 학습동기유발 전략에 관한 조사연구. 이화여자대학교 대학원 석사학위논문.

김영봉, 김경수, 강병재, 나항진, 박선미, 박영래, 박혜경, 이덕난, 이명숙(2008). 신교육학개론. 경기: 서현사.

김인례(2003). 교수자 학생간의 인간관계 지각에 따른 동기유발 및 학업성취도와의 관계. 교원대학교 대학원 석사학위논문.

류지헌, 김민정, 김소영, 김혜원, 손찬희, 이영민, 임걸(2015). 교육방법 및 교육공학. 서울: 학지사.

서울대학교 교육연구소(2011). 교육학용어사전. 서울: 하우동설.

우혜종(2009). 음악 활동에서의 동기유발 방법연구. 상명대학교 대학원 석사학위논문.

이은정(2006). 음악수업에서 동기유발을 위한 활동 중심 교수-학습 모형개발-고등학교 2, 3학년 음악과 생활을 중심으로-. 이화여자대학교 대학원 석사학위논문.

이형행(2007). 교육학개론(전정 2판). 경기: 양서원.

조원호(2009). 학교교육에서의 심리학. 서울: 국민대학교출판부.

전미선(2011). ARCS 동기전략이 국악감상 학습의 동기 유발에 미치는 영향. 경인교육대학교 대학원 석사학위논문.

한용진, 권두승, 남현우, 오영재, 류지헌(2007). 교육학개론(2판). 서울: 학지사.

Deci, E. L. & Ryan, R, M.(2000). Intrinsic and extrinsic motivations: Classic defintitons and new directions. *Contemporary Eductional Psychology, 25*.

Murray, H. A. (1948). *Explorations in personality.* New York: Alfred A. Knopf.

제4장

대상별, 수업단계별, 지도영역별 동기유발의 실제

황부남

1. 대상별 동기유발
2. 수업단계별 동기유발
3. 지도영역별 동기유발

동기유발을 위한 국악교육은 교수자와 학습자의 두 가지 관점에서 접근이 가능하다. 교수자는 동기유발을 위한 교수 · 학습이론을 바탕으로 국악교육 프로그램을 개발하여 학습자들의 전통음악에 대한 심미적 체험을 하도록 할 수 있다. 한편, 이러한 교육은 교수자 스스로 국악교육에 대한 긍정적 효과를 줄 수 있게 된다. 모두 다 국악교육 활동에 즐거움과 흥미를 가져올 수 있을 것이다. 이 장에서는 대상별, 수업단계별, 지도영역별 동기유발의 구체적인 교육 사례를 살펴보고자 한다.

1. 대상별 동기유발

대상별 학습자 분석은 동기 설계 과정에서 중요한 단계이다(박상희, 2009). 학습 대상을 이해하는 것은 동기 목표와 동기 전략을 개발하는 데에 직접적으로 영향을 미치기 때문이다. 특히 이 장에서 살펴보고자 하는 '동기'의 관점에서 볼 때 교수자의 대상에 대한 이해의 필요성은 중요하다고 하겠다. 이 장에서는 대상별 영역을 크게 유아, 초등, 중등, 성인, 노인, 장애로 구분하여 동기유발을 위한 국악 수업 사례를 제시하고자 한다.

1) 유아 대상 동기유발 국악교육 사례

유아는 영아기를 지난 만 2세부터 만 6세까지의 시기를 말한다. 영아기보다 신체의 성장 속도는 완만하나 운동기능이 향상되고, 어휘력이 급격히 증가하며, 또래와의 다양한 상호작용이 가능한 시기이다(윤영애 외, 2011). 이 시기의 유아에게는 주변 환경에서 발생하는 소리, 음악, 움직임과 춤, 형태와 색 등에서 아름다움을 느끼고 탐색할 수 있는 환경 조성이 요구된다. 즉, 가창, 악기 연주, 율동 등의 음악활동에 참여하여 즐길 수 있는 가장 좋은 시기이다. 이 시기에 동기유발의 다양한 방법을 활용하여 국악교육에 접근시킨다면 국악에 대한 거부감 없이 즐기며 우리 문화에 대한 자긍심을 가질 수 있는 좋은 계기가 될 것이다. 따라서 유아에게 국악 수업의 흥미유발을 위한 국악교육 수업 사례를 구상하였다. 본 수업을 검토하고 장단점을 토의하여 새로운 국악교육 프로그램을 개발해 보자.

〈표 4-1〉 유아 대상 동기유발 국악교육 사례

<table>
<tr><td>활동명</td><td>전래동요 배우기</td><td>유형</td><td>표현</td></tr>
<tr><td>단원</td><td>두꺼비</td><td>대상</td><td>유아(5세)</td></tr>
<tr><td>활동목표</td><td colspan="3">전래동요 두꺼비 곡 장단을 이해하며 노래 부를 수 있다.</td></tr>
<tr><td>동기유발 방법</td><td colspan="3">여러 동물의 이름과 동물이 내는 소리를 표현하며 놀이를 통하여 동기유발을 일으킨다.</td></tr>
<tr><td>활동방법</td><td colspan="2">▶도입- 여러 동물에 대하여 이야기 나누며 소리를 표현하며 놀이하기
▶전개-자진모리장단을 이해하고 노래 불러보기
① 교수자가 자진모리장단을 연주하는 소리를 듣고 몸으로 표현해 봅시다.
② 교수자가 부르는 두꺼비 노래를 듣고 따라 불러 봅시다.
③ 두꺼비 곡을 장단에 맞추어 불러 봅시다.
▶정리- 짝을 지어 모래 쌓기 몸동작을 하며 노래 불러 보기
</td><td>짝을 지어 몸동작을 하며 노래를 부르게 한다.</td></tr>
</table>

출처: 강혜인 외(2013).

2) 초등 대상 동기유발 국악교육 사례

초등은 만 7~12세의 기간을 말한다. 이 시기에는 체계적인 학습이 가능하고 정신적 성숙이 진행되는 시기이다(이재연, 1996). 생활의 중심도 가정에서 학교로 옮겨지는 등 다양한 사회적 관계를 형성하게 되고 사회가 요구하는 도덕 판단도 획득하며 양심의 개념이 발달하는 시기이다(윤영애 외, 2011). 그러므로 음악활동이 가장 활발한 시기이므로 국악교육이 무엇보다도 중요하다고 볼 수 있다. 이 시기에 교수자는 학습자 대상으로 동기유발을 적용한 다양한 국악교육 프로그램을 개발하여 수업에 임해야 할 것이다. 만약 이 시기에 전통음악을 경험하지 못한다면 질풍노도와 같은 청소년기에는 편협된 음악적 정서를 가질 것이다. 이러한 현상은 곧 국악에 대한 거부감으로 이어질 것이며 대중음악에만 흥미를 느끼게 되는 결과를 낳을 것이다. 따라서 교수자는 동기유발을 적용한 국악 수업을 제시해야 할 필요성이 있다. 이에 초등 대상 동기유발을 위한 국악교육 사례를 제시하면 〈표 4-2〉와 같다.

〈표 4-2〉 초등 대상 동기유발 국악교육 사례

<table>
<tr><td>활동명</td><td>국악 창작 동요 노래 배우기</td><td>유형</td><td>표현</td></tr>
<tr><td>단원</td><td>어깨동무</td><td>대상</td><td>초등 1학년</td></tr>
<tr><td>활동목표</td><td colspan="3">자진모리장단에 맞추어 노래 부를 수 있다.</td></tr>
<tr><td>동기유발 방법</td><td colspan="3">'동무' 대신 친구 이름을 넣어 개사하여 불러보게 하며 친구들끼리 어깨동무 몸동작으로 동기유발을 시킨다.</td></tr>
<tr><td>활동방법</td><td colspan="2">▶도입- 새 학기에 새로운 친구 이름 익히기
▶전개- 자진모리장단에 맞추어 어깨동무 노래를 개사하여 불러보기
① 자진모리장단에 맞추어 어깨동무 노래를 부른다.
<table>
<tr><td>(>)</td><td></td><td></td><td></td><td></td><td></td><td></td><td></td><td>(>)</td><td></td><td></td><td></td></tr>
<tr><td>⦶</td><td></td><td></td><td>⦶</td><td></td><td></td><td>⦶</td><td></td><td>ㅣ</td><td>○</td><td></td><td></td></tr>
<tr><td>덩</td><td></td><td></td><td>덩</td><td></td><td></td><td>덩</td><td></td><td>덕</td><td>쿵</td><td></td><td></td></tr>
</table>
② 교사가 선창을 하면 어깨동무 노래를 부른다.
어깨동무

③ 자진모리장단에 맞추어 친구 이름을 넣어 가사를 개사하여 노래를 부른다.
④ 이름을 부른 친구에게 다가가 어깨동무를 하며 다함께 노래 부른다.
▶정리- 자진모리장단에 맞추어 노래 불러보기</td><td>'동무' 대신 친구의 이름을 넣어 개사하여 노래 부르며 몸동작을 할 수 있게 한다.</td></tr>
</table>

3) 중등 대상 동기유발 국악교육 사례

중・고등학교 시기는 만 13~19세의 기간을 말한다. 성인기로 옮겨가는 과도기로서 성숙한 성인이 되기 위한 다양한 과정을 겪게 된다. 이 시기에는 성호르몬의 증가로 급격한 신체 변화를 겪게 되며, 심리적・사회적 발달이 심화된다(정옥분, 2008). 청소년은 개인별로 음악적 욕구와 필요를 지니며, 때로는 음악과 관련하여 갈등을 겪기도 한다. 또한 음악으로부터 감성적인 만족뿐만 아니라 지적인 충족감도 동시에 얻기를 원한다. 그리고 음향과 음악적 논리의 관련성, 음향성과 추상성, 음악의 창조들에도 관심을 기울이게 된다(이홍수, 1990). 특히 대중 오락적 음악 경험이 그들의 음악 기호에 가장 강하게 작용하지만, 학교의 음악 활동과 학습 내용이 견실한 경우에 그러한 대중 오락적 음악 경험은 그 힘을 잃는다. 그러나 만약 학습자들이 학교의 음악활동과 다양한 종류의 악곡 체험과 충실한 음악적 성취를 경험하지 못할 경우에는 편협된 음악성을 가지게 될 수 있다. 그러므로 이 시기에는 동기유발을 활용한 다양한 음악작품을 경험하고 음악의 아름다움을 발견할 수 있는 심미적 체험 교육이 필요하다. 즉, 전통문화에 대한 자긍심과 심미적 체험은 전

〈표 4-3〉 중등 대상 동기유발 국악교육 사례

<table>
<tr><td>활동명</td><td>국악기 배우기</td><td>유형</td><td>감상</td></tr>
<tr><td>단원</td><td>청소년을 위한 국악 관현악 입문</td><td>대상</td><td>중2학년</td></tr>
<tr><td>활동목표</td><td colspan="3">관현악에 사용되는 국악기의 이름과 음색을 구분하면서 감상할 수 있다.</td></tr>
<tr><td>동기유발 방법</td><td colspan="3">국악기들의 음색이 어떠한지를 이야기 나누며 주제 선율을 감상하게 한 후 다양한 국악기 그림을 활용하여 동기유발 시킨다.</td></tr>
<tr><td>활동방법</td><td colspan="2">▶도입- 우리나라 국악기를 아는 대로 말하기
▶전개- 〈새야 새야〉 주제 악보를 제시하면서 관현악이 연주하는 주제선율 감상하기
① 〈새야 새야〉 주제 선율로 각 국악기 소리를 들려준 후 국악기 그림을 보여 준다.
② 주제 선율을 듣고 악기의 분위기와 느낌을 이야기하도록 한다.
③ 국악기 그림을 보며 국악 악기군을 구별할 수 있다.
▶정리- 음악을 듣고 국악기 맞추어 보기</td><td>다양한 국악기 소리를 들려주고 국악기 그림을 활용하여 구별할 수 있는 능력을 갖게 한다.</td></tr>
</table>

체 인생에 있어서 중요한 음악적 정서를 자아낼 수 있으므로 청소년에게 우리 전통 음악 교육이 무엇보다도 중요하며 필요성이 요구된다. 이에 교수자는 학습자에게 동기유발을 적용하여 국악에 대한 흥미와 호기심을 가져다 주어야 할 것이다. 이에 중등 대상 동기유발을 위한 국악교육 사례를 제시하면 〈표 4-3〉과 같다.

4) 성인 대상 동기유발 국악교육 사례

성인기는 대체로 청년기가 끝나는 만 20세부터 60세까지를 말한다. 이 시기는 왕성한 사회활동과 결혼, 육아·양육으로 전체 인생에 있어서 중요한 시기이므로 비전과 취미 활동, 예술 활동이 필요하다. 「문화예술교육 지원법」(2017. 3. 21. 법률 제 14630호) 첨부 제1장 제3조 '문화예술교육의 기본원칙'은 "문화예술교육은 모든 국민의 문화예술 향유와 창조력 함양을 위한 교육"을 지향하고 있으며, 모든 국민은 "나이, 성별, 장애, 사회적 신분, 경제적 여건, 신체적 조건, 거주지역 등과 관계

〈표 4-4〉 성인 대상 동기유발 국악교육 사례

<table>
<tr><th>활동명</th><td colspan="2">민요 및 장단 배우기</td><th>유형</th><td>표현</td></tr>
<tr><th>단원</th><td colspan="2">태평가</td><th>대상</th><td>성인</td></tr>
<tr><th>활동 목표</th><td colspan="4">굿거리장단을 연주하며 〈태평가〉를 부를 수 있다.</td></tr>
<tr><th>동기유발 방법</th><td colspan="4">-영상매체를 활용하여 〈태평가〉를 감상 시키면서 '나도 할 수 있다'라는 동기유발을 시킨다.
-장구 장단을 직접 연주해 보게 함으로써 흥미를 유발시킨다.</td></tr>
<tr><th>활동방법</th><td colspan="3">▶도입- 〈태평가〉 동영상 감상하기
▶전개-굿거리장단을 이해하고 〈태평가〉 부르기
① 굿거리장단을 연주해 봅시다.
(〉)　　　　　　　　(〉)
<table>
<tr><td>⦶</td><td></td><td>i</td><td>○</td><td>:</td><td></td><td>○</td><td></td><td>i</td><td>○</td><td>:</td><td></td></tr>
<tr><td>덩</td><td></td><td>기덕</td><td>쿵</td><td>더러
더러</td><td></td><td>쿵</td><td></td><td>기덕</td><td>쿵</td><td>더러
더러</td><td></td></tr>
</table>
② 교수자가 부르는 〈태평가〉를 듣고 굿거리장단을 연주해 봅시다.
③ 노래를 부르며 장구 장단을 연주해 봅시다.
▶정리- 굿거리장단을 이해하며 태평가 노래 부르기</td><td>성인이 좋아하는 민요곡으로 교수자가 장구 장단을 연주하여 학습자 수준에 어렵지 않은 적절한 학습이 되도록 지도한다.</td></tr>
</table>

없이 자신의 관심과 적성에 따라 평생에 걸쳐 문화예술을 체계적으로 학습하고 교육받을 기회를 균등하게 보장 받는다."고 밝히고 있다. 이에 국가적으로 성인을 위한 다양한 문화예술교육 프로그램 개발이 요구된다. 이에 국악활동을 통하여 서로 소통하고 협동할 수 있는 국악교육 프로그램을 제시해야 할 것이다. 성인 대상 동기유발을 위한 국악교육 프로그램 사례를 제시하면 〈표 4-4〉와 같다.

5) 노인 대상 동기유발 국악교육 사례

노년기는 대체로 성인기 후반부, 즉 만 60세부터를 일컫는다. 이 시기에는 체력과 건강이 악화되고 은퇴로 인한 역할상실과 수입 감소, 그리고 죽음에 직면하게 된다. 특히 이 시기에는 다양한 노인 전문 프로그램이 필요하다. 이러한 노인 프로그램은 자신의 삶을 새로운 시각에서 통찰하고, 가치를 재구성하며, 과거 삶에 대한 새로운 질서를 부여하여 절망감에서 헤어나게 하는 역할을 할 수 있기 때문이다. 한국문화예술교육진흥원에서도 필요성을 인식하고 여가 및 힐링을 위한 문화예술교육의 당위성을 강조하고 있다. 따라서 국가적으로 노인에게 신체적 · 정서적으로 건강한 문화예술교육 프로그램을 제시해야 할 것이다. 노인이 흥미를 가지고 접근할 수 있는 동기유발을 위한 국악교육 사례를 제시하면 다음과 같다.

〈표 4-5〉 노인 대상 동기유발 국악교육 사례

활동명	소고춤 배우기	유형	표현
단원	진도아리랑	대상	노인
활동목표	〈진도아리랑〉에 맞추어 소고춤 동작을 할 수 있다.		
동기유발 방법	노래를 부르며 소고를 이용하여 몸동작을 하며 동기유발을 시킨다.		
	▶도입-〈진도아리랑〉 장단 익히기 ▶전개-〈진도아리랑〉을 알고 노래에 맞추어 소고춤 동작하기 ① 기본 소고춤 동작을 배워 봅시다. ② 〈진도아리랑〉을 부르며 소고춤 동작을 따라해 봅시다.		

활동방법		
활동방법	 걷기  뛰기  팔 벌리기  돌기 출처: 강혜인(2013) ③ 노래를 부르며 소고춤 동작을 해 봅시다. ▶정리- 팀별로 나누어 〈진도아리랑〉을 부르며 소고춤을 표현해 봅시다.	신체동작을 정확히 표현하는지 확인한다.

6) 장애 대상 동기유발 국악교육 사례

장애인은 신체적 장애를 가진 자를 의미하는 말이나 실제 교육에서는 신체장애 외에도 「장애인 등에 대한 특수교육법」에 따른 다음과 같은 특수교육 대상자 모두를 포함한다[국가법령정보센터 홈페이지(www.law.go.kr)]. 즉, 시각장애, 청각장애, 지적장애, 지체장애, 정서 · 행동장애, 자폐성장애, 학습장애, 의사소통장애, 건강장애, 발달지체 등 장애를 가진 대상자에 대한 교육은 먼저 교육 대상자의 배경 및 특징, 특히 장애 유형과 내용에 대한 이해가 선행되어야 한다. 특히 신체장애의 경우, 교육 대상과의 긍정적인 관계 형성이 매우 중요하다.

교수자에게는 각 장애유형에 따른 풍부한 교수법적 지식과 경험이 요구된다. 특히 교수자는 장애 학습자의 특성을 잘 파악하여 지도해야 할 필요성이 요구된다. 이에 교수자는 학습자의 특성에 맞는 동기유발을 적용하여 신체적 · 정서적으로 적합한 국악교육 프로그램을 제시해야 할 것이다. 이에 장애인을 위한 동기유발 국악교육 사례를 제시하면 다음과 같다.

〈표 4-6〉 장애 대상 동기유발 국악교육 사례

<table>
<tr><th>활동명</th><td colspan="2">우리나라 전통장단 배우기</td><th>유형</th><td>표현</td></tr>
<tr><th>단원</th><td colspan="2">사물놀이</td><th>대상</th><td>장애인</td></tr>
<tr><th>활동목표</th><td colspan="4">사물놀이의 악기 구성을 이해하고 장단에 맞추어 세를 구별하며 연주할 수 있다.</td></tr>
<tr><th>동기유발 전략</th><td colspan="4">악기를 직접 연주해 보게 한다.</td></tr>
<tr><th>활동방법</th><td colspan="3">▶도입
- 북 주법 익히기

▶전개-휘모리장단 익히기
① 휘모리장단의 세를 생각하며 북으로 연주해 봅시다.
(〉)
북 | ○ | | ○ | | ○ | | ○ | |
둥 둥 두 두

② 교수자가 연주하는 것을 보고 따라서 연주해 봅시다.
③ 직접 연주해 봅시다.

▶정리- 친구들과 함께 휘모리장단 연주해 보기</td><td>리듬에 맞게 첫 박을 연주할 수 있도록 확인한다.</td></tr>
</table>

2. 수업단계별 동기유발

1) 도입단계 동기유발

수업 도입단계는 수업 전체의 분위기와 학습활동의 진행을 좌우할 만큼 중요하다. 그러므로 교수자는 학습자의 동기를 유발하는 데 관심을 가질 수 있는 구체적이고 의미 있는 학습목표를 제시해야 한다. 수업에 있어 학습목표는 효과적인 방법이 될 것이다. 최미화(2003)는 수업단계 도입 시 동기유발을 다음과 같이 제시하고 있다.

첫째, 교수자는 학습자들에게 달성 가능한 학습목표를 제시해야 한다. 학습목표는 학습이 끝났을 때 어떠한 행동의 변화가 이루어졌는지를 분명히 알 수 있도록 구체적이고 실제적인 것으로 제시되는 것이 동기유발에 효과적이다.

둘째, 교수자는 학습목표를 제시함에 다양한 방법을 추구해야 한다. 물론 교육과정에 포함된 내용을 소홀히 할 수는 없지만, 날마다 교과서의 음악을 노래 부르고 감상만 한다면 단조롭고 지루한 수업이 될 수 있다. 한 학기에 한두 번 정도 새로운 수업을 구상해 보는 것도 학습자들에게 좋은 동기유발이 될 것이다.

셋째, 학습자들에게 선택의 기회를 주고 자율적인 결정을 허용해야 한다. 학습목표 내에서 학습자들이 자신의 의사와 노력이 반영되고 결정될 때 학습자들은 자율적인 결정과 창의성을 배울 수 있게 될 뿐만 아니라 자신의 의사에 의해 수업이 진행된다는 생각에 훨씬 더 열심히 수업에 참여할 수 있다. 이를 위해서 교수자는 학습자들에게 많은 것 중에서 선택할 수 있게끔 선택의 메뉴를 주고 선택을 하도록 요구하는 것이 좋다.

넷째, 교수자는 의미 있는 학습목표를 제시해야 한다. 단순히 교과서에 사용된 용어를 사용한다든지 너무 추상적인 용어를 사용해서 학습목표를 제시하는 것은 학습자들의 동기유발에 바람직하지 않다.

다섯째, 교수자는 학습자들의 지적인 욕구를 자극해야 한다. 학습자들에게 제시될 학습 내용의 중요성을 학습자들에게 확신시키는 것이 중요하다. 수업 시작에서는 학습자들의 흥미와 수업내용을 연결하도록 하며, 가능하면 그 지식이 학습자들에게 얼마나 유용할지를 보여 준다.

여섯째, 학습자들에게 공부할 수 있는 환경을 제공해 주어야 한다. 수업을 이끌어갈 환경이 정비되지 않는다면 학습자들은 그만큼 학습내용을 배우는 데 동기화될 가능성이 작아진다. 따라서 학습자들을 동기화하기 위해서는 음악 교실을 효과적인 학습 환경으로 조직하고 관리해야 한다. 음악실 환경을 한 달이나 아니면 한 학기에 한 번씩이라도 조금씩 바꿔 준다면 학습자들이 음악을 받아들이고 배우는 데 대해 동기를 자극할 수가 있다. 대부분 음악 수업의 도입은 전 시간에 배운 제재곡을 함께 가창하거나, 영상매체를 활용하여 선수학습에 대한 확인을 시작으로 이루어진다. 이러한 방법은 학습자들의 주의를 집중하고 동기를 유발하는 데 가장 많이 접근하는 도입 방법이다. 영상매체를 활용한 동기유발을 적용한 국악교육 사례를 제시하면 다음과 같다.

〈표 4-7〉 도입단계 동기유발 국악교육 사례

활동명	민요 배워 보기	영역	표현
단원	세계 속의 우리 음악 아리랑	대상	중등
활동목표	-민요 〈진도아리랑〉을 통해 지역별로 〈아리랑〉의 특징을 이해할 수 있다. -세마치장단에 맞춰 시김새를 살려 〈진도아리랑〉을 부를 수 있다.		
동기유발 방법	영상매체를 활용하여 동기유발을 한다.		
활동방법	▶도입 과정에서의 적용 활동: 〈진도아리랑〉 이해하기 ① 내가 알고 있는 우리나라 〈아리랑〉을 자유롭게 말해 본다. -〈아리랑〉의 종류가 무엇이 있는지 자유롭게 말해 볼까요? -〈아리랑〉을 상상하면 무슨 생각이 떠오르나요? -여러분이 좋아하는 〈아리랑〉을 선택해 볼까요? (〈아리랑〉, 〈진도아리랑〉, 〈밀양아리랑〉, 〈해주아리랑〉, 〈강원도 아리랑〉 등) ② 〈진도아리랑〉을 영상매체를 활용한 영화 〈서편제〉의 한 장면을 보여 준다. ③ 오늘 배울 곡에 대한 학습목표를 정확하게 제시한다.	영상매체에 활용된 〈진도아리랑〉을 보여 준다.	

2) 전개단계 동기유발

수업 전개단계는 교수 · 학습 활동이 구체적으로 이루어지는 단계이다. 전개단계는 수업 중 가장 중요하고 심혈을 기울이는 부분이라 할 수 있다. 학습자들의 흥미와 관심, 개인차 등을 적절히 고려하여 학습자들 수준에 맞는 수업을 해야 하며, 학습자들의 내 · 외적 동기를 유발할 수 있는 다양한 수업매체를 활용하고 학습자들이 수업에 활동적 · 능동적으로 참여할 수 있도록 다양한 교수 · 학습방법을 제공해 주는 단계를 말한다(최미화, 2003). 최미화(2003)는 수업 전개단계를 위한 동기유발을 다음과 같이 제시하고 있다.

첫째, 교수자는 흥미롭고 다양한 수업방법을 활용한다. 다양한 수업 방식을 통해 학습자들의 학습동기를 유발할 수 있으며, 다양한 학습동기 유발 방법은 수업 목적에 맞출 수 있도록 치밀하게 준비된 것이어야 한다.

둘째, 교수자는 학습자들이 수업에 참여할 기회를 주도록 한다. 학습자들에게 흥미로운 질문을 던져 호기심을 자극하는 한편, 적절한 힌트를 주어 학습자들이 스스로 문제를 해결했다는 성취감을 자주 느끼게 하는 것이 좋다.

셋째, 교수자는 학습자들의 수준에 맞게 학습을 진행해야 한다. 즉, 학습자들의 눈높이를 맞추어 단계별로 수업을 하는 것이 좋다.

넷째, 교수자는 교수 · 학습 시 학습자들이 잘 알고 있는 내용으로 예를 들어야 한다. 잘 알려지지 않은 명칭, 개념, 인용구 등을 사용하기보다는 이미 잘 알고 있는 것을 사용하는 것이 바람직하다.

다섯째, 교수자는 학습자에 대한 믿음과 기대가 있어야 한다.

여섯째, 교수자는 칭찬을 아끼지 않는다. 칭찬은 가장 쉬우면서도 중요한 동기유발이 된다. 교수자가 학습자들의 적절한 성취행동에 대하여 "좋아." "근사해." "훌륭해." "잘했어."와 같은 말을 해 주는 것이 동기유발에 효과적이다.

일곱째, 학습자들 간의 적당한 경쟁심을 유도한다. 학습자들 개개인뿐 아니라 그룹 간의 구성원으로서, 적당한 경쟁심은 수업활동에 자극을 줄 수 있다.

여덟째, 교수자는 동료들과 함께 상호작용할 기회를 제공해 주어야 한다. 학습자들은 동료들과 상호작용할 수 있는 활동을 좋아한다. 또한 교수자와 모든 학습자가 상호작용하여 수업을 진행한다는 느낌을 학습자들에게 갖게 해 준다면 훨씬 효과적이다(최미화, 2003).

이처럼 수업 전개단계에서는 다양한 수업 매체를 활용하고 학습자들과 교수자가 함께 참여하고 상호작용할 수 있는 교실 분위기가 동기유발에 중요한 역할을 하고 있음을 인지하고, 동기유발을 위한 수업 전개단계 국악교육 사례를 제시하면 다음과 같다.

〈표 4-8〉 전개단계 동기유발 국악교육 사례

활동명	민요 배워 보기	영역	표현
단원	세계 속의 우리 음악 아리랑	대상	중등
활동 목표	-민요 〈진도아리랑〉을 통해 지역별로 〈아리랑〉의 특징을 이해할 수 있다. -세마치장단에 맞춰 시김새를 살려 〈진도아리랑〉을 노래 부를 수 있다.		
동기유발	영상매체를 활용하여 동기유발을 한다.		

▶전개 1: 영상 시청 후 지역별 〈아리랑〉의 특징을 조사한 후 〈진도아리랑〉을 설명한다.

- 선수학습한 남도민요의 특징을 되짚어 보고, 세마치장단을 구음과 함께 손바닥으로 쳐 보기

(〉)

⦶			⦶		｜	○	｜	
덩			덩		덕	쿵	덕	

▶전개 2: 〈진도아리랑〉의 시김새를 살려 노래한다.

- 〈진도아리랑〉 노래하기
- 모둠별로 장구 장단에 맞추어 시김새를 살려 노래 연습하기
- 2~3팀 정도 발표하기

장구 반주에 맞춰 노래 부르도록 하여 장단을 인지하도록 한다.

사진 출처: 궁내중학교 음악과 수업 장면(2011).

〈진도아리랑〉 가창 시 시김새를 배운 발성으로 자연스럽게 부르도록 한다.

▶전개 3: 교과서 활동과 관련된 〈아리랑〉 동영상을 감상한다.

① 동영상 감상하기

김연아 오마주 투 코리아 (1분 4초)	아리랑 인사동 쌈지길 플래시 몹 (5분 20초)

출처: https://www.youtube.com/watch?v=9wEQL7ZcrKM	출처: https://www.youtube.com/watch?v=GxfniDAEK

② 〈아리랑〉과 관련된 여러 영상물을 보고 느낀 점 자유롭게 적기

▶전개 4: 모둠 안에서 자신이 적은 생각을 모둠원들과 서로 나누어 발표한다.

자유롭게 이야기할 수 있는 허용적인 분위기를 조성하고 경청 후 박수로 격려해 주기

3) 정리단계 동기유발

수업 정리단계에서는 학습목표에 대한 성취동기를 느낄 수 있도록 하며 학습내용을 다시 한 번 분명하고 구체적인 피드백을 제시하여 주는 단계이다. 피드백은 학습자들의 수행과 직접적인 관련이 있어야 하고 분명해야 하며, 구체적인 피드백은 동기유발에 효과적이어야 한다(최미화, 2003). 그러므로 정리단계에서 피드백은 학습 결과 확인 차원에서 구체적으로 이루어져야 한다. 정리단계에서 칭찬하거나 부족한 학습 부분을 보충해 줌으로써 성취동기를 자극할 수 있는 중요한 단계라 할 수 있다. 이에 정리단계 동기유발을 위한 칭찬과 격려 중심 국악교육 사례를 제시하면 〈표 4-9〉와 같다.

〈표 4-9〉 정리단계 동기유발 국악교육 사례

<table>
<tr><td>활동명</td><td colspan="2">민요 배워 보기</td><td>영역</td><td>표현</td></tr>
<tr><td>단원</td><td colspan="2">세계 속의 우리 음악 〈아리랑〉</td><td>대상</td><td>중등</td></tr>
<tr><td>활동목표</td><td colspan="4">-민요 〈진도아리랑〉을 통해 지역별로 〈아리랑〉의 특징을 이해할 수 있다.
-세마치장단에 맞춰 시김새를 살려 〈진도아리랑〉을 부를 수 있다.</td></tr>
<tr><td>동기유발 방법</td><td colspan="4">칭찬과 격려로 동기유발을 한다.</td></tr>
<tr><td></td><td>▶정리 1-형성평가를 한다.
-학습내용을 초성 퀴즈로 점검해 보기

▶정리 2- 〈진도아리랑〉을 불러본 소감을 나눈다.
▶정리 3-학습자들이 어떤 〈아리랑〉일지 생각하고 기대를 갖게 끔 차시를 예고한다.</td><td colspan="3">퀴즈 답을 맞게 적는 학습자에게는 칭찬과 격려를 한다.

밝은 모습으로 열심히 수업에 임한 학습자 모두에게 칭찬과 격려의 마음을 표현한다.</td></tr>
</table>

3. 지도영역별 동기유발

일반적으로 지도영역은 음악과 교육과정이 제시하고 있는 지침을 따르고 있다. 지도영역을 살펴보면 2007 교육과정에서는 활동, 이해, 생활화로 구분하였고, 2009 개정 교육과정 이후부터 현재 2011 개정 교육과정에서는 이해 영역이 삭제되고 표현, 감상, 생활화 영역으로 구분하였으며 이는 감상 영역을 중요시하는 것을 알 수 있다(교육과학기술부고시, 제2011-361호). 국악교육 또한 감상 영역, 표현 영역, 생활화 영역 기준으로 대부분 학교 현장에서 구분하고 있다. 지도영역별 동기유발을 살펴보면 다음과 같다.

1) 감상 영역 동기유발

감상 영역에서는 음악 요소, 음악의 종류, 역사 · 사회 · 문화적 맥락에서 음악의 역할과 가치를 이해할 수 있도록 하고, 실음을 통해 음악 용어와 개념이 이해가 되도록 해야 한다(교육과학기술부, 2015). 감상할 때에는 학습자들이 감상활동을 적극적으로 행할 수 있도록 추임새나 정간보[1]나 육보[2]를 활용하여 감상하도록 한다(교육과학기술부, 2015).

1) 조선 세종이 음의 시가를 알 수 있게 창안한 유량악보(有量樂譜). 동양에서는 가장 오래된 유량악보이다. '우물 정(井)'자 모양으로 칸을 질러 놓고 1칸(一井間)을 1박으로 쳐서 음의 시가를 표시하고, 그 정간 속에 음의 고저를 나타내는 율자보(律字譜) · 오음약보(五音略譜) · 합자보(合字譜) · 육보(肉譜) 등을 써 넣는데, 그중 율자보를 넣는 것이 가장 많이 사용된다. 『세종실록』 악보, 『금합자보(琴合字譜)』, 『양금신보(梁琴新譜)』, 『대악후보(大樂後譜)』 등에 사용되었다. 지금도 궁중음악은 정간보에 율자보를 넣어서 사용하고 있다.

2) 우리나라 최고의 기보법인 육보는 고려시대 향비파 · 거문고 · 가야금 · 젓대 · 향피리 같은 향악기에 사용됐다고 『세조실록』 권48의 악보 서문에 언급됐다. 악기의 소리를 흉내 내어 소리 나는 대로 적은 구음으로 만든 기보법이 육보이다. 『금합자보(琴合字譜)』(1572)에서는 동(冬) · 슬(瑟) · 사(士) · 징(澄) · 두(斗) · 흥(興)의 거문고 구음으로 된 육보와 여힌 · 너 · 힌니 · 니인 · 너 · 누 · 러의 젓대 구음으로 된 육보가 전한다. 악기의 소리를 의성음(擬聲音)으로 표기한 구음을 바탕으로 만든 이 기보법은 다양하다. 그 이유는 육보에 쓰인 구음이 악기마다 서로 다르기 때문이다. 육보의 구음은 일정한 음고를 표시하는 것이 아니고, 음명(音名)이나 계명(階名)을 표시하는 것도 아닌 특이한 기능을 가지고 있다. 이 구음의 음악적 특징은 모호하고 불안전한 것이기 때문에, 육보는 하나의 독립된 기보법으로 사용되지 못했고, 언제나 오음약보(五音略譜) · 합자보(合字譜) 등의 다른 기보법과 함께 사용됐다.

음악적 행위로서 가장 중요한 것은 감상이라고 할 수 있다. 음악의 기초는 감상이다. 그래서 음악이 있는 곳에서는 감상이 항상 우선적이고 지속적으로 행해지고 있다. 따라서 국악교육에 있어서도 국악감상은 가장 중요한 초석 작업이라 할 수 있다. 감상은 악기 연주하기에서도 중요시되고, 음악을 작곡하는 데 있어서도 기본이 되며, 노래 부르기에서도 중요하다. 우리가 일반적으로 귀가 트이지 않으면 노래할 수 없고, 새로운 소리를 찾을 수 없다. 그러므로 올바른 감상행위를 몸에 익히게 하는 것은 국악교육에 있어서 중요한 과제이다. 이에 동기유발을 위한 감상 영역 국악교육 사례를 제시하면 〈표 4-10〉과 같다.

〈표 4-10〉 감상 영역 국악수업의 사례

<table>
<tr><td>활동명</td><td>〈대취타〉 감상하기</td><td>유형</td><td>감상</td></tr>
<tr><td>단원</td><td>〈대취타〉</td><td>대상</td><td>중등</td></tr>
<tr><td>활동목표</td><td colspan="3">음악의 다양한 쓰임 및 음악을 사용하는 여러 가지 의식에 참여할 수 있다.</td></tr>
<tr><td>동기유발 방법</td><td colspan="3">영상매체를 활용하여 동기유발을 시킨다.</td></tr>
<tr><td>활동방법</td><td colspan="2">▶도입- 대취타 동영상 감상하기

출처: https://www.youtube.com/watch?v=F9B5D70v_Ms
청소년이 꼭 알아야 할 우리음악과 춤 15선: 〈대취타〉 감상편

▶전개- 〈대취타〉 악기 편성, 장단을 이해하면서 감상하기
① 타악기와 관악기 소리에 유의하여 감상한다.
② 〈대취타〉 장단을 치면서 음악을 감상한다.
〉 〉 〉 〉
| ⦶ | | ⦶ | | ⦶ | | ○ | ○ | ⦶ | | i | |
덩 덩 덩 쿵 쿵 덩 기덕
③ 대취타의 쓰임과 의식 이야기하기
▶정리- 대취타를 듣고 다양한 쓰임에 대해 이야기해 봅시다.
- 음악을 듣고 대취타에 사용된 악기의 음색을 구별하였는가?</td><td>영상매체 동영상 감상 시 반드시 악기 편성을 유념해서 볼 수 있도록 지도한다.</td></tr>
</table>

2) 표현 영역 동기유발

동기유발에 있어 표현 영역은 학습자가 자신의 느낌이나 생각을 노래, 국악기 연주, 국악곡에 맞추어 신체표현, 그림 그리기 등 다양한 방법으로 표현할 수 있도록 한다.

기악활동 동기유발은 음악 학습에서 가창이나 감상 등 다른 활동이 제공할 수 없는 특별한 음악적 경험을 학습자에게 제공한다는 점에서 그 의의를 찾을 수 있다. 특히, 기악활동은 학습자들의 발달과 특성을 잘 고려해야 하는 데, 학습자들의 눈높이와 흥미에 맞는 장구, 단소, 가야금 등의 국악기를 잘 선택하여 지도해야 한다. 동기유발을 위한 기악활동 시 구음을 이용하여 자연스럽게 익히게 하고, 춤이나 신체표현을 이용하여 장단의 특징을 살려 표현 능력을 느낄 수 있도록 하는 방법을 이용하면 더욱 효과적이다.

가창활동은 학교 음악교육에서 비교적 쉬운 음악적 접근 방법이다. 가창활동은 학습자들에게 음악 미적 표현활동의 기회를 제공하고, 나아가 미적 가치관을 형성시켜 장래에 그들의 삶을 즐겁고 정신적으로 풍요롭게 만든다는 점에서 그 의의가 있다. 그러므로 교수 · 학습 과정에서 올바른 방법과 다양한 노래의 장르를 경험할 수 있도록 동기유발을 해야 한다. 동기유발을 위한 가창 지도 시 가락이나 시김새를 설명할 때에는 가락선을 이용한 악보나 손 등을 효율적으로 활용하여 다양하게 표현할 수 있도록 지도해야 한다.

창작활동 또한 음악이 어떠한 기능을 하고, 어떻게 생성되는가에 대하여 학습하는 활동이다. 창작학습에서는 음악의 내적 작용을 탐구하고, 음악에 대하여 배운 것을 자신의 작품에 활용해 보는 기회를 줘야 한다. 창작을 통하여 학습자는 자신의 능력을 최대한 발휘하여 음악적 소재를 독창적으로 다룰 수 있는 기회를 가지게 된다. 이와 같이 국악활동에 있어서 표현 영역은 국악교육에 있어 가장 다양하게 동기유발을 표현할 수 있다. 국악교육 표현 영역 활동에 있어서 동기유발의 다양한 방법을 제시하면 〈표 4-11〉과 같다.

〈표 4-11〉 표현영역 국악 수업의 사례

<table>
<tr><td>활동명</td><td>장구 연주하기</td><td>유형</td><td>표현</td></tr>
<tr><td>단원</td><td>장구 연주</td><td>대상</td><td>중등</td></tr>
<tr><td>활동목표</td><td colspan="3">바른 자세와 주법으로 장구를 연주할 수 있다.</td></tr>
<tr><td>동기유발 방법</td><td colspan="3">악기 연주하기를 직접 체험함으로써 동기유발을 시킨다.</td></tr>
<tr><td>활동방법</td><td colspan="2">▶도입- 장구 연주 동영상 감상하기
▶전개-장구 장단 연주하기
① 장구의 왼손 주법을 배워 봅시다.
② 장구의 오른손 주법을 배워 봅시다.
③ 장구의 양손 주법을 배워 봅시다.
④ 장구의 여러 장단을 배워 봅시다.
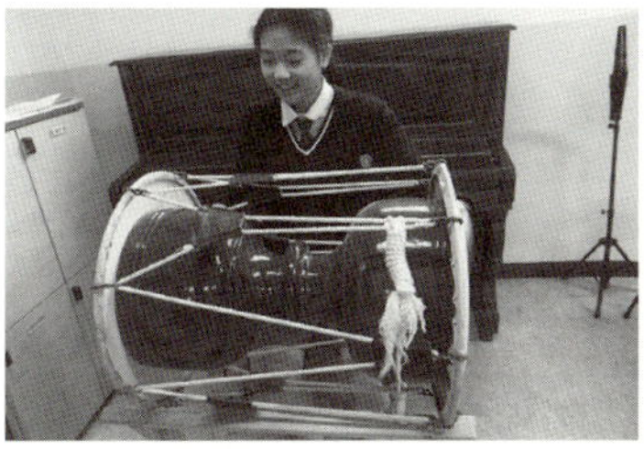 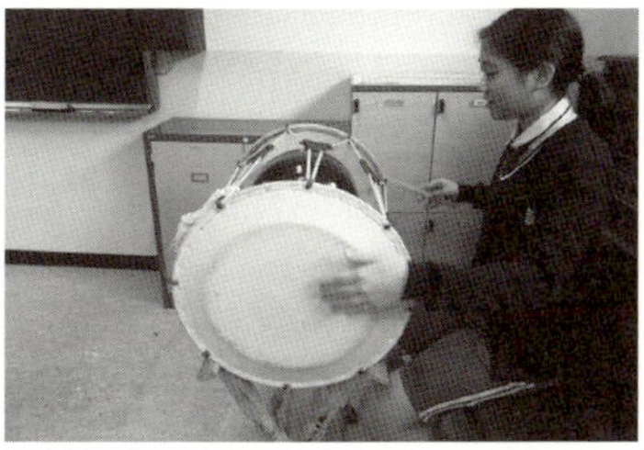
▶정리- 바른 자세와 주법으로 장구를 연주해 봅시다.
 </td><td>장구를 연습한 후 직접 연주할 수 있는 시간을 준다.</td></tr>
</table>

3) 생활화 영역 동기유발

생활화 영역은 학습자들이 일상생활에서 음악을 즐길 수 있고, 우리의 문화 및 우리 음악에 대한 올바른 가치관을 가질 수 있도록 지도하며 학교 내외의 음악활동과 관련된 다양한 정보와 기회를 제공하여 학습자들이 적극적으로 음악활동에 참여할 수 있도록 하는 것을 의미한다(교육과학기술부고시, 제2011-361호). 2015 개정

교육과정에 따른 음악과 교육과정에서는 기존에 국악의 가치를 인식하는 것에서 더 나아가 국악을 생활 속에서 활용하고 즐김으로써 국악의 소중함을 체험할 수 있도록 구체적인 내용을 제시하고 있다. 또한 국악을 생활화하고 국악의 가치를 인식할 수 있도록 학교 급별로 차별화된 내용요소를 제시하였다. 이와 같이 생활화 영역은 국악교육에 있어 중요하다. 국악교육 생활화 영역 활동에 있어서 동기유발의 사례를 제시하면 다음과 같다.

〈표 4-12〉 생활화 영역 국악수업의 사례

<table>
<tr><th>활동명</th><td>전통문화 이해하기</td><th>유형</th><td>생활화</td></tr>
<tr><th>단원</th><td>엉덩이 씨름</td><th>대상</th><td>유아</td></tr>
<tr><th>활동목표</th><td colspan="3">-전통놀이 씨름에 대해 알 수 있다.
-엉덩이씨름을 통해 균형감각과 체력을 기를 수 있다.</td></tr>
<tr><th>동기유발 방법</th><td colspan="3">놀이활동을 통해 동기유발을 시킨다.</td></tr>
<tr><th>활동방법</th><td colspan="2">▶도입: 김홍도의 '씨름' 그림을 보며 이야기를 나눈다.
-무엇을 하고 있는 그림일까요?
-씨름을 해 본 적이 있나요?
-엉덩이씨름은 어떻게 할까요?
▶전개1: 창작국악동요 〈앞산아 당겨라〉를 불러 본다.
-교수자와 유아가 메기고 받으며 노래를 불러 본다.

앞산아 당겨라

-중중모리장단에서 자진모리장단으로 바뀌는 빠르기 변화를 느끼며 불러 본다.</td><td>놀이를 통해 흥미유발을 시키며 우리나라 장단을 이해하며 노래를 부르게 한다.</td></tr>
</table>

▶전개2: 샅바 없이 할 수 있는 '엉덩이씨름'을 해 본다.
- 교실 바닥에 원을 그린다.
- 두 명의 유아가 팔짱을 끼고 서로 등을 대고 원 안에 앉는다.
- 〈앞산아 당겨라〉를 부르고 놀이를 시작한다.
- 엉덩이를 이용하여 상대방을 원 밖으로 밀어낸다.
- 마지막까지 원 안에 남는 유아가 이긴다.

전통씨름

엉덩이씨름

▶정리-〈앞산아 당겨라〉를 부른다.

출처: 강혜인 외(2013).

효과적인 동기유발을 위한 국악 수업은 대상별, 수업단계별, 지도영역별에 대한 명확한 이해와 수업 설계가 중요하다. 동기유발에 대한 다양한 방법 및 프로그램을 잘 적용할 때 교수자는 즐겁고 활기찬 수업을 할 수 있고 자신감 있게 수업을 진행할 수 있다. 교수자는 대상별 특징을 잘 이해하고 동기유발에 임한다면 국악 수업이 원활히 잘 진행할 수 있다. 또한 동기유발을 통하여 매 수업마다 수업목표를 분명하게 제시할 수 있게 되고, 수업내용을 흥미 있고 즐거운 방법으로 연구하고 적용할 수 있을 것이다. 이 장에서 제시한 대상별, 단계별, 지도영역별 동기유발 국악 수업 사례를 바탕으로 지루하고 잠이 오는 수업이 아닌 보다 즐거운 국악 수업을 설계해 보기를 바란다.

국악교육은 지금까지 학교문화예술교육에서 국악교육내용의 양을 꾸준히 확대해 왔으며 국악교육이 오늘날 사회문화예술교육으로서 중요한 예술문화로 자리매김하고 있다. 동기유발을 통한 국악활동은 재미있고 흥미 있는 체험이 될 것이며, 이러한 체험활동은 생활 속에서 자연스럽게 표현될 수 있을 때 더욱 의미가 있다. 아울러 기존의 동기유발을 위한 국악교육 연구에 기초하여 다양한 국악교육 교수·학습 방안이 연구된다면 국악교육을 통한 학습자들은 전통문화에 대한 자긍심과 전통음악에 대한 심미적 체험을 할 수 있을 것이다.

토의주제

1. 국악교육에서 동기유발은 왜 필요할까?

2. 동기유발을 적용한 국악교육 프로그램을 개발해 보자.

3. 동기유발을 위한 국악교육 활동 적용 시 주의할 점은 무엇인가?

참고문헌

강혜인, 최은주, 박혜영, 이미혜, 이선미, 김한나, 김지형(2013). 날아라 유아국악. 서울: 민속원.

교육부(2015). 음악과 교육과정(교육부 고시 제2015-74호). 경기: 교육부.

박상희(2009). 2007 음악과 교육과정 개정에 따른 동기유발 교수-학습 모형 제시. 창원대학교 대학원 석사학위논문.

박선미(2009). 중학생의 음악적 개념 형성을 위한 동기유발 학습전략 및 학습 방안의 개발. 전남대학교 대학원 석사학위논문.

윤영애, 강순미, 조대현(2011). 아동발달. 서울: 태영출판사.

이재연(1996). 아동발달. 서울: 문음사.

이홍수(1990). 음악교육의 현대적 접근. 서울: 세광음악출판사.

정옥분(2008). 영유아발달의 이해. 서울: 학지사.

최미화(2003). 청소년들의 학습동기 유발을 위한 음악 감상교육방법 연구. 연세대학교 대학원 석사학위논문.

국가법령정보센터. www.law.go.kr.

한국문화예술진흥원. www.arte.or.kr

제5장

창의성 신장을 위한 국악교육

강혜인

1. 창의성 교육의 이해
2. 창의성 신장을 위한 국악교육의 실제

현대 사회는 창의적 가치를 중요하게 인식하고 있으며 국가적으로도 창의적 사고 역량을 갖춘 인재양성 교육을 강조하고 있다. 이 장은 교수자가 국악교육 현장에서 창의성 교육을 적용할 수 있도록 이론과 수업의 실제를 소개한다. 먼저 창의성의 개념, 창의성 교육의 필요성 및 교육원리와 방법을 이해한다. 다음은 창의성 이론을 바탕으로 실제 국악 수업에서 대상별, 수업단계별, 지도영역별로 어떻게 창의적 사고기능, 사고기법, 창의적 발문을 활용할 수 있는지 수업 예시를 살펴본다. 마지막으로 창의적인 국악 수업의 사례를 분석하고 나만의 창의적 국악 수업을 설계해 본다.

1. 창의성 교육의 이해

1) 창의성이란 무엇인가?

현대 사회는 고도로 발달된 지식과 폭발적인 정보의 증가로 과거에는 상상하지 못할 정도의 사회 · 문화적 변화가 매우 빠르게 진행되고 있다. 이러한 변화의 물결 속에서 우리는 날마다 새로운 상황에 직면하고 문제를 해결해야 하는 능력을 요구받고 있는데, 이러한 지식 정보화 시대에 인간에게 필수적인 능력은 창의성이라고 할 수 있을 것이다.

창의성의 사전적 의미는 "새로운 것을 생각해 내는 특성"(민중서관, 1999) "새로운 관계를 지각하거나 비범한 아이디어를 산출하거나 또는 전통적 사고 유형에서 벗어나 새로운 유형으로 사고하는 능력으로 기존의 것과 같지 않은 독창적인 것을 만들어 내는 능력"(서울대학교 교육연구소, 2011)을 말한다. 그러나 창의성은 창의의 핵심을 무엇으로 보느냐에 따라서 다양하게 정의된다. 길포드(Guilford)는 창의성을 "새롭고 신기한 것을 낳는 힘", 즉 인간의 인지능력, 정신능력의 한 부분으로 보고 확산적 사고가 창의성의 기본이 되는 사고 유형이라고 하였으며, 토랜스(Torrance)는 곤란한 문제를 인식하고 그것을 해결하기 위하여 아이디어, 가설, 검증, 결과를 전달하는 과정, 문제를 찾고 해결하는 과정의 일환으로 보았다(이윤옥, 2013).

현재 연구된 창의성에 관한 다양한 개념 정의를 검토해 보면 창의성은 인간의 지적능력, 동기, 성격, 사고기능 등과 같은 여러 요인들로 이루어진 복합체로서 고차원적인 인간의 능력이라고 할 수 있을 것이다. 이동원(2009)은 창의성의 공통된 요소로 새로움, 희귀함과 관련되는 능력, 적합성, 유용성, 그리고 가치가 있어야 한다고 하였다. 또한 창의성은 외부로 발현되거나 외현되어야 한다고 하며, 결론적으로 "창의성이란 독창적이고 가치가 있는 사고를 할 수 있거나 창의적 산출물을 생산해 낼 수 있는 개인의 능력이나 성향"이라고 정의하였다.

2) 창의성 교육의 필요성

현대 사회는 빠르게 변화하는 사회의 흐름 속에서 자신이 주체적으로 변화를 창조할 수 있는 능력을 키우고 스스로 문제를 해결할 수 있는 사고능력을 필요로 하고 있다. 21세기 창의적 지식기반 사회는 창의적 지식, 직접 생산한 지식, 주관적 지식이 부와 성공의 조건이 되어 사람과 지식을 통한 새로운 도약을 통하여 기회와 도전이 발견되며 삶의 만족을 확대할 수 있다고 한다. 창의성연구는 산업계의 급속한 성장과 경쟁력 강화를 위해서 기술적인 발전을 추구하면서 발전되었지만, 전경원(2014)은 그 외에 개인, 사회, 학습의 차원에서도 유용한 가치를 지닌다고 하였다. 그 내용을 요약하면 다음과 같다(전경원, 2014).

(1) 개인적 측면

창의성연구는 인간의 잠재능력 계발, 효과적인 지도자적 능력 계발, 정신 건강을 유지하는 데 도움을 준다. 인간의 다른 능력과 마찬가지로 창의성은 모든 사람들이 갖고 있는 중요한 능력이다. 창의성이란 일반적인 지식을 토대로 인간의 잠재적인 능력을 계발하는 데 도움을 준다. 창의성은 지도자 역할을 해야 하는 사람에게 필수적인 기술이다. 문제를 발견하고 새로운 방법으로 문제를 해결하고 타인에게 새로운 비전을 제시하는 데 창의력은 필요하다. 또한 창의적인 행동은 정신 건강에 필수적이다. 생활 속에서 창의성을 발휘하는 사람은 자신의 많은 재능을 잘 활용하고 개발하며 삶을 즐길 수 있다.

(2) 사회적 측면

창의성연구는 효율적으로 인적 자원을 활용하고 다양한 문제를 해결하는 데 도움을 준다. 모든 사적 · 공적 조직은 조직원들의 창의적인 재능을 발휘하도록 하고 창의적인 노력에 보상을 할 때 인적 자원의 효율성을 높일 수 있다. 창의성연구의 목적은 사회 보존과 발전을 위한 것이다. 급속한 변화의 사회 속에서 일어나는 인구, 환경, 기아, 핵전쟁과 같은 문제를 풀기 위해서는 창의적인 사고력과 문제해결력이 훈련되어야 한다.

(3) 학습적 측면

창의성연구는 모든 학과목의 발전과 학습과정 향상에 도움을 준다. 창의성은 예술 방면 외에도 간학문적인 요소들을 연구하는 데 유익하다. 또한 학생들의 창의적인 사고력 발전을 향상시킬 수 있다. 창의성 교육을 통하여 학생들의 사고력은 유연해지고 개인적인 동기유발과 대부분의 사람들에게 존재하는 잠재능력의 향상을 가져올 수 있다.

3) 창의성 교육의 원리와 방법

창의성 교육은 교수자가 학생들의 창의성 계발을 위해서 어떻게 교육환경을 조성해 주고 어떤 방법으로 창의성을 일깨워 주느냐가 가장 중요하다. 우리는 교육현장에서 다음과 같은 원리와 방법으로 창의성 교육을 적용할 수 있을 것이다(포스코교육재단, 2011).

(1) 창의성 교육의 원리

창의성 교육의 원리는 다음과 같다.

첫째, 자유롭게 생각하고 표현할 수 있는 분위기이다. 규제나 조건을 많이 제시하지 않고 다양하게 들어 주고 표현의 기회를 제공하여 허용적인 분위기를 조성해 준다.

둘째, 실수를 인정하는 분위기이다. 실수를 두려워하면 도전하는 마음이 생길 수 없으므로, 도전 정신과 호기심을 갖고 창의적인 발상을 자유롭게 할 수 있도록 인정하고 격려해 준다.

셋째, 아이디어 생성을 촉진하는 분위기이다. 칭찬을 통해 보람과 자부심을 느끼면서 활동에 참여하도록 한다.

넷째, 혼자서 생각을 많이 할 수 있는 분위기이다. 주어진 주제에 몰두할 수 있는 시간을 충분히 주어 혼자서 마음껏 사고할 수 있게 한다. 그러나 때로는 시간을 제한하여 짧은 시간에 아이디어를 내도록 유도할 필요도 있다.

이 외에도 왜, 어떻게 등을 묻는 다양한 사고훈련, 객관적인 지식을 자신만의 경험에 녹여내어 주관적인 지식을 얻도록 하는 훈련, 목표가 분명한 학습활동을 통하여 사고 관련 기능을 향상하는 훈련, 생각의 몰입으로 감탄적 통찰을 이끌어 내는 훈련 등이 창의성 교육의 실질적인 방안으로 제시되고 있다.

(2) 창의성 교육의 방법

임선하(1998)는 창의성을 몇 가지의 의미 있는 영역으로 구분하였는데, 태도요인으로서의 성향, 사고 자료로서의 경험, 사고하는 기술인 기능, 그리고 사고 대상 관련 지식이 그것이다. 창의성은 지식을 바탕으로 출발하고 주어진 문제에 대하여 어떤 태도, 성향을 갖는냐가 동기를 유발하며 창의성이 발휘되는 과정에는 경험과 사고기능이 작동하는 것이다. 그렇다면 창의성 교육에서 교사는 다음과 같은 방법을 적용할 수 있을 것이다.

- 창의적 성향 키우기: 창의적 성향은 개인에게 요구되는 정의적 · 태도적 특성이다. 창의적 성향에는 호기심, 탐구심, 자신감, 자발성, 정직성, 개방성, 독자성, 집중성 등이 속한다.
- 창의적 사고기능 키우기: 창의적 사고기능은 창의적 사고를 할 수 있게 해 주는 능력의 기초가 된다. 창의적 사고기능은 '~을 할 수 있는 힘'으로서 이런 힘을 숙달시켜 창의성이 계발된다. 창의적 사고기능에는 민감성, 상상력, 유창성, 융통성, 독창성, 민감성 등이 있다.
- 창의적 사고기법 활용하기: 창의적 사고기법이란 문제들을 해결하거나 창의적인 태도를 갖기 위해 사용하는 일종의 창의성 훈련 도구이다. 교수자는 수업에서 사고기법을 활용하여 새로운 방법으로 문제를 접근하여 사고기능을 키우고 독창적으로 문제를 해결하는 방법을 찾을 수 있다. 창의적 사고기법에는 브레인스토밍, 브레인라이팅, 육색 사고 모자 기법, 속성 열거법, PMI 기법, 강제 연결법, 마인드맵, 스캠퍼 기법 등이 있다.
- 창의성의 경로 활용하기: 전경원과 김경숙(2012)은 창의성이 주어진 과제에 따라 다양한 통로로 표현된다고 하였다. 개인적인 특성과 다중 지능에 따라 각 사람은 저마다 창의성을 표현하는 통로가 있는데 언어창의성, 도형창의성, 동작창의성, 소리창의성, 조작창의성으로 나타난다. 전경원과 김경숙(2012)은 사고기능이 소리창의성 활동을 통하여 개발될 수 있다고 다음과 같이 제시하였다.

〈표 5-1〉 사고기능과 소리 창의성 활동

사고기능	활동주제	활동내용
민감성	소리가 섞여 있네요	여러 가지 소리를 녹음하여 섞인 소리를 구별한다.
상상력	그림 속 소리	그림의 풍경에서 나는 소리를 말한다.
유창성	소리를 찾아라	장소에 적절한 소리를 유창하게 표현해 본다.
융통성	병으로 부는 소리	다양한 도구를 이용하여 피리 소리를 표현할 수 있다.
정교성	구음 소리내기	국악기 소리를 듣고 목소리로 표현해 본다.
독창성	잠꾸러기 깨우기	나의 생활을 살펴보고 나만의 독특한 알림소리를 말, 노래로 만들어 본다.

(3) 창의성의 교수·학습 모형

국악수업을 통한 창의성 교육은 자연스러운 음악활동 과정 속에서도 가능하지만, 보다 효과적인 창의성 계발은 사고과정에 바탕을 둔 수업모형을 통하여 촉진되고 보다 구체화될 수 있을 것이다. 지금까지 전통적 수업모형 가운데 창의성 계발을 위한 모형은 부화식 수업모형이다. 이것은 토랜스(Torrance, 1997)가 월러스(Wallas)의 부화식 수업모형(준비-부화-해결-확인)을 참고로 개발한 것으로 부화식 수업 모형은 다음과 같은 단계를 제시하였다(이동원, 2009).

준비단계
문제를 여러 각도에서 지각하고 이해

⬇

부화단계
해결방안을 생각하고, 해결될 때까지 시간 소요

⬇

조명단계
찾던 아이디어가 번쩍 떠오르는 단계

⬇

검증단계
암시된 해결안으로 타당성을 검증하고 정리

[그림 5-1] 부화식 수업 모형

한국에서 개발된 창의성 교육 수업모형은 전경원이 개발한 CAPA(Creativity-A Process Approach) 프로그램이다. 이것은 창의적인 과정에 중점을 두고 있으며, 창의성을 정의함에 있어서 결과보다는 과정에 초점을 두고 포괄적으로 정의한 토랜스와 길포드의 창의성 이론에 기초하고 있으며 다음과 같은 단계를 제시하였다(전경원, 김경숙, 2012).

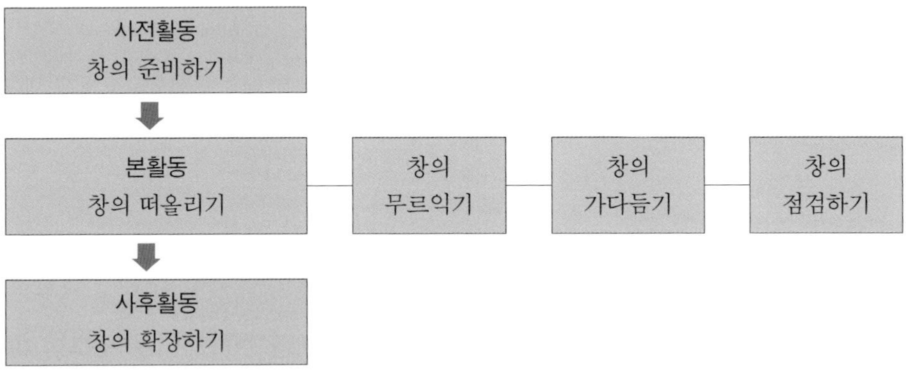

[그림 5-2] 전경원의 CAPA 모형

학습지도 과정에서 적용할 수 있는 사고 과정 모형은 다음과 같다(포스코교육재단, 2011).

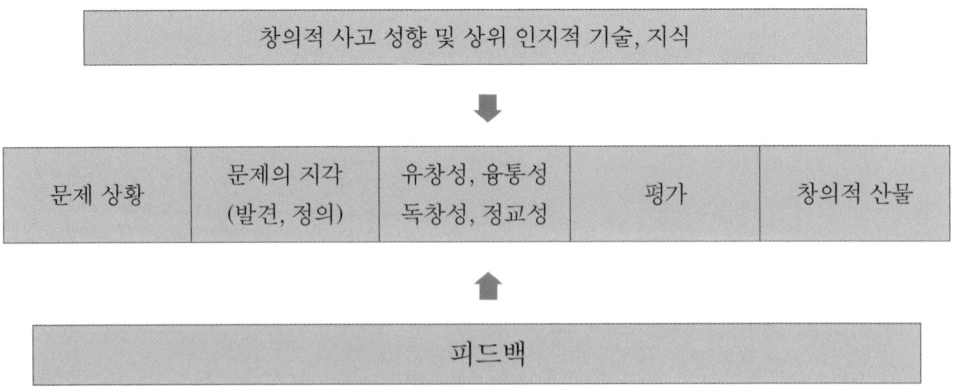

[그림 5-3] 사고 과정 모형

창의성과 관련된 국악교육은 교수자와 학습자의 두 가지 관점에서 접근이 가능하다. 교수자는 창의성 이론을 바탕으로 교육 프로그램을 개발하여 학생들의 잠재된 창의성을 일깨울 수 있다. 한편, 이러한 교육은 교수자 스스로의 창의적 교육 역량을 키우는 결과를 얻을 수 있게 된다. 모두 다 국악교육 활동을 통하여 이전과는 다른 '새로운' 관점에서 국악을 체험할 수 있으며 수업에 '활기'를 가져올 수 있을 것이다. 다음에서는 창의성 이론을 바탕으로 창의적인 국악교육의 실제를 통하여 교육에 어떻게 적용 가능한지 사례를 살펴보고자 한다.

2. 창의성 신장을 위한 국악교육의 실제

창의성 교육은 대상별, 수업단계별, 지도영역별로 적합한 국악교육내용을 선정하여 교육활동을 전개해야 할 것이다. 이 장에서는 창의성에 관한 이론 중에서 창의적 사고기능, 창의적 사고기법, 창의적 발문을 중심으로 국악 수업에서 적용할 수 있는 실제적 예시와 수업 사례를 소개한다.

1) 창의적 사고기능의 국악교육 적용방법

창의적 사고기능이란 사고하는 전략이나 방법으로서 창의력의 핵심적 요소라고 할 수 있다. 길포드는 확산적 사고를 창의적 사고의 기본이 되는 사고 유형으로 보고, 확산적 사고를 다시 분석하여 창의적 사고에 관련되는 능력을 몇 가지로 추출하였다. 이는 민감성, 유창성, 융통성, 독창성, 정교성 등이다(문정화, 하종덕, 1999). 창의성 교육은 일반적으로 여기에 상상력을 추가하여 여섯 가지 창의적 사고기능을 기를 수 있는 다양한 프로그램을 제공하고, 학생들이 직접 창의적 교육활동에 참여하도록 하고 있다. 국악 수업을 통한 창의성의 발현은 학습자들이 음악적 현상을 파악하고 정서 및 신체적으로 반응하는 가운데 민감성, 상상력, 유창성, 융통성, 독창성, 정교성 등이 작동될 때 가능하다. 따라서 학습자들의 음악적 창의성을 신장시키기 위해서는 이러한 창의적 사고기능을 신장시킬 수 있는 구체적인 수업 방안을 제시해야 할 것이다. 사고기능의 특성과 국악교육 적용방법을 표로 나타내면 다음과 같다.

〈표 5-2〉 창의적 사고기능의 특성과 국악교육 적용 방법

사고기능	사고기능의 특성	국악교육 적용방법
민감성	주변의 환경에 대해 민감한 관심을 보이고, 새로운 탐색 영역을 넓히는 능력	악기의 음색이나 음악적 표현의 차이를 구별하고 인식하기
상상력	비현실적 세계에 대한 정신적 표상이나 다양한 사고 활동을 펼치는 능력	음악에 대한 정서적 감응을 시공간을 구애받지 않고 펼치기
유창성	한 개인이 일정한 시간에 많은 수의 아이디어를 생성해 낼 수 있는 능력	주어진 상황에 맞는 음악적 표현을 다양하게 생성하기
융통성	고정적인 사고방식이나 시각 자체를 변화시켜 다양한 해결책을 찾는 능력	기존에 학습된 방식이 아닌 다른 관점에서 음악적으로 발상하고 표현하기
독창성	기존의 것에서 탈피하여 참신하고 독특한 아이디어를 산출하는 능력	참신하고 독특한 음악이나 다양한 방법으로 표현하기
정교성	다듬어지지 않은 기존의 아이디어를 보다 치밀한 것으로 발전시키는 능력	생성된 아이디어를 보다 완성된 음악작품, 사고로 다듬어 발전시키기

출처: 강혜인(2017).

(1) 민감성 신장을 위한 수업

〈예시 5-1〉 국악 관악기 이해하기

교육대상	초등	수업단계	도입	지도영역	감상

<table>
<tr><td>활동명</td><td>국악 관악기 이해하기</td><td>음악영역</td><td>감상</td></tr>
<tr><td>단원</td><td>악기의 세계</td><td>교육대상</td><td>초5학년</td></tr>
<tr><td>활동목표</td><td colspan="3">여러 가지 국악 관악기의 음악을 듣고 악기의 음색을 구별할 수 있다.</td></tr>
<tr><td>사고기능 활용</td><td colspan="3">• 민감성은 대상에 대해 민감한 관심을 보이고, 이를 통해 새로운 탐색 영역을 넓히는 능력이다. 여러 악기 소리를 들려주고 음색과 표현법에 나타난 특성을 민감하게 반응하게 한다.</td></tr>
<tr><td>활동방법</td><td colspan="2">▶도입-국악기 중 여러 가지 관악기의 음색 구별하기
① 다음에 들려주는 관악기 소리는 음색이 어떻게 서로 다른가요?
② 각 악기에서 어떤 음악적 특징을 느낄 수 있었나요?
③ 악기 연주 소리에 해당하는 악기 이름과 연주 그림은 무엇일까요?
</td><td>민감성</td></tr>
</table>

(2) 융통성 신장을 위한 수업

〈예시 5-2〉 얼씨구 추임새 해 보세

교육대상	초등	수업단계	전개	지도영역	표현

<table>
<tr><td>활동명</td><td>얼씨구 추임새 해 보세</td><td>유형</td><td>표현</td></tr>
<tr><td>단원</td><td>풍년가</td><td>대상</td><td>초6학년</td></tr>
<tr><td>활동
목표</td><td colspan="3">추임새의 특성을 알고 풍년가에 어울리는 추임새를 할 수 있다.</td></tr>
<tr><td>사고기능
활용</td><td colspan="3">• 융통성은 고정적인 사고방식이나 시각 자체를 변화시켜 다양한 해결책을 찾는 능력이다.
• 추임새는 소리로 표현하지만, 내가 소리로 낸 추임새를 기호로 표시해 본다.
• 기호로 표현한 추임새는 소리를 시각화하여 추임새의 특징을 더욱 선명하게 드러낸다.</td></tr>
<tr><td>활동방법</td><td colspan="2">▶도입- 풍년가 부르기
▶전개-추임새 특성을 알고 노래에 따라서 추임새 하기
① 추임새의 뜻이 무엇인지 생각해 보고, 추임새에 관해 이야기해 봅시다.
② 교사가 부르는 풍년가를 듣고 적절한 시점에 추임새를 해 봅시다.
③ 내가 소리로 표현한 추임새를 기호로 표시해 봅시다.
-자신이 소리 낸 성음을 '추임새 말'과 기호로 표시해 본다.
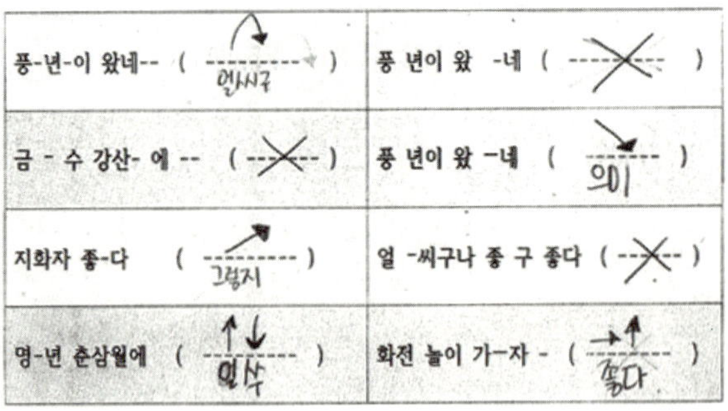

▶정리- 추임새의 뜻이 무엇인지, 언제 어떻게 추임새를 하는지 이야기 나누기</td><td>융통성</td></tr>
</table>

출처: 강혜인(2013).

(3) 정교성 신장을 위한 수업

〈예시 5-3〉 시김새는 어떤 그림을 그리는가

교육대상	중등	수업단계	전개1	지도영역	표현, 이해

<table>
<tr><td>활동명</td><td>시김새는 소리로 어떤 그림을 그리는가</td><td>음악 영역</td><td>표현</td></tr>
<tr><td>단원</td><td>국악 관악기의 세계</td><td>교육 대상</td><td>중학생</td></tr>
<tr><td>활동 목표</td><td colspan="3">시김새의 다양한 표현법을 이해하고, 단소(소금)로 표현할 수 있다.</td></tr>
<tr><td>사고기능 활용</td><td colspan="3">• 정교성은 다듬어지지 않은 기존의 아이디어를 보다 치밀한 것으로 발전시키는 능력이다.
• 시김새를 다양한 관점에서 구별하여 듣고 정교하게 그려 본다.
• 시김새의 변화를 미세하게 관찰하고 그림으로 표현하여, 악기를 연주할 때 적용한다.</td></tr>
<tr><td></td><td colspan="2">▶도입- 피리독주곡 상영산을 듣고 음악적 느낌 나누기
▶전개- 피리독주곡 상영산을 듣고 '선율 그리기' 체크리스트를 작성하기
① 제1가락을 듣고 높고 낮음에 집중하여 선율을 그려 봅시다.
② 미세한 변화-요성, 퇴성, 추성 등에 집중하여 선율을 그려 봅시다.
③ 셈여림의 강세, 긴장과 이완의 정도에 집중하여 선율을 그려 봅시다.
④ 제1가락을 다시 들으며 느껴지는 기분을 선율로 그려 봅시다.
<table><tr><th></th><th>가락선의 변화에 따른 윤곽 그리기</th></tr><tr><td>음고</td><td></td></tr><tr><td>시김새</td><td></td></tr><tr><td>강세</td><td></td></tr><tr><td>기분</td><td></td></tr></table>
▶정리- 시김새의 다양한 표현법을 악기 연주에 적용해 보기</td><td>정교성</td></tr>
</table>

2) 창의적 사고기법을 활용한 국악교육의 실제

창의적 사고기법이란 크고 작은 사적 · 공적 문제들을 해결하거나 창의적인 태도를 갖기 위해 사용하는 일종의 창의성 훈련 도구(전경원, 2006)라고 할 수 있다. 사고기법의 교육적 목적은 이를 배운 사람들이 자신에게 주어진 문제를 새로운 방법으로 창의적으로 해결하는 것을 도와주는 데 있다. 이 장에서는 창의성 연구서에 제시된 다양한 방법 중에서 국악교육 활동에 적용할 수 있는 몇 가지의 창의적 사고기법을 소개하고자 한다.

〈표 5-3〉 창의적 사고기법의 특징

사고기법	개발자 및 특징	관련 사고기능
브레인스토밍 브레인라이팅	• 엘릭스 오스본(A. F. Osborn) 개발 • 일정한 주제에 대하여 참가자들이 제약 없이 자유로운 의견을 통해 아이디어를 많이 내기 위한 활동이다. • 자유분방하게, 비판 없이, 많은 수량을 추구하며 의견을 낸다. • 다른 사람의 아이디어에 힌트를 얻어 새로운 아이디어를 내도 무방하다. ➪ 국악 하면 생각나는 것은 무엇인가요? ➪ 국악을 생활화할 수 있는 방법을 적어볼까요?	유창성
육색사고 모자 기법	• 에드워드 드 보노 (Edward De bono) 개발 • 육색사고모자기법이란 여섯 가지 모자로 나누어 한 가지 주제에 대해서 6가지 방법으로 생각해보는 활동이다. • 흰색모자- 순수함, 있는 그대로의 사실과 수치 및 정보를 말한다. • 빨간모자- 감정과 느낌, 직관과 육감에 집중하여 느낌을 말한다. • 검은모자- 부정적인 판단, 고쳐야 할 점, 부족한 점을 말한다. • 노란모자- 칭찬, 밝음과 낙천주의, 긍정적 생각으로 좋은 점을 말한다. • 녹색모자- 창의적 사고, 변화와 새로움, 참신한 점을 말한다. • 파란모자- 사회자 역할로 지금까지 말한 내용을 종합 정리한다. ➪ 동요를 듣고 자신의 생각과 감정을 육색사고모자기법으로 말해보세요. 이 동요는 누구를 위한 곡일까요?	유창성 독창성

속성 열거법	• 로버트 크로퍼드(Robert Crawford) 개발 • 확산적 사고기법으로 사물의 명사적 속성, 형용사적 속성, 동사적 속성을 찾아보고, 각 속성별로 아이디어를 낸다. ➪ '교실음악회' 와 연관된 말을 명사, 형용사, 동사적 속성으로 표현해 봅시다(예: 합창, 손님, 포스터, 즐거운, 초대하는, 지휘하다, 준비하다)	유창성 독창성
PMI 기법	• 에드워드 드 보노 (Edward Debono) 개발 • 대상에 대한 긍정적 측면(Plus), 부정적 측면(Minus), 재미있는 측면(Interrest) 등으로 대안의 측면들을 고려해 본 다음에 결정하는 것이다. ➪ 노래 가사 바꾸기 활동을 PMI 기법으로 발표해 봅시다.	적합성 선택
강제 연결법	• 서로 관련이 없는 대상물을 강제로 연결시켜 새로운 아이디어를 얻고자 하는 연상 사고활동으로 색다르게 생각해보는 능력을 기르는 기법이다. • 강제로 결부시켜 새로운 가능성을 창출, 다양한 시각, 고정관념에서 벗어나는 기법이다.	융통성 독창성
마인드맵	• 토니 부잔(Tony Buzan)이 개발한 학습과 기억의 새로운 방법. • 떠오른 생각을 나누고 분류하면서 생각을 유목화(categorization) 한다. • 아이디어나 내용을 생성하고 일정한 기준으로 나누어 보는 사고훈련이다. ➪ 나의 국악적 경험을 마인드맵으로 그려볼까요?	유창성 독창성
스캠퍼	• 오스본(Alex Osborn)의 방법을 에이벌(Bob Eberle)이 재구성하고 발전 • S-대체하기(Subsitute), C-결합(Combine), A-응용(Adapt), M-변형(Modify), P-다르게 활용하기(Put to other uses), E-제거(Eliminnate), R-뒤집기(Reverse) 등으로 새로운 아이디어를 산출한다. • 발산적 사고 기법으로 아이디어가 많이 나오게 한 후 문제해결에 적합한 것을 선택하도록 한다. ➪국악기를 선정한 후, 스캠퍼기법을 적용하여 새로운 악기로 만들어 볼까요?	유창성 융통성 독창성

(1) 브레인스토밍 기법을 활용한 한국음악사 수업의 도입단계

〈예시 5-4〉 한국음악사 10대 명장면을 찾아라

교육대상	고등, 성인	수업단계	도입	지도영역	이해

<table>
<tr><td>활동명</td><td>한국음악사 10대 명장면을 찾아라</td><td>음악 영역</td><td>이해</td></tr>
<tr><td>단원</td><td>한국음악사(1/4차시)</td><td>교육 대상</td><td>성인</td></tr>
<tr><td>활동목표</td><td colspan="3">내가 알고 있는 국악 용어를 음악사의 흐름 속에서 이해할 수 있다.</td></tr>
<tr><td>사고기법 활용</td><td colspan="2">• 브레인스토밍 기법으로 유창성을 자극한다.
• 수업의 도입에서 '한국음악사'에 관심을 갖기 위해 많은 국악 용어를 산출하는 데 활용한다.
• 유창성을 자극하여 자유롭게 국악 개념을 나열해 본다.
• 국악 용어를 한국음악사와 관련지어 살펴보고 음악사에 흥미를 갖게 한다.</td><td>사고 기능</td></tr>
<tr><td>활동방법</td><td colspan="2">▶도입 과정에서 적용 활동: 국악 용어를 음악사와 연결하여 이해하기
① 내가 알고 있는 국악 용어를 자유롭게 말해 본다.
-여러분은 국악 중에서 어떤 음악을 알고 있는지 자유롭게 말해 볼까요?
-한국음악사에서 가장 중요한 사건에 해당하는 것은 무엇이라고 생각하나요?
-한국음악사에서 소중한 음악을 하나만 선택해 볼까요?
(민요, 춘향가, 수제천, 정간보, 우륵 등)
-내가 선택한 국악 용어를 스티커에 적어 볼까요?

〈한국음악사 수업활동 모습〉
② 칠판에 자신이 적은 스티커를 붙인다.
- 칠판에는 한국음악사의 시대적 흐름이 표로 그려져 있다.
- 여러분이 적은 국악 용어는 어느 시대에 만들어진 것일까요?
- 휴대폰 검색을 통해 발생 연도를 확인한 후에 해당 시대에 맞게 스티커를 붙여 주세요.
③ 교수자는 학습자들이 붙인 스티커를 중심으로 한국음악사의 흐름을 설명해 준다.</td><td>유창성</td></tr>
</table>

(2) 육색 사고 모자 기법을 활용한 국악 감상 수업

〈예시 5-5〉 창작 가야금 연주곡을 생활 속에서 활용해 보아요

교육대상	초등	수업단계	전개1	지도영역	감상

<table>
<tr><td>활동명</td><td>창작 가야금 연주곡을 생활 속에서 활용해 보아요</td><td>음악 영역</td><td>감상</td></tr>
<tr><td>단원</td><td>우리 음악 감상</td><td>교육 대상</td><td>초등</td></tr>
<tr><td>활동 목표</td><td colspan="3">가야금 연주곡의 특징을 이해하고 생활 속에서 음악의 활용방안을 발표할 수 있다.</td></tr>
<tr><td>사고기법 활용</td><td colspan="2">육색 사고 모자 기법으로 여러 관점의 음악 특성을 이해하고 유창성, 상상력, 독창성을 자극한다.</td><td></td></tr>
<tr><td>활동방법</td><td colspan="2">▶전개1: 육색 사고 모자 기법으로 황병기 가야금 독주곡 '비'를 감상한다.
① 육색 사고 모자 기법으로 국악곡을 듣고 자신의 생각을 말해 봅시다.
• 흰색모자–가야금 독주곡이다. 장구가 반주하고 있다.
• 빨간모자–고요함 속에서도 어떤 감정을 일으키는 매력이 있다.
• 검은모자–가야금만 있어서 심심하고 재미가 없다.
• 노란모자–투명한 가야금 소리가 국악의 아름다움을 느끼게 한다.
• 녹색모자–가야금으로 비오는 풍경을 묘사하여 마음이 깨끗해진다.
• 파란모자–가야금 독주곡으로 심심한 듯 고요하지만 어떤 감정을 일으킨다. 투명한 가야금 소리가 비오는 풍경을 묘사하여 마음이 깨끗해진다.
▶전개2: 가야금 독주곡 '비'의 음악적 특징을 이해한다.
▶전개3: 가야금 독주곡 '비'를 생활 속에서 활용하는 방법을 이야기 나눈다.
① 국악이 사람들에게 사랑받기 위해서는 생활화가 되어야 합니다. '내가 30세의 성인이 된다면' 이 음악을 생활과 직장에서 어떻게 활용할 수 있을까요?
• 장래 희망: 가정주부–아이들이 조용히 잘 자라고 밤에 들려줍니다.
• 장래 희망: 백화점 직원–매장에 들려주어 고급스러운 분위기를 만듭니다.
• 장래 희망: 교사–자습시간에 들려주어 머리를 맑게 해 줍니다.
• 장래 희망: 장의사–장례식장에서 슬픈 마음을 위로해 줍니다.
② 이 음악을 누군가에게 선물로 준다면 누구에게 주고 싶나요? 그 이유는?
• 엄마에게–집에서 책 볼 때 들으라고 주고 싶어요.
• 학교 경비아저씨에게–야단치지 말라고 주고 싶어요.</td><td>유창성
상상력
독창성</td></tr>
</table>

3) 창의적 발문과 국악교육

발문이란 교수자가 질문을 통하여 학생의 사고를 명료하게 하고 나아가 학생의 사고를 확장, 발전시키는 기능을 하는 교수방법을 말한다. 다양한 발문은 창의적 사고 과정을 자극하고, 두뇌를 유연하게 한다. 또한 발문은 모든 학생에게 적극적으로 수업 참여를 유도하여 교육적 효과를 높일 수 있다. 그러나 발문을 수업에서 활용할 때는 학생에게 충분한 시간을 제공해야 하고, 발산적 사고를 요하는 발문에는 정답이 없다는 것을 학생에게 알려 주는 것이 필요하다. 전경원과 김경숙(2012)이 제안한 발문 유형에 기초하여 국악 수업에서 적용할 수 있는 발문을 소개하면 다음과 같다. 〈예시 5-6〉의 구성에 따라 국악 수업에서 적용할 수 있는 나만의 창의적 발문을 만들어 보고 수업에서 활용해 보자.

〈예시 5-6〉 국악 '대취타' 감상수업의 창의적 발문 예시

교육대상	초등 5, 6	수업단계	도입, 전개, 정리	지도영역	감상

발문 유형	발문 기능	발문 사례	
폐쇄적 발문	인지	• 대취타가 어떤 종류의 음악인지 아나요?	
	기억	• 대취타 연주를 보거나 들어 본 적 있나요?	
	수렴	• 대취타와 수제천이 다른 점은 무엇일까요?	
개방적 질문	창의	예측	원인-대취타에는 왜 현악기가 쓰이지 않을까요? 결과-대취타에 현악기가 쓰인다면 어떨까요?
		계획	단순-대취타 연주에 편성되는 악기는 무엇일까요? 복잡-대취타 공연 때 필요한 것은 무엇일까요?
		발산	민감성-대취타에는 왜 타악기가 많이 사용될까요? 상상력-만약 행진곡으로 아이돌 음악을 연주한다면? 유창성-알고 있는 행진음악은? 융통성-대취타에 쓰이는 악기로 무엇을 할 수 있을까요? 독창성-행진음악을 만든다면 어떤 악기로? 정교성-나각과 나발을 그림으로 자세히 그린다면?
		해결	가상형-만약 대취타에 태평소가 빠진다면? 실제형-타악기를 놓고 왔다면 무엇으로 연주할까요?
	평가	설명형	행진음악에 왜 타악기가 중요할까요?
		단답형	대취타에 사용되는 선율악기의 이름은 무엇인가요?

(1) 마인드맵 기법을 활용한 국악 생활화 수업

〈예시 5-7〉 생활 속에서 음악은 우리의 마음에 어떤 영향을 줄까?

대상	중등	수업단계	전개2, 3	지도영역	생활화

<table>
<tr><td>활동명</td><td>생활 속에서 음악은 우리의 마음에 어떤 영향을 줄까?</td><td>음악 영역</td><td>감상</td></tr>
<tr><td>단원</td><td>음악의 사회적 기능</td><td>교육 대상</td><td>초등</td></tr>
<tr><td>활동 목표</td><td colspan="3">음악의 사회적 기능을 이해하고 생활에서 활용할 수 있는 방법을 찾아 발표할 수 있다.</td></tr>
<tr><td>사고기법 활용</td><td colspan="2">마인드맵을 활용하여 떠오른 생각을 나누고 분류하면서 다양한 음악의 사회적 기능을 이해한다.</td><td>사고 기능</td></tr>
<tr><td>활동방법</td><td colspan="2">▶전개1: 사진을 보고 탈을 즐겁게 해 줄 수 있는 음악을 찾아보세요.

〈감상곡〉
• 가야금산조 〈자진모리〉
• 국악합주곡〈천년만세〉
• 국악창작곡, 슬기둥의 〈여행〉
① 사진 속을 탈은 지금 어떤 기분인가요?
② 탈을 즐겁게 해 줄 수 있는 음악을 감상 곡 중에서 찾아보세요.
-왜 그 음악을 선택했는지 이유를 말해 볼까요?
-생활 속에서 음악은 우리의 마음에 어떤 영향을 줄까요?
▶전개2; 음악을 생활화할 수 있는 방법을 마인드맵으로 그려 볼까요?
-국악곡을 생활 속에서 활용할 수 있는 방법을 구체적으로 적어 봅시다.
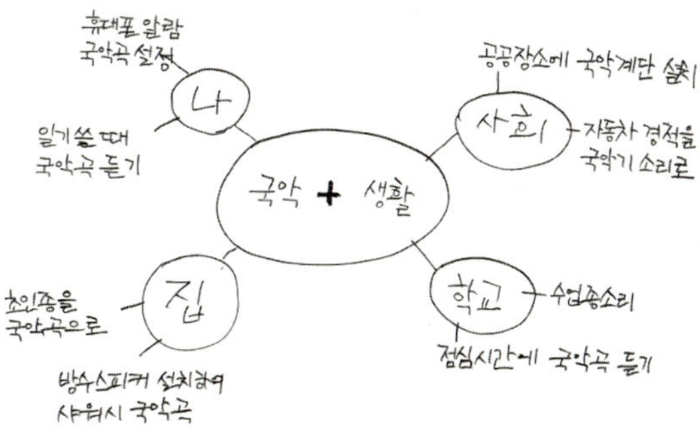

▶전개3; 작성한 마인드맵을 보고 음악의 사회적 기능에 대하여 말해 봅시다.</td><td>유창성
상상력
독창성</td></tr>
</table>

4) 창의성 신장을 위한 국악 수업의 사례

본 수업은 청소년 대상의 감상 및 창작수업이다. 학생들이 '조선시대 음악가가 된다면' 어떤 일이 생길 수 있는지를 상상하면서 국악곡을 감상하고 창의적 사고기능을 키울 수 있는 수업으로 구상하였다. 본 수업을 검토하고 장단점을 토의하여 새로운 국악교육 프로그램을 구성하는 아이디어로 삼아 볼 수 있을 것이다.

〈예시 5-8〉 국악수업 예시–창의성 신장을 위한 국악 감상 수업(강혜인, 2017)

<table>
<tr><td>활동명</td><td>조선시대 음악가가 된다면</td><td>음악영역</td><td>감상
창작</td></tr>
<tr><td>활동유형</td><td>감상하기 중심 창의성 수업</td><td>교육대상</td><td>중학생</td></tr>
<tr><td>활동목표</td><td colspan="3">• 줄풍류와 대풍류를 감상하고 차이점을 설명할 수 있다.
• 정악과 민속악의 음악정서를 느끼며 시를 지어 발표할 수 있다.
• 국악감상과 음악적 사고를 통하여 음악적 창의 · 융합 사고역량을 기를 수 있다.</td></tr>
<tr><td>활동자료</td><td colspan="2">감상용 그림자료, 감상용 음원</td><td>사고기능</td></tr>
<tr><td></td><td colspan="2">▶도입: 조선시대 음악가가 되어 상상해 보기
① 조선시대 한 음악가가 어깨에 악기를 메고 길을 걸어가고 있습니다.
- 음악가가 어깨에 멘 악기는 어떤 국악기일까요? (대금, 가야금, 거문고, 해금 등)

〈매화초옥도〉
출처: 국립중앙박물관
② 그는 악기를 메고 어디로 가고 있을까요?
- 당신이 음악가라면 장소 ①, ②번 중에서 어느 곳으로 갈까요?
(*장소: ① 매화가 핀 산골의 사랑방, ② 장날의 시장 공연판)
- 그 이유를 말해 봅시다.</td><td>유창성
상상력
독창성</td></tr>
</table>

▶전개1: 풍류음악과 민속음악을 듣고 차이점을 비교하기

① 조선시대는 사회계층에 따라서 즐기는 음악이 달랐습니다. 임금이 있는 대궐에서는 궁중음악을, 양반들은 개인적 수양이나 여흥을 위해 풍류음악을, 일반 서민들은 누구에게나 개방된 장소에서 민속악을 즐겼습니다. 양반들은 사랑방에서 줄풍류와 같은 음악을 즐겼으며, 일반 서민들은 넓은 마당에서 대풍류와 같은 음악을 즐겨 들었습니다. 줄풍류와 대풍류를 비교하며 감상해 봅시다.

감상곡	① 풍류음악 줄풍류 〈하현도드리〉 ② 민속음악 대풍류 〈느린허튼타령~굿거리〉

민감성
융통성

〈줄풍류/ 대풍류 감상 출처〉

*https://www.youtube.com/watch?v=xhpx0aNRSiM

*https://www.youtube.com/watch?v=Aq-jOHoTh5M

② 줄풍류와 대풍류 음악을 듣고 각각 어떤 분위기가 느껴지나요?
- 두 음악은 각각 누구를 관객으로 연주하였을까요?
- 두 음악은 각각 어떤 악기로 편성되어 있을까요?
- 악기 편성이 서로 다른 것은 어떤 이유 때문일까요?
- 두 장소에서 서로 음악을 바꾸어 연주하면 어떤 일이 생길까요?

▶전개2: 그림과 음악을 연결하여 음악풍경을 상상하며 시 쓰기

① 당신이 음악가라면 어디서 어떤 음악을 연주하고 있을까요?
- 음악 연주장소를 선택하고 그곳에 어울리는 시를 골라 뒷부분의 시를 완성해 봅시다.

 멀리서 친구가 찾아오니 이 또한 기쁘지 아니한가 친구의 거문고 소리……	 장날에 춤판이 벌어지니 마을이 들썩들썩 흥이 절로나네 친구의 대금 소리……
장소-매화가 핀 산골의 사랑방	장소-장날의 시장 공연판
감상곡-풍류음악 줄풍류 〈하현도드리〉	감상곡-민속음악 대풍류 〈느린허튼타령~굿거리〉

상상력
독창성
정교성

	② 풍류음악을 배경음악으로 하여 자신이 지은 시를 낭송해 봅시다. - 친구의 시를 듣고 어떤 시가 음악과 잘 어울리는지 칭찬해 줍시다.	
	▶정리; 음악의 연주 형태와 목적에 대하여 이야기 나누기 ① 조선 후기 음악가가 되어 시를 지어 본 소감은 어떤가요? -연주하는 것 외에 음악을 배경으로 시를 읽는 것도 '음악하기' 라고 할 수 있을까요? ② 공자는 공부에는 두가지 종류가 있다고 했습니다. 위기지학(爲己之學)은 자신을 위한 공부이고, 위인지학(爲人之學)은 다른 사람을 위한 공부입니다. -두 장소에서 음악가들은 누구를 위해서 연주하였을까요? -당신이 음악가라면 자신을 위해서 연주할까요? 타인을 위해서 연주할까요?	정교성 독창성
활동 시 유의점	• 시를 지을 때는 국악곡을 번갈아 가며 들려주고 시간을 충분히 제공한다. • 자유롭게 자신의 생각을 표현할 수 있는 수업 분위기를 유도하여 상상력을 충분히 발휘할 수 있도록 한다.	

지금까지 살펴본 바와 같이 현대 사회는 창의성의 가치를 매우 중요하고 인식하고 있으며, 국가적으로도 창의적 인재양성 교육을 강조하고 있다. 교육부는 2015년 교육과정에서 추구하는 인간상을 구현하기 위한 핵심역량으로 "폭넓은 기초 지식을 바탕으로 다양한 전문 분야의 지식, 기술, 경험을 융합적으로 활용하여 새로운 것을 창출하는 창의적 사고 역량"을 제시하고 있다(교육부, 2015). 음악교육 분야에서도 교육과정에서는 음악교육을 통한 창의적 인재육성을 목표로 제시하고 있지만 실제 교육현장에서는 창의성 교육에 대한 실제적인 교수법을 소개하거나 실제적인 방법을 제시하지 못하고 있다. 그 이유는 어떤 교육 내용과 방법으로 어떻게 학생들의 창의성을 계발할 수 있는지에 관한 구체적인 내용을 제시한 사례와 연구가 부족한 실정이기 때문이다.

국악교육은 지금까지 학교예술교육에서 국악교육내용의 양을 꾸준히 확대해 왔으며 국악교육의 질적 변화와 더불어 사회예술교육으로의 확대를 적극적으로 시도하고 있다. 국악교육의 질적 변화는 국악의 내용에 깊이를 더한다는 측면 외에도 창의적 국악 활동을 통하여 우리 음악을 체험하고 생활 속에서 체화할 때 이루어져 더욱 의미 있는 예술교육으로 발전할 수 있을 것이다. 아울러 기존의 창의성연구 성과에 기초하여 다양한 국악교육 교수 · 학습 방안이 연구된다면 국악교육을 통한 학생들의 창의성 계발에도 도움이 될 것이다.

토의주제

1. 국악교육에서 창의성 교육은 왜 필요할까?

2. 창의적 사고기능과 사고기법을 적용한 국악교육 프로그램을 개발해 보자.

3. 이 장에서 제시된 수업 예시를 창의성 신장의 관점에서 분석하고 토의해 보자.

참고문헌

강혜인(2015). 공감과 소통의 감성교육을 위한 추임새 활동 개발 및 적용에 관한 연구. 음악과 민족 49호, 259-288.

강혜인(2017). 창의성 계발을 위한 국악 교수 · 학습에 관한 연구. 음악과 민족, 53호, 171-200.

교육부(2015). 초 · 중등학교 교육과정 총론. 서울: 교육부.

김재은, 홍순정(2012). 창의성과 감성교육. 서울: 창지사

문정화, 하종덕(1999). 또 하나의 교육 창의성. 서울: 학지사.

민중서관(1988). 표준국어대사전. 서울: 민중서관.

서울대학교 교육연구소(2011). 교육용어사전 서울: 하우동설.

이동원(2009). 창의성 교육의 실천적 접근. 경기: 교육과학사.

이윤옥(2013). 누리과정에 기초한 영유아 창의성교육. 서울: 신정.

임선하(1998). 창의성에의 초대. 서울: 교보문고

전경원(2006). 창의성 교육의 이론과 실제. 서울: 창지사.

전경원, 김경숙(2012). 유아 창의성 교육. 경기: 정민사.

포스코교육재단(2011). 초등학교 창의활동 교재, 창의5. 서울: 시공미디어.

한국교육과정평가원(2003). 음악수업은 창의성을 기르는가? 창의성 계발을 위한 음악과 교수 · 학습에 관한세미나 자료집.

제6장

학습자 중심 국악교육 환경 구성과 그 의미

박지영

1. 구성주의와 학습자 중심 교육
2. 학습자 중심 국악학습 환경의 구성

이 장에서는 학습자 중심 교육의 의미와 필요성을 고찰하고 학습자 중심 국악교육 환경을 구성하는 방법을 알아보는 것에 중점을 둔다. 학습자 중심 교육을 통해 학생들이 지닌 다양성을 인정하고 적성과 특기를 존중하는 최근 학습자 중심 교육의 방향을 이해한다. 또한 문화예술교육에서도 강조되는 교사 중심의 교수설계가 아닌 학습자 중심 국악학습 환경 구성의 특징과 의미를 이해함으로써 보다 효과적인 교수활동에 도움을 주고자 한다.

학습자 중심 교육환경의 구성은 학교교육뿐만 아니라 다양한 교육현장에서 강조되고 있다. 특히 문화예술교육은 정량적으로 결과를 채점하기보다 활동에 참여하면서 경험하는 과정에 더 중점을 두기 때문에 학습자 중심으로 교육환경을 구성하는 것이 중요하다. 실제로 여러 연구결과에서 문화예술 활동은 학습자로 하여금 다양한 경험을 가능하게 하여 깊이 있는 이해와 창의력, 타인에 대한 배려와 공감능력, 수업활동에 대한 자신감 및 적극적인 태도 등의 효과가 있음을 검증한 바 있다. 이 장에서는 학습자 중심으로 수업 환경을 구성하기 위한 다양한 교수 · 학습이론과 학습 환경 유형을 고찰하고 국악교육에 적용시켜 보는 것에 중점을 둔다.

1. 구성주의와 학습자 중심 교육

1) 구성주의와 음악교육

구성주의는 주관주의 인식론에 근거하여 학습자들이 자신이 위치한 맥락에서의 능동적인 경험을 통하여 자신에게 적합한 지식을 구성한다는 점을 강조한다(조영남, 1998). 구성주의에서의 지식은 역사성, 문화성, 사회성에서 벗어나 정형화되고 정체화될 수 있는 것이 아닌 개개인의 역사적, 문화적, 사회적 상황을 바탕으로 하여 지식을 구성해 나가는 것이라고 하였다(강인애, 1997).

권덕원(2009)은 구성주의자들이 '지식의 절대성 여부'보다 '인간은 어떻게 지식을 구성하는가?'에 가장 큰 관심을 갖고 있다고 하면서 이것이 음악교육자들에게도 동일하게 적용된다고 하였다. 우리는 학생들이 음악교육에서도 가창, 기악, 창작, 감상의 영역에서 음악적인 지식을 구성하는 방법[1)]을 살펴볼 필요가 있다.

가창 학습에서는 기존의 전통적 가창 방식에서 벗어나 학습자들이 자유로운 가창 방식을 스스로 구성할 수 있는 기회를 주는 데 중요한 의미를 갖고 있다. 학생들이 능동적으로 지식을 구성해 갈 수 있도록 동기와 기회를 제공하는 것이다. 기악 학습에서는 학생들이 악기의 의미와 역할에 대하여 스스로 탐색하고 악기에 대한 본질

1) 권덕원 등(2009)의 내용을 참조하였다.

적인 지식을 구성해 나가면서 악기 연주법에 대해 재구성할 수 있다. 창작 학습에서는 즉흥적으로 음악을 창작하는 경험을 하는 것이 중요하지만, 음악의 한 부분을 창작해 보는 것도 구성적 경험에 속한다. 감상 학습에서는 감상 후 그 음악에 대한 생각을 자유롭게 나누고 공유하는 과정을 통해 의미 있는 경험과 지식을 재구성할 수 있다. 개념 학습에서는 학생과 함께 음악적 개념에 대한 답을 찾아가는 과정에서 같이 탐색하고, 협의하고, 느끼면서 음악적 개념에 대한 지식을 구성할 수 있다.

권덕원(2009)은 구성주의는 객관주의를 거부하는 '인식론'에서 출발하였다고 하면서 구성주의 인식론의 특징을 상대성, 가변성, 주관성, 맥락성, 유용성, 총체성의 여섯 가지로 제시하고 음악 교수 · 학습에 적용할 수 있도록 사례를 구체적으로 제시하였다. 그 내용을 표로 정리하면 다음과 같다.

〈표 6-1〉 구성주의 특성에 관련된 음악 교수 · 학습의 구체적 사례(권덕원, 2009)

구분	가창	기악	창작	감상	개념
상대성	다른 나라의 노래 부르며, 그 장점과 특징 인식하기	여러 나라 악기의 특징과 가치 알기	다른 친구가 창작한 음악과 고유성 인정하기	음악의 상대적 가치 인식하고 존중하기	음계, 음색, 가락의 지역적 다양성 인식하기
가변성	노래 가사를 바꾸거나, 가사는 그대로 두고 가락을 바꾸어 노래 부르기	변형 장단 만들어 보며 장단의 다양성 경험하기	창작음악의 역사와 흐름 알기	시간의 흐름에 따른 음악의 변화 인식하기 (예: 오늘날 연주되는 바하 음악이 당시와 차이가 있는 것 알기)	세계 여러 나라의 민족 음악이 알려지면서 음악의 개념이 넓어지게 된 것 알기
주관성	노래에 대한 주관적 느낌 표현하기	독특하고 창의적인 나만의 악기 만들어 연주하기	독창적이고 개별적인 음악 만들기	음악 감상 후 개인적 해석을 서로 공유하기	개념에 대한 개인적 의견 나누기
맥락성	노래 가사가 주는 의미와 느낌 생각하기	사회와 문화의 변화에 따른 기악 음악의 변천 알기	학생 본인에게 친숙한 음계와 악기로 창작하기	음악의 배경에 대하여 이해하기	개념에 대한 개인적 의견 나누기

유용성	친구들과 함께 부르고 싶은 노래 추천하고 같이 부르기	생활 속에서 활용도 높은 악기 배우기(피아노, 단소, 기타, 장구 등)	가족과 함께 부를 수 있는 곡 창작하기	집에서 가장 가까운 공연장에 가서 음악회 관람하기	학생들의 문제 해결에 도움이 되는 개념에 대하여 학습하기
총체성	내 생활 속에서 노래의 활용과 가치 생각하기	평생 배우고 싶은 악기 한 가지 정하여 꾸준히 연습하기	컴퓨터 창작 프로그램을 활용하여 '나의 노래' 만들기	음악 감상을 생활화하기	다양한 활동을 통하여 음악적 사고력 키우기

구성주의를 음악교육에 적용하였을 때 교수자들은 새로운 지식의 구성을 통해 전통적인 지식을 재구성할 수 있으므로 보다 확장적인 사고를 할 수 있다. 학습자들에게도 절대적인 지식을 전달하는 것이 아니라 구성주의 교육환경을 제공함으로써 학습자 스스로 음악적 지식을 구성해 나갈 수 있다는 점에서 그 의의를 찾을 수 있다.

2) 학습자 중심 교육

학습자 중심 교육은 구성주의를 이론적 배경으로 두고 있다.[2] '학습자 중심 교육'에 대한 기존의 인식은 90년대부터 시작하여 7차 교육과정의 이론적 배경이 된 구성주의가 본격적으로 언급되면서, 변화되기 시작했다(강인애, 주현재, 2009). 국내 '학습자 중심' 연구의 대표적인 연구자인 권낙원(2001)의 학습자 중심 교육의 성격을 정리하면 다음과 같다.

〈표 6-2〉 학습자 중심 교육의 성격(권낙원, 2001)

항목	내용
1	학습의 주도권이 학습자에게 주어지는 교육
2	개별화 수업을 지향하는 교육
3	학습자의 자유선택을 강조하는 교육

2) 강인애, 주현재, 2009; 설진성, 강인애, 2013; 이부다, 김진호, 2010; 장경원, 이지은, 2009.

4	학습자를 신뢰하고 존중하는 교육
5	교사와 학습자의 적극적 참여를 요구하는 교육
6	내용과 경험의 통합을 강조하는 교육
7	방법의 통합을 강조하는 교육
8	인간의 자연적 심리발달과정과 일치하며 평생교육으로 이어지는 교육

강인애, 주현재(2009)는 여러 연구자들의 정의를 비교하여 학습자 중심 교육을 새롭게 정의하였다.

> 학습자 중심 교육이란 지식의 개별적 · 사회적 구성을 강조한 구성주의 인식론의 토대 위에(지식론), 학습자가 학습의 주체자로서의 권한을 가지고(학습자론), 상황적이고 협력적인 학습환경에서의 체험적 · 성찰적 학습을 통해 개별적 의미 구성이라는 학습활동을 수행해 나가는 것으로서(학습론), 이때 교사는 학습자의 학습활동을 촉진시키는 조력자로서의 역할을 수행한다(교사론).

또한 이와 더불어 학습자 중심 교육을 위한 학습원칙을 다음과 같이 요약 · 정리하였다.

〈표 6-3〉 학습자 중심의 교육을 위한 학습원칙(강인애, 주현재, 2009)

네 가지 영역에 따른 학습자중심 학습원칙		세부적 내용
지식론	1. 체험을 통한 개별적 의미구성	• 경험적 · 참여적 학습을 통한 개별적 지식(의미) 구성 • 학습자의 선수지식, 관심, 배경 등 개별성을 존중
	2. 실제적(authentic) 성격 과제	• 학습자에게 의미 있는 학습의 상황성과 실제성을 고려한 과제 제시 • 내용과 방법론에서의 통합적 접근
학습론	3. 성찰적 학습	• 자신의 학습을 되짚어 봄으로써 새로운 시각과 깊이를 발견할 수 있는 사고 및 활동
	4. 자기 주도적 학습	• 평생교육 시대에 필요한 능력 • 스스로 학습의 전 과정을 주도해 가는 능력
	5. 협동 학습	• 다른 학습자들과의 상호작용을 통하여 다양한 시각을 경험하고 자신의 생각을 수정, 보완, 재구성

		• 학습자와의 상호신뢰적 관계 형성
학습자론	6. 학습의 주체자	• 학습의 권한(Power)와 책임(Responsibility)을 가지고 학습 전 과정을 주도 • 학습에 대한 주인 의식
교사론	7. 학습의 촉매자/촉진자	• 학습의 조력자이자 코치 • 학습자들과 상호의존적/상호협력적인 새로운 관계 형성

구성주의와 음악교육 항에서 구성주의가 학습자들에 의해 지식을 재구성해 나가는 것이라 밝힌 바 있다. 이와 같은 맥락에서 학습자를 이해하는 것은 매우 중요한 문제이다. 교육에 있어서 그 대상인 학습자 이해는 교육에 대한 본질적인 핵심 주제이자 그 자체가 학습자 중심 교육의 철학적 및 심리적 근거가 된다(이주영, 권동택, 2013). 또한 학습자 중심 교육에서 학습자 이해의 기본 전제는 교사의 일방적인 교육이 아니라, 학습자를 고려하는 교육이다.

3) 자기 주도적 학습

자기 주도적 학습은 학자의 이론적 관점에 따라 '자기조절학습' '자기조정학습' '자기 계획적 학습' 등 다르게 지칭하고 있으나 의미는 모두 같다고 볼 수 있다. 송인섭(2006)은 여러 학자들의 정의를 종합하여 자기 주도적 학습을 다음과 같이 정의하였다.

> 개별 학습자가 스스로 자신의 학습에서 주도권을 갖고 자신의 학습요구를 진단하고 자신의 학습목표를 설정하며, 학습에 필요한 인적·물적 자원을 확보하고 적합한 학습 전략을 선택, 실행한 학습 결과를 스스로 평가하는 과정과 활동을 통하여 학습의 극대화를 가져오게 하는 것이다.

자기 주도적 학습자는 학습을 긍정적으로 바라보고 있으며, 이런 태도는 학습에서뿐만 아니라 자신의 삶 속에서도 그대로 적용된다고 볼 수 있다(송인섭, 2006). 또한 자기 주도적 학습과 학업 성취는 밀접한 관계가 있는데, 자기 주도적 학습능력이 좋은 학생은 학업 성취가 더 높다는 것이다. 자기 주도적 학습을 요약정리하면 다음과 같다.

〈표 6-4〉 자기 주도적 학습의 요약정리

구분	요약	
정의	자기, 환경, 그리고 행동의 맥락에서 학습동기적, 메타인지적, 그리고 학습전략적 자기모니터링	
기본가정	언어적 · 능동적 자기통제학습의 능력	
학습요소	학습동기	자기인식, 자기책임, 자기조정
	메타인지	자기모니터링 및 자기성찰
	학습전략	지식의 구성, 활성화, 학습자원 관리
학습과정	자기준비단계	목표 및 전략 계획, 과제분석
	자기실행단계	자기조정 및 자기제어
	자기성찰단계	자기판단, 자기피드백, 자기수정
학습방법	학습동기전략	정서기법, 언어적 행동제어, 자기강화 등
	메타적 학습전략	정교화, 조직화, 모니터링, 자기피드백
평가방법	자기보고질문지법, 구조화된 면접법, 교사 판단법, 큰소리 생각 측정법, 오류탐색법, 추적법, 수행관찰법	

출처: 주호수(2003)

자기 주도적 학습의 기본가정은 학습자가 능동적인 자기통제 능력의 소유자라고 전제하는 것이다. 자기 주도적 학습의 학습과정은 준비, 실행, 성찰의 3단계로 이루어진다. 학습요소로는 자기인식, 자기책임, 자기조정을 포함하는 학습동기적 요소와 자기모니터링 및 자기성찰을 포함하는 메타인지적 요소, 지식의 구성, 활성화, 학습자원 관리를 포함하는 학습전략적 요소가 있다. 그리고 학습방법으로는 정서기법, 언어적 행동제어, 자기강화 등의 학습동기전략과 정교화, 조직화, 모니터링, 자기피드백의 메타적 학습전략이 있다. 이러한 과정을 평가하기 위한 방법으로 질문, 면담 및 관찰 등의 방법을 사용할 수 있다.

2. 학습자 중심 국악학습 환경의 구성

앞에서 학습자 중심으로 수업 환경을 구성하기 위해 구성주의와 음악교육, 학습자 중심 교육, 자기 주도적 학습의 의미와 의의를 알아보았다. 이 항에서는 학습자 중심 국악학습 환경 유형을 고찰하고 국악교육에 적용시킨 연구를 살펴보면서 시사점을 찾는 것에 중점을 둔다.

1) 문제기반학습을 적용한 국악교육[3)]

문제기반학습(Problem-based Learning, 이하 PBL)은 문제중심학습 등으로 불리기도 하는데 배로우즈(Barrows)에 의해 의과대학의 교육 문제를 해결하기 위해 도입되었으나 이후에 구성주의라는 학습이론과 만나게 되면서 학교에서 체계화되었다. 문제는 교수자가 제시하지만 학습자가 중심이 되어 학습을 한다. 이 과정에서 교수자는 지식의 전달자가 아닌 학습의 진행자 역할을 맡는다.

PBL의 핵심은 '문제'를 제시하는 것으로 시작한다는 것이다. 따라서 좋은 문제를 개발하는 것은 매우 중요한 부분이다. 강인애 등(2007)은 문제의 타당도를 검토하기 위한 분석표를 제시하였는데 내용은 다음과 같다.

〈표 6-5〉 PBL 문제의 타당성 검토 체크리스트(강인애, 정준한, 정득년, 2007)

기준	응답		비고
	예	아니오	
1. 학습자의 경험과 배경으로부터 출발할 수 있는 수준의 내용인가?			
2. 학습자들의 흥미와 관심을 유도할 수 있는 문제인가?(적극적인 참여를 위한 요소)			
3. 문제해결안이 다양하게 제시될 수 있는가?			
4. 실제 삶과 연계된 실제적인 문제인가?			
5. 문제가 비구조적이며 복잡한가?			

3) 문제기반학습 이론은 제2장 '학습이론의 이해와 전통적 국악교육'을 참조하였다.

6. 주어진 문제에서 주인공의 역할과 해야 할 과제가 분명히 제시되어 있는가?			
7. 문제해결에 요구되는 사고 과정이 그 분야의 전문가나 직업인에 의해 사용되는 것인가?			
8. 주어진 수업 시간 안에 해결할 수 있는 문제인가?			

석문주 등(2014)은 음악 수업에서 PBL을 다음과 같이 설명하고 있다.

> 음악과 문제중심 교수 · 학습은 ① 음악적 문제설계, ② 음악 학습활동을 위한 학습자료 선정 및 확보, ③ 학생의 음악적 문제 파악 후 정보수집 계획, ④ 음악적 문제해결을 위한 정보수집과 공유, ⑤ 음악적 결과에 대한 전체적인 발표, ⑥ 평가를 거치게 된다. 음악과 학습목표를 설정하고 음악적 문제를 중심으로 학생들이 문제해결을 위하여 정보를 수집하고 탐색하며, 문제를 파악하고 해결 전략을 수립하며 토론을 통하여 다양하고 풍부한 여러 관점들을 접하면서 문제를 해결하는 과정을 거치게 된다.

앞의 내용을 그림으로 나타내면 다음과 같다.

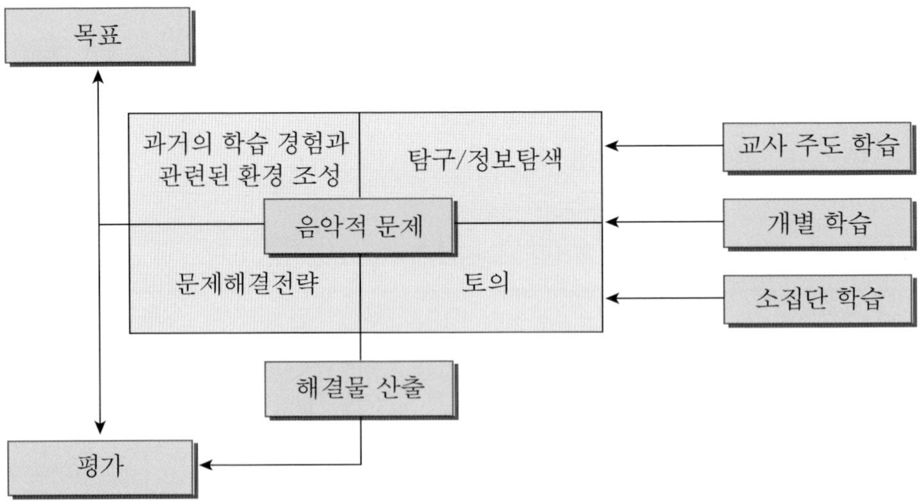

[그림 6-1] 음악과 문제중심 교수 · 학습방법

출처: 석문주 외(2014).

문제기반학습(PBL)을 국악교육에 적용한 연구들을 살펴보는 것으로 국악교육에 적용방법을 알아보고자 한다.

〈표 6-6〉 PBL을 국악교육에 적용한 연구

연구자	연구명	연구 대상
문노을(2015)	PBL을 활용한 정간보 교수 · 학습지도안	중학교 1학년
윤진옥(2008)	문제중심학습(PBL)을 적용한 교수 · 학습 연구	중학교 1학년
김현정(2013)	PBL을 적용한 국악감상부 지도안 개발 및 효과 분석	초등학교 5학년

PBL에서는 말 그대로 문제를 해결해 나가면서 목표에 도달하는 것이므로 '문제'를 어떻게 만드느냐가 매우 중요한 요소이다. 다음은 '문제'의 구체적인 예시이다.

〈표 6-7〉 국악감상부 PBL의 문제

학습요소	국악기의 종류
문제명	우리가 만드는 국악기 전시실
관련 교과 (제재 또는 단원)	음악 (현악기의 종류와 음색), 미술 (9. 우리들의 작품전시)
국악감상부 PBL 문제 1	

우리 학교에서 음악을 가르치는 ○○○ 선생님은 요즘 고민에 빠졌습니다. 어렸을 때부터 국악을 좋아했던 ○○○ 선생님은 우리 학교 학생들이 국악을 좀 더 알기 쉽게 공부할 수 있도록 6학년 1반 옆, 빈 교실에 국악기 전시실을 마련하고 싶습니다. 그래서 전시 공간을 위한 공사도 의뢰하는 한편, 전시실 공사 기간 동안 여러 종류의 국악기들을 마련해 일단 학교 창고에 보관해 둘 계획입니다.
그런데 이렇게 많은 종류와 이름의 국악기들을 어떻게 하면 우리 학교 학생들이 알기 쉽도록 전시할 수 있을까요? 전시실 개방일이 다가올수록 고민은 커지고 ○○○ 선생님의 마음은 조급해지려 합니다. 지금 ○○○ 선생님에게는 많은 종류의 국악기들을 학생들이 알기 쉽도록 전시하기 위해 여러 학생들의 의견이 절실합니다.
아래 일정을 살펴보고 ○○○ 선생님이 국악기 전시실을 만드는 데 참고할 수 있도록 여러분의 생각을 반영한 전시실 모형을 완성해 의견을 이야기해 주세요!

♣일 정♣

전시실 꾸미기 발표일 : 2012년 ○월 ○일
※ 준비물: 제작한 전시실 모형, 작품 설명서
악기 구입 및 전시실 공사 기간: 2012년 ○월 ○일 ~ ○월 ○일
전시실 악기배치 기간: 2012년 ○월 ○일 ~ ○월 ○일
전시실 개방일: 2012년 ○월 ○일 ○요일 ○시부터

출처: 김현정(2013).

2) 협동학습을 적용한 국악교육

협동학습(Cooperative Learning)은 소집단이 공동의 목표를 성취하기 위해 학습하는 수업 기법으로 학습능력의 차이가 있는 모둠원이 함께 학습함으로써 학습자들이 중심이 된다. 이전에도 학교 현장에서 수업 시간 중 소집단 활동은 있었으나 협동학습과 차이가 있다. 이전의 전통적 모둠 학습과의 차이점을 정리하면 다음과 같다.

〈표 6-8〉 협동학습과 전통적 모둠 학습의 차이점

구분	전통적 모둠 학습	협동학습
상호의존성	상호의존성이 없음	긍정적 상호의존성
개별적 책무성	개별적 책무성이 없음	개별적 책무성
구성원의 개인차	구성원의 동질성	구성원의 이질성
리더십	한 사람이 리더가 됨	리더십을 공유함
책임감	자신에 대해서만 책임을 짐	서로에 대한 책임을 짐
과제	과제만 강조	과제와 구성원과의 관계지속성 강조
사회적 기능	사회적 기능을 배우지 않음	사회적 기능을 직접 배움
교사의 역할	교사는 모둠의 기능을 무시함	모둠 활동에 교사가 관찰하고 개입함
모둠 활동	모둠 활동이 활발하지 못함	모둠 활동이 활발함

출처: 정문성(2006).

협동학습은 무엇에 중심을 두는지에 따라 과제 중심, 보상 중심, 교과 중심, 기타

협동학습으로 분류할 수 있는데 표로 정리하면 다음과 같다.

〈표 6-9〉 협동학습의 분류

과제 중심 협동학습	과제 분담 학습 모형(Jigsaw, Jigsaw II, Jigsaw III)
	모둠 탐구 모형(Group Investigation)
	협동을 위한 협동학습모형(Co-op Co-op)
보상 중심 협동학습	모둠 성취 분담 모형(Student Teams-Achievement Division: STAD)
	모둠 게임 토너먼트(Team Game Tournaments: TGT)
교과 중심 협동학습	모둠 보조 개별 학습 모형(TAI) 수학
	읽기 쓰기 통합 모형(CIRC) 국어
	일화를 활용한 의사 결정 모형(ITGDME) 사회
기타 협동학습	함께 학습하기(Learning Together) 모형
	찬반 논쟁 협동학습 모형(PRO-CON)
	시뮬레이션 협동학습 모형(Simulation Game)
	온라인 협동학습 모형
	짝 점검 모형(Dyads)

협동학습을 국악교육에 적용한 연구를 살펴보는 것으로 학교 현장에 협동학습을 적용하는 방법을 고찰하고자 한다.

〈표 6-10〉 협동학습을 국악교육에 적용한 연구

연구자	연구명	연구 대상
권기환(2008)	협동학습 모형을 적용한 국악 교수·학습방법 연구	초등학교 3학년
이미경(2015)	비고츠키 협동학습이론을 적용한 음악극 교수·학습법 연구	중학교
손유리나 (2017)	LT 협동학습모형을 적용한 초등학교 '국악 춤곡' 감상 지도 방안	초등학교 3학년
김수정(2009)	협동학습을 적용한 국악감상 지도방안 연구	초등학교 6학년
유하나(2017)	협동학습을 활용한 민요의 효율적인 지도방안 연구	고등학교

최지영(2008)	협동학습을 적용한 민요 수업 지도방법 연구	중학교
고영선(2008)	협동학습을 적용한 장단 지도 방안 연구	초등학교 5, 6학년
정채린(2006)	초등학교 5, 6학년의 음악 교과서 단소 학습곡 분석 및 지도 방안	초등학교 5, 6학년
최경미(2003)	협동학습 활동을 통한 단소 지도 방안 연구	중학교

다음은 협동학습을 적용한 봉산탈춤 지도계획안이다.

〈표 6-11〉 협동학습을 적용한 봉산탈춤 지도계획안

차시	학습주제	주요 학습내용	학습자료	협동학습 모형
1	봉산탈춤 감상하기	• 봉산탈춤 영상자료 감상하기 • 봉산탈춤 유래와 역사 알기 • 봉산탈춤에 쓰이는 탈 감상하기 • 봉산탈춤의 각 과장별 음악적 특징 이해하기 • 악기 편성 알기 • 염불도드리, 타령, 굿거리 음악 감상하기	영상자료 음원 봉산탈춤사진 PPT 감상학습지	LT모형
2	장단 익히기	• 봉산탈춤에 연주되는 장단 익히기 • 모둠별로 박자 내에 어울리는 장단 만들기 • 장단에 말 붙여 보기 • 만들어 본 장단 발표하기	장구 PPT 장단보 영상 감상학습지	LT모형
3	기본 탈춤 동작 익히기	• 탈춤 기본 동작 배우기 • 장단에 맞추어 신체표현하기 • 모둠별로 동작 연습하기 • 음악에 맞추어 기본 춤사위 신체표현하기	장구 한삼	LT모형
4	봉산탈춤 생활화하기	• 모둠별로 탈춤 동작에 어울리는 우리나라 민요곡 찾아보기 • 모둠별로 동작 발표 및 감상하기 • '음악평론가'가 되어 감상 평하기 • 다른 지역 탈춤 감상하기 • 모둠별 감상문 써 보고 발표하기	장구 음원 한삼 감상학습지	LT모형

출처: 손유리나(2017).

3) 프로젝트 학습을 적용한 국악교육

프로젝트 학습(Project Learning)은 프로젝트 수업 또는 프로젝트 접근법(Project Approach) 등과 같은 의미로 사용되고 있다. 성용구(2002)는 프로젝트 접근법은 학습자가 수업의 전 과정을 주도하면서 주제, 제재, 문제, 쟁점 등에 관한 탐구활동을 하고 탐구활동의 결과에 관한 표현활동을 하며 결과를 만들어 가는 학습이라고 하였다. 음악과에서는 석문주 등(2014)에 의해 프로젝트 학습 절차가 제시되고 있는데 음악과의 프로젝트 학습의 절차를 정리하면 다음과 같다.

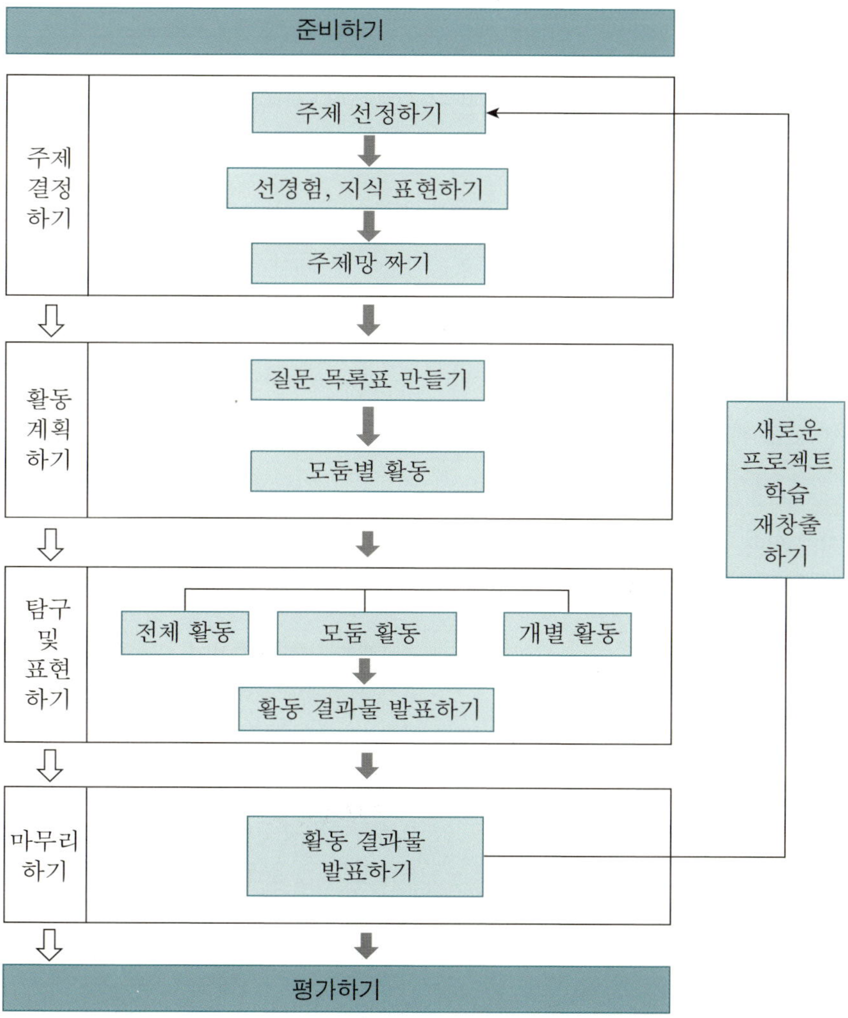

[그림 6-2] 프로젝트 학습의 절차

출처: 석문주 외(2014).

음악과 프로젝트 학습은 학생들에게 다양한 음악적 경험을 통하여 음악적 이해를 높이고 음악적 기술을 발전시키며, 책임감, 자아 확신, 협동심, 문제해결력, 탐구력을 발달시키고, 실제적인 음악생활을 통하여 학생 개개인이 의미 있는 학습경험을 하게 된다(석문주 외, 2014).

프로젝트 학습을 국악교육에 적용한 연구를 살펴보는 것으로 학교 현장에 프로젝트 학습을 적용하는 방법을 고찰하고자 한다.

〈표 6-12〉 프로젝트 학습을 적용한 국악교육 연구

연구자	연구명	연구대상
하연주(2010)	프로젝트 접근법을 통한 국악 가창영역에 대한 교육 연구	중학교
이소진(2014)	프로젝트 접근법을 적용한 시조 교수 · 학습 지도안 개발	중학교
조선민(2011)	프로젝트 접근법을 적용한 중학교 1학년 종묘제례악 교수 · 학습안 개발	중학교
이미리(2015)	프로젝트 학습을 적용한 창작 국악 감상 지도안 개발: 고등학생을 대상으로	고등학교

다음은 프로젝트 학습을 적용한 국악교육 연구 중 시조 교수 · 학습 지도안 개발을 위한 프로젝트 접근법의 절차이다.

〈표 6-13〉 시조 교수 · 학습 지도안 개발을 위한 프로젝트 접근법의 절차

프로젝트 학습절차		프로젝트 학습활동
준비단계	교사의 사전 준비 단계	• 프로젝트 주체 선정하기 • 교사의 주제망 예비 구성 • 교수 · 학습안 구성 • 교수 · 학습 자료 준비하기
시작단계	1차시 '시조에 다가가기'	• 시조와 관련된 선(先)경험 나누기 • 브레인스토밍을 통해 시조의 주제망 구성하기 • 프로젝트 질문 목록 작성하기 • 모둠을 나누고 모둠별 활동 계획하기
모둠별 탐구활동		• 탐구보고서 작성

<table>
<tr><td rowspan="3">전개단계</td><td>2차시
'시조 이해하기'</td><td rowspan="3">• 탐구활동 발표하기
• 전문가 활용
• 시조 노래하기
• 시조 창작하기</td></tr>
<tr><td>3차시
'시조 경험하기'</td></tr>
<tr><td>4차시
'시조 창작하기'</td></tr>
<tr><td>마무리단계</td><td>4차시
'평가 및 반성'</td><td>• 평가 및 토론하기</td></tr>
</table>

출처: 이소진(2014).

지금까지 학습자 중심 국악교육의 환경 구성과 의미를 알아보기 위해 구성주의와 학습자 중심 교육, 학습자 중심 국악학습 환경의 구성으로 나누어 살펴보았다. 먼저 구성주의와 학습자 중심 교육에서는 구성주의와 음악교육, 학습자 중심 교육, 자기 주도적 학습의 이론들을 간단히 고찰하였다. 다음으로 학습자 중심 국악학습 환경의 구성에서는 문제기반학습, 협동학습, 프로젝트 학습 방법을 적용한 국악교육을 최근에 발표된 선행연구를 통해 고찰하였다.

이 장의 머리글에서 밝힌 바 있지만 학습자 중심 교육환경의 구성은 교육계의 중요한 화두이다. 결과보다 과정에 중점을 두는 문화예술교육에서는 더욱 강조되어야 하나 음악 분야에 비해 국악 분야의 연구 현황은 부족한 실정이다. 학습자들이 문화예술교육에 참여하여 이해력와 창의력, 배려심과 공감능력, 자신감과 적극성을 키우는 것에 도움을 주고 싶다면 학습자 중심 교육을 더욱 깊이 있게 이해하려는 노력이 선행되어야 한다.

토의주제

1. 구성주의를 국악교육에 적용했을 때의 의의를 설명해 보자.

2. 학습자 중심 교육의 종류와 각각의 특징은 무엇인가?

3. 문제기반학습, 협동학습, 프로젝트 학습 중 한 가지를 선택하여 4차시의 국악 수업계획안을 설계해 보자.

참고문헌

강인애(1997). 왜 구성주의인가?: 정보화시대와 학습자중심의 교육환경. 서울: 문음사.

강인애, 정준환, 정득년(2007). PBL의 실천적 이해(2판). 서울: 문음사.

강인애, 주현재(2009a). '학습자 중심 교육'의 의미에 대한 재조명: 현직교사들의 이해와 실천을 중심으로. 학습자중심교과교육연구, 9(2), 1-34.

강인애, 주현재(2009b). 구성주의적 교수 · 학습의 원리와 적용. 교육이론과 실천, 8(1), 23-49.

권낙원(2001). 학습자중심교육의 성격과 이론. 학습자중심교과교육연구, 창간호, 29-40.

권덕원(2009). 음악교육에서 '구성'의 의미와 활용. 음악교육연구, 36, 1-27.

김현정(2013). PBL을 적용한 국악감상부 지도안 개발 및 효과 분석. 경인교육대학교 대학원 석사학위논문.

석문주, 홍종현, 이수진, 한혁수, 최유리, 김지연, 손미현, 정다은, 정지혜, 문아름, 이혜진(2014). 통합적 접근에 의한 음악과 교수 · 학습방법. 경기: 교육과학사.

설진성, 강인애(2013). 활동이론에 근거한 초등교사의 구성주의 교육실천 분석. 학습자중심교과교육연구, 13(5), 353-382.

성용구(2002). 레지오 에밀리아 접근법에서 다큐멘테이션의 교육적 가치. 초등교육연구논총, 18(2), 321-350.

손유리나(2017). LT협동학습모형을 적용한 초등학교 '국악 춤곡' 감상 지도 방안. 한양대학교 대학원 석사학위논문.

송인섭(2006). 현장적응을 위한 자기주도학습. 서울: 학지사

이부다, 김진호(2010). 구성주의 지식관이란 관점에서 초등학교 수학교과서 분석: 1학년과 2학년 수와 연산 영역을 중심으로. 한국학교수학회논문집, 13(3), 415-442.

이소진(2014). 프로젝트 접근법을 적용한 시조 교수 · 학습 지도안 개발. 이화여자대학교 대학원 석사학위논문.

이주영, 권동택(2013). 학습자중심교육에서의 발달이 갖는 교육적 의미. 학습자중심교과교육연구, 13(6), 69-85.

장경원, 이지은(2009). 학습자 중심 교육에 대한 교육행정가, 교사, 예비교사의 인식 비교연구. 학습자중심교과교육연구, 9(1), 1-26.

정문성(2006). 협동 학습의 이해와 실천. 경기: 교육과학사.

조영남(1998). 구성주의 교수 · 학습. 초등교육연구논총, 12, 93-122.

주호수(2003). 자기 주도적 학습의 개념화와 교육적 시사점. 교육과정연구, 21(1), 203-221

제7장

유아 국악 교수 · 학습방법

강혜인, 배영진

1. 유아 대상의 이해
2. 유아 국악 교수 · 학습방법의 실제
3. 유아 국악 수업 설계 실습

유아국악교육을 실행하기 위해서는 교육 대상인 유아의 발달적 특성과 유아국악교육에 대한 개괄적 이해가 필요하다. 미취학 아동은 영아와 유아로 나누는데, 그들의 발달적 특성과 음악적 능력을 파악하여 국악교육의 목표, 내용, 방법을 선정, 적용해야 할 것이다. 유아국악교육은 목표가 교육기관의 교육과정에 따른 것인가 혹은 유아의 다양한 예술체험을 위한 것인가에 따라서 내용과 방법이 달라질 수 있다. 실제 유아교육 현장에서 다양한 국악 영역을 어떻게 적용하고 있는지 파악하고 교수자의 역할을 알아본다.

1. 유아 대상의 이해

1) 유아의 연령별 특성과 국악교육

발달에 있어 영유아기는 급성장기라 할 수 있으며 음악에 있어서도 매우 중요한 시기이다. 음악교육자인 고든(Gordon. 1988)은 이 기간 동안 음악적 태도가 발달되므로, 음악적 경험이 중요함을 주장한다(김한나, 2011). 사회성발달 측면에서 보자면 이 시기는 자아인식이 발달하고 나아가 또래 간의 관계와 사회 속의 자아를 인지할 만큼 성숙해지기도 한다. 이러한 시기에 국악교육은 유아가 자연스럽게 한국인으로서의 자아를 인식하고 한국 사회의 구성원으로서의 역할을 학습함에 있어 매우 중요한 기능을 하게 될 것이다. 이렇게 중요한 역할을 하는 국악교육의 효율적 지도를 위해서는 유아의 연령별 특성 중 특히 음악적 능력의 발달과 그 특징을 알고 발달단계에 적절한 국악교육을 계획하여야 한다.

(1) 0~1세까지

영아가 태어나 몇 시간이 지나면 소리에 반응을 하고 그다음엔 엄마와 타인의 목소리를 구분하기 시작한다. 12개월이 되면 간단한 소리를 따라 하거나 어설프게 모방을 시작하므로 이 시기에는 감상이 적당하다. 자연의 소리를 감상하고 전래동요 중 다양한 자장가를 들으며 엄마와의 긍정적 애착관계를 형성하고 자장가 속에 등장하는 동물들의 의성어, 의태어, 반복어 등은 모방을 통해 아이의 언어발달을 도와준다. 전통놀이 중 도리도리, 고네고네, 곤지곤지, 따로따로, 죔죔, 짝짜꿍 놀이는 대근육 발달의 과업을 이루어야 하는 영아의 신체발달에 큰 역할을 한다.

(2) 2~3세까지

언어를 이해하고 사용하기 시작하는 이 시기의 아이는 음정과 박자는 불안정하지만 자신이 잘 아는 노래를 따라 흥얼거리거나 자신이 좋아하는 부분을 반복해서 부른다. 신체발달이 왕성해지면서 음악에 맞춰 몸을 흔들거리거나 간단한 타악기로 쉬운 리듬을 두드릴 수 있으며 음의 높낮이 같이 소리를 구별하는 것이 가능하다. 이 시기는 호기심의 증가로 질문이 점점 많아지고 상상력과 추리력이 발달하며 성인들의 다양한 역할에 관심이 많아지면서 가족과 관련된 극놀이를 통해 가상 상황을 경험하는 등 창의적인 행동과 놀이를 즐긴다(이기숙 외, 2017). 이 연령에서는 의성어, 의태어가 사용되어 신체로 흉내 내기 쉬운 전래동요 〈통영 개타령〉, 반복어가 사용되면서 간단한 창의적인 대답을 요하는 〈어디까지 왔나〉 등을 부르거나, 걷고 돌면서 신체를 움직이는 강강술래 중 대문놀이, 쉽게 소리 낼 수 있는 타악기 탐색 및 쉬운 리듬 연주 등의 국악 활동을 유아와 함께 해 볼 수 있다.

(3) 4~5세까지

4세 이후부터 초등학교 입학 전까지의 유아는 창의성, 탐색력, 기억력과 언어표현능력이 급격히 발달하며 신체적인 기술뿐만 아니라 정서발달, 무엇보다 5세가 되면 사회성의 발달로 집단놀이와 협동놀이, 극놀이를 즐긴다. 이러한 발달 특성을 음악적으로 접근하면 기억능력과 재생능력의 발달로 노래를 처음부터 끝까지 부를 수 있으며 즉흥적으로 짧은 멜로디를 만들 수 있고, 빠르기 개념이 발달하면서 리듬능력이 향상되고 신체를 움직이는 기술의 발달로 리듬악기를 다루고 리듬, 강약, 속도 표현이 가능해진다.

만 5세 이상이 되면 가락악기를 통해 음의 높낮이를 구분하여 연주하는 능력도 생기게 된다. 이때부터 피아노의 양손 연습이 가능해지기도 한다. 창의력의 발달로 간단한 멜로디뿐만 아니라 노랫말에 맞는 동작을 창작하기도 하고, 사회성이 발달하기 시작해서 집단이 함께하는 음악놀이, 다양한 형태의 대형을 만들어 내는 전통놀이를 할 수도 있다. 이 시기의 유아에게 샘솟는 호기심을 충족시켜 주는 악기 탐색, 리듬악기인 사물악기의 간단한 장단 연주 및 합주는 사회성뿐만 아니라 타인의 악기 소리를 방해하지 않는 배려를 배우는 인성교육의 한 형태가 되기도 한다. 또한 다양한 국악기를 살펴보고 소리를 듣고 연주를 감상하여 그 느낌을 신체로 자유롭게 표현해 보고, 강강술래와 같이 집단이 하나의 동작을 반복하며 여러 형태의 대형을 만들어 냄으로써 성취감을 느끼게 하는 등의 전통놀이는 집단 속에서 자신의 역할을 인지하게 한다. 서양음악의 기악(현악기) 기능교육과 같이 관악기를 제외한 국악기의 기능교육의 시작도 가능하다. 앞에서 말한 내용을 유아기에 한정하여 음악적 발달능력에 따른 국악 활동으로 정리하면 〈표 7-1〉과 같다.

〈표 7-1〉 음악적 발달능력에 따른 국악 활동

	음악적 발달	국악 활동
만 3세	• 적극적으로 음악에 반응하고 언어발달과 함께 노래 부르는 능력이 급성장한다. • 박자에 맞추어 손뼉을 치고 간단한 타악기를 다룰 수 있고 음의 높낮이를 구분할 수 있다. • 자신의 목소리나 악기를 이용한 음악 만들기를 좋아하고 음악에 맞추어 리듬악기를 두드리거나 동작을 표현하기 시작한다.	• 전래동요, 민요 듣고 따라 부르기 • 장단에 맞춰서 노래 부르기 • 간단한 리듬의 손장단 배우기 • 장단에 맞추어 걸음 걷기
만 4세	• 음역이 확장되고 쉬운 선율 모방이 가능하다. • 대부분의 리듬악기 연주가 가능하며 신체를 이용해 음악적인 표현들을 구사한다. • 음악적 창조력이 급격히 발달한다.	• 춤놀이(소고춤, 한삼춤, 가사에 어울리는 춤동작 만들기 등) • 악기 탐색(타악기, 현악기, 관악기 등의 국악기의 모습과 소리를 탐색하고 타악기의 연주법을 배워 본다.) • 가사 바꾸어 국악동요 및 민요 부르기
만 5세	• 사회성이 발달하는 시기여서 중창, 합창, 합주 등을 통해 전체적인 조화의 아름다움을 느낄 수 있게 하는 활동이 필요하다. • 리듬과 높낮이가 좀 더 정확해지고 선율, 셈여림의 표현과 감정표현이 발달한다. • 신체의 발달로 피아노의 양손 연습이 가능하고 간단한 화음도 연주할 수 있다.	• 국악기 탐색 및 기악교육(관악기를 제외한 사물악기, 현악기) • 집단놀이 음악하기 • 자연체험 활동이나 바깥놀이 시간에 자연물을 이용한 즉흥연주하기 • 그림 또는 미디어를 통한 전통음악 감상하기

2) 유치원 누리과정과 국악교육

유치원 교육과정은 「유아교육법」 제13조 제2항에 의거하여 '누리과정'이 새롭게 고시되었다. 누리과정은 유아를 대상으로 국가가 만든 교육과정으로, 무상교육, 보육정책인 동시에 만 3~5세를 위한 교육, 보육과정을 말한다. 누리과정은 만 3~5세의 발달 특성을 고려하여 목적, 목표, 교수 · 학습방법 및 5개 영역의 교육내용을 중심으로 구성되었다. 누리과정의 5개 영역은 신체운동 · 건강, 의사소통, 사회관계, 예술경험, 자연탐구 등의 영역이다. 교수자는 누리과정에 대한 이해를 바탕으로 예술경험 영역을 중심으로 유아를 위한 국악교육 프로그램을 개발하고 유아교육에 적용할 수 있다.

(1) 누리과정의 예술경험 영역의 이해

누리과정은 만 3~5세 유아의 심신의 건강과 조화로운 발달을 도와 민주시민의 기초를 형성하는 것을 목적으로 한다(교육부, 2015). 누리과정에서 국악교육은 예술경험 영역에 속한다. 예술경험 영역의 목표는 유아에게 아름다움에 관심을 가지고 예술경험을 즐기며, 창의적으로 표현하는 능력을 기를 수 있도록 다음과 같은 내용을 명시하고 있다.

- 자연과 주변 환경에서 발견한 아름다움과 예술적 요소에 관심을 갖고 탐색한다.
- 자신의 생각과 느낌을 음악, 움직임과 춤, 미술, 극놀이를 통해 창의적으로 표현하는 것을 즐긴다.
- 자연과 다양한 예술 작품을 감상하며, 풍부한 감성과 심미적 태도를 기른다.

누리과정의 예술경험 영역은 내용 체계에서 아름다움 찾아보기, 예술적 표현하기, 예술 감상하기로 범주를 나누어 구체적인 내용을 제시하고 있다. 만 3~5세 누리과정 중에서 만 5세의 예술경험 교육내용을 살펴보면 다음과 같다.

(2) 누리과정 예술경험 영역과 유아국악교육 내용

① 아름다움 찾아보기

- 음악적 요소 탐색하기

'음악적 요소 탐색하기'는 유아가 자연과 주변 환경에서 들리는 다양한 소리와 음악에 귀를 기울이고 반응하면서 소리와 음악의 아름다움을 구성하고 있는 음악적 요소를 느끼고, 요소의 특징을 자연스럽게 발견하며 다양한 소리와 악기 등으로 이를 탐색하는 능력을 기르기 위함이며 음악의 아름다움을 소리와 악기 등으로 표현하고 감상할 수 있는 기초 활동이 된다.

• 움직임과 춤 요소 탐색하기

'움직임과 춤 요소 탐색하기'는 유아가 자신이나 다른 사람의 몸의 움직임 혹은 자연과 주변 사물의 여러 움직임에 주의를 기울이고 반응하면서 움직임과 춤의 아름다음을 느끼고, 움직임과 춤 요소들의 특징을 자연스럽게 발견하며 탐색하는 능력을 기르기 위한 내용이다.

• 미술적 요소 탐색하기

'미술적 요소 탐색하기'는 유아가 자연과 사물에서 접하게 되는 다양한 미술적 요소에 대해 주의를 기울이고 반응하면서 아름다움을 느끼고 미술적 요소들이 갖고 있는 특징들을 발견하고 그 차이 등을 탐색하는 능력을 기르기 위한 내용이다.

② 예술적 표현하기

• 음악으로 표현하기

'음악으로 표현하기'는 유아가 노래와 전래동요를 부르고, 리듬악기를 연주하며, 리듬과 노래를 즉흥적으로 만들어 보는 등의 다양한 음악활동을 통해서 자신의 생각과 느낌을 표현한다.

• 움직임과 춤으로 표현하기

'움직임과 춤으로 표현하기'는 유아가 움직임에 영향을 주는 모양, 힘, 빠르기, 흐름 등과 같은 요소에 대해 인식하고 이를 적절히 조합하고 응용함으로써 자신의 생각과 느낌을 보다 아름답고 창의적인 움직임이나 춤으로 표현해 보는 내용이다.

• 미술활동으로 표현하기

'미술활동으로 표현하기'는 다양한 미술활동을 통해 유아가 자신의 생각과 느낌을 자발적이고 창의적으로 표현하도록 하는 내용이다.

• 극놀이로 표현하기

'극놀이로 표현하기'는 유아가 언어, 신체, 움직임, 다양한 매체를 이용하여 역할극, 인형극, 동극, 노래극 등을 통해 총체적으로 자신을 표현하도록 하는 내용이다.

• 통합적으로 표현하기

'통합적으로 표현하기'는 유아가 참여하는 다양한 표현 활동들이 서로 통합적으로 이루어지도록 하는 내용이다.

③ 예술 감상하기

• 다양한 예술 감상하기

'다양한 예술 감상하기'는 유아가 음악, 춤, 미술 작품, 극놀이 등을 듣거나 보거나 즐기는 활동을 통하여 아름다움을 느끼고 각자의 표현을 존중하며 예술 감상에 지속적인 관심과 흥미를 갖도록 하는 내용이다.

• 전통 예술 감상하기

'전통 예술 감상하기'는 고유의 전통문화를 자연스럽게 경험할 수 있도록 기회를 제공한다.

예술경험 영역의 내용 범주에 따라 예술활동, 국악활동의 세부 내용은 다음 표와 같다.

〈표 7-2〉 만 5세 누리과정 예술경험 내용 체계와 세부 내용

내용 범주	내용	세부 내용
아름다움 찾아보기	음악적 요소 탐색하기	• 다양한 소리, 악기 등으로 음악의 셈여림, 빠르기, 리듬 등을 탐색한다.
	움직임과 춤 요소 탐색하기	• 움직임과 춤의 모양, 힘, 빠르기, 흐름 등을 탐색한다.
	미술적 요소 탐색하기	• 자연과 사물에서 색, 모양, 질감, 공간 등을 탐색한다.
예술적 표현하기	음악으로 표현하기	• 노래로 자신의 생각과 느낌을 표현한다. • 전래동요를 즐겨 부른다. • 리듬악기를 연주해 본다. • 리듬과 노래 등을 즉흥적으로 만들어 본다.
	움직임과 춤으로 표현하기	• 신체를 이용하여 주변의 움직임을 다양하게 표현하며 즐긴다. • 움직임과 춤으로 자신의 생각과 느낌을 표현한다. • 다양한 도구를 활용하여 창의적으로 움직인다.
	미술활동으로 표현하기	• 다양한 미술활동으로 자신의 생각과 느낌을 표현한다. • 협동적인 미술활동에 참여하여 즐긴다. • 미술활동에 필요한 재료와 도구를 다양하게 사용한다.
	극놀이로 표현하기	• 경험이나 이야기를 극놀이로 표현한다. • 소품, 배경, 의상 등을 사용하여 협동적으로 극놀이를 한다.
	통합적으로 표현하기	• 음악, 움직임과 춤, 미술, 극놀이 등을 통합하여 표현한다. • 예술활동에 참여하여 창의적으로 표현하는 과정을 즐긴다.
예술 감상하기	다양한 예술 감상하기	• 다양한 음악, 춤, 미술 작품, 극놀이 등을 듣거나 보거나 즐긴다. • 나와 다른 사람의 예술 표현을 소중히 여긴다.
	전통 예술 감상하기	• 우리나라의 전통 예술에 관심을 갖고 친숙해진다.

〈표 7-3〉 누리과정 예술경험 영역의 국악교육 세부 내용

내용 범주	내용	유아국악교육 세부 내용		
		만 3세	만 4세	만 5세
아름다움 찾아보기	음악적 요소 탐색하기	다양한 종류의 우리 소리에 관심을 갖는다.		• 전통악기 소리를 탐색하고 소리 내 보기 • 전통악기 소리 듣고 구별하기
	움직임과 춤 요소 탐색하기	다양한 종류의 우리 춤을 감상한다.		• 우리 춤이 갖는 특징 탐색하기 • 장단의 빠르기에 따른 춤사위, 춤에 사용되는 도구들을 탐색한다.
	미술적 요소 탐색하기	우리나라 전통 색, 문양, 재료에 관심을 갖는다.		우리나라의 전통 색, 문양, 재료, 건축물 등을 찾아본다.
예술적 표현하기	음악으로 표현하기	전래동요를 즐겨 부른다.		
		• 빠른 장단에 리듬과 가사가 반복적인 노래를 부른다. • 생활악기, 북, 소고로 자유롭게 소리를 만들고 장단 안에서 자유롭게 두드린다.		• 시김새가 있는 노래를 부르며 노랫말을 만들어 불러 본다. • 다양한 리듬악기로 자유롭게 소리를 만들고 기본 장단을 연주한다.
	움직임과 춤으로 표현하기	• 우리 춤의 소도구를 탐색해 본다. • 개별적으로 춤을 표현한다.		• 우리 춤의 소도구를 탐색하고 그것을 춤에 이용한다. • 개별적 혹은 2~4명의 유아가 함께 짝을 지어 표현해 본다.
	미술활동으로 표현하기	다양한 기법으로 전통색과 문양을 표현해 본다.		• 전통 미술 도구나 기법을 이용하여 미술 작품을 표현하거나 묘사해 본다. • 전통 방법과 재료로 염색하기, 만들기를 경험한다.
	극놀이로 표현하기	• 전래동요에 등장하는 동물이나 인물을 극놀이로 표현한다. • 전래동화를 듣고 역할을 나누고 소품, 배경을 사용하여 극놀이를 한다.		
	통합적으로 표현하기	탈춤이나 창극 등을 감상하고 그에 사용되는 음악, 춤, 미술, 극놀이를 통합적으로 표현해 본다.		
예술 감상하기	다양한 예술 감상하기	우리나라 전통 예술에 관심을 갖는다.		우리나라 전통 예술에 관심을 갖고 친숙해진다.
	전통 예술 감상하기	시대에 따라 지역에 따라 각각 다른 전통 음악과 무용 등이 있음을 알고 그것을 듣고 보고 즐길 수 있게 한다.		

2. 유아 국악 교수 · 학습방법의 실제

유아국악을 실제로 지도할 때 필요한 것은 유아교육 수업의 다양한 수업 사례를 살펴보고 유아의 수준에 맞는 수업을 설계하는 것이다. 이 장에서는 수업 설계에 필요한 국악 수업모형을 검토하고, 유아교육 현장에서 활용되고 있는 생활주제 중심 유아국악 수업과 전통문화 중심 유아국악 수업 사례를 소개하고자 한다.

1) 유아를 위한 국악 수업모형의 개발

국악 수업을 통한 유아의 예술적 감수성 개발은 국악을 배우고 경험하는 과정 속에서 자연스럽게 나타날 것이다. 그러나 보다 효과적인 국악 수업은 유아의 발달과 학습 과정에 바탕을 둔 수업모형을 통하여 보다 구체화되고 촉진될 수 있다. 유아국악 수업은 수업의 단계, 음악 영역, 접근법에 따라 다양한 유형을 적용해 볼 수 있지만, 일반적으로 도입, 전개, 정리의 수업과정을 따른다. 이 과정 속에서 예술 영역의 내용이 반영되어 단계적 특성은 탐색하기, 표현하기, 내면화하기 등으로 구별할 수 있다. 이 장에서 유아국악의 특성이 반영된 수업모형을 제시하고 '노래 부르기' 영역에서 수업모형을 적용한 사례를 살펴보면 다음과 같다.

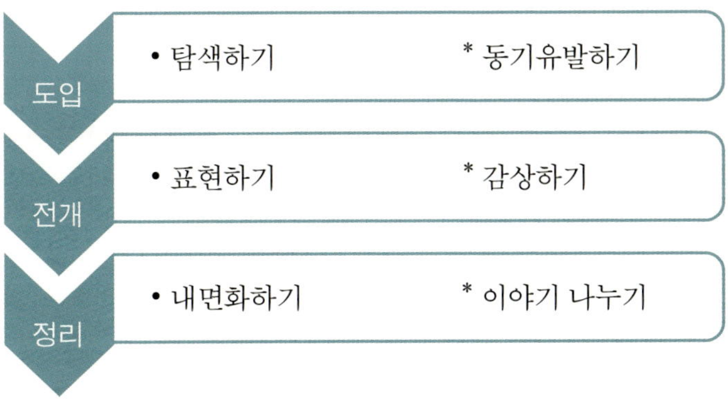

[그림 7-1] 유아국악 수업모형 예시

〈표 7-4〉 유아국악 수업모형에 따른 활동사례

단계	특성	우리 노래 부르기 주요 활동
도입	탐색	노랫말 읽고 주제 이해하기
전개 1	표현	노래 따라 배우기
전개 2		장단 치며 노래하기
전개 3		노래하며 신체표현하기
정리	내면화	활동 주제와 노래 부르기의 즐거움 나누기

기존의 유아국악교육 연구에서는 다음과 같이 '노래 부르기의 활동단계'와 '국악 감상활동의 접근법'을 소개하고 국악 수업모형을 제시하고 있다.

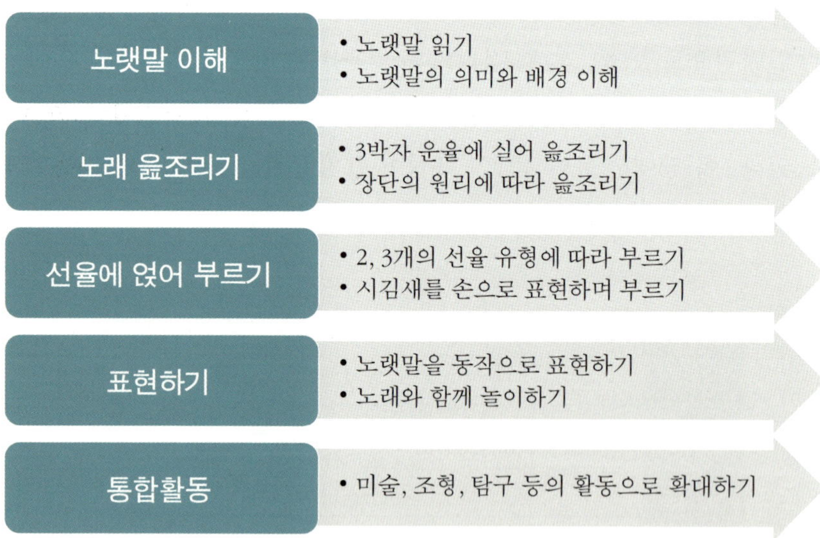

[그림 7-2] 노래 부르기의 활동단계

출처: 모형오 외(2010).

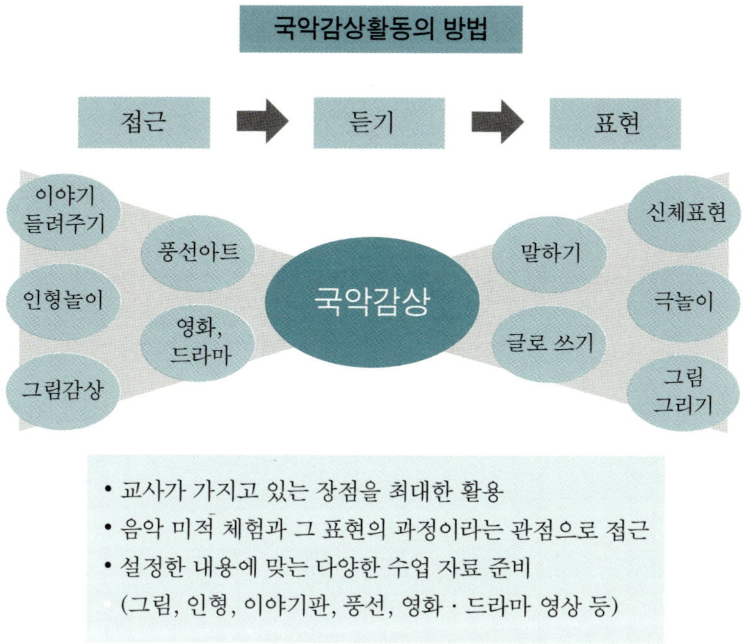

[그림 7-3] 국악감상활동의 접근법

출처: 모형오 외(2010).

2) 생활주제 중심 유아국악교육의 실제

우리나라 유아교육기관은 누리과정의 11개 생활주제별로 교육활동을 전개하고 있다. 우리 고유의 음악 정서가 담긴 국악 역시 유아들의 생활 속에 자리 잡기 위해서는 유아들의 일상에서 국악을 경험하고 즐길 수 있도록 해야 할 것이다. 이를 위해서 국악교육도 누리과정의 생활주제에 맞추어 국악 활동을 계획하고 유아의 수준과 발달에 적합한 체계적인 지도방법이 모색되어야 한다. 고정미 등(2014)과 모형오 등(2010)의 유아국악에 관한 저서들은 모두 누리과정의 생활주제별로 내용을 구성하고 있어 교육 현장의 활용도가 높다고 할 수 있다. 생활주제 중심 유아국악교육의 내용은 각각의 국악 활동이 5개 생활영역과 통합적 활동으로 전개되어 생활 영역과 생활주제 속에서 자연스럽게 생활 지향적 국악교육으로 나아가야 할 것이다.

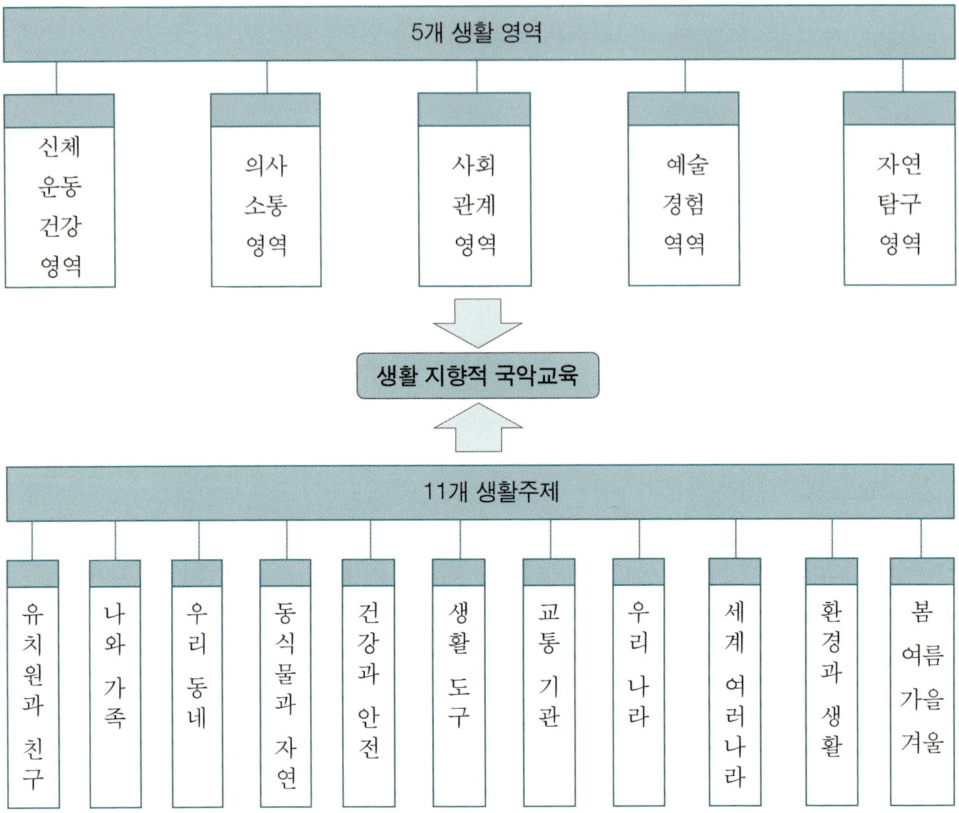

[그림 7-4] 생활 영역, 생활주제와 생활 지향적 국악교육(모형오 외, 2010)

다음은 생활주제 중에서 '유치원과 친구' 주제를 중심으로 유아국악 수업 사례를 살펴보자.

모형오 등(2010)은 『생활주제중심 유아국악교육』에서 '유치원과 친구' 생활주제에 다음과 같은 원칙에 따라 국악교육내용을 선정하여 수업을 개발하였다. 첫째, 원에서의 하루 속에서 자연스럽게 경험할 수 있는 음악활동을 선정한다. 둘째, 새롭게 만나는 친구와 함께하는 놀이 중심의 활동을 선정한다. 셋째, 새로운 악기를 자연스럽게 탐색함으로써, 악기 연주의 기본을 익힐 수 있는 내용을 선정한다. 본 구성은 노래, 놀이, 감상, 춤, 악기연주 등 다양한 음악 영역을 생활주제에 맞게 구성하고 있다는 것이 특징이다.

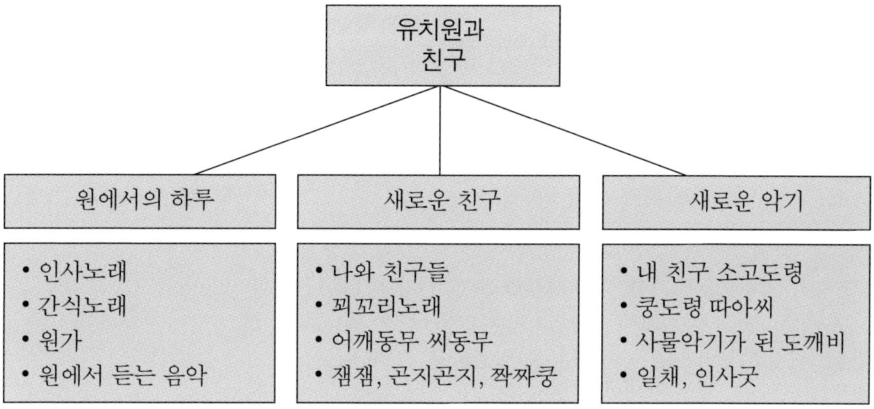

[그림 7-5] 생활주제 '유치원, 어린이집과 친구'에서 유아국악교육활동 예시 1

고정미 등(2014)은 『누리과정 생활 주제별 유아국악교육 이렇게 해봐요』(2013)에서 '유치원, 어린이집과 친구' 생활주제에 다음과 같이 국악교육내용을 선정하여 수업을 개발하였다. 본 구성은 생활주제에 노래와 놀이를 중심으로 수업을 구성하고, 국악기 연주활동은 없이 전통 예술 탐색하기 활동을 첨가하고 있다.

〈표 7-5〉 생활주제 '유치원, 어린이집과 친구'에서 유아국악교육활동 예시 2

생활 주제	활동명	장르	주요 활동
유치원 어린이집과 친구	꾀꼬리노래	창작 국악동요	• 창작국악동요 부르며 친구와 친밀감 형성하기 • 노랫말 바꾸어 부르며 창의적 표현하기
	나처럼 해 봐요	창작 국악동요	• 창작국악동요 부르며 친구와 친밀감 형성하기 • 학무를 탐색하고 다양한 동작 표현해 보기
	너영나영	민요	• 민요를 부르며 노래에 맞는 동작으로 표현하기 • 민요를 부르며 친구와 공동체의 의미 알기
	별하나 나하나	전래동요	• 전래동요를 부르며 친구와 숫자놀이 하기 • 놀이노래를 부르며 친구와 친밀감 형성하기
	어깨동무	전래동요	• 전래동요를 부르며 어깨동무 놀이하기 • 친구와의 생활을 노래로 만들어서 불러 보기

〈표 7-6〉 생활주제 '유치원, 어린이집과 친구' 수업 사례

<table>
<tr><td>활동명</td><td>너영나영</td><td>유형</td><td>노래 부르기</td></tr>
<tr><td>활동목표</td><td colspan="3">• 세마치장단에 맞추어 〈너영나영〉을 부를 수 있다.
• 친구를 자랑하는 노랫말로 바꾸어 〈너영나영〉을 부를 수 있다.
• 놀이를 통해서 친구와 친밀감을 형성할 수 있다.</td></tr>
<tr><td>활동 자료</td><td>장구(교수자용), 노랫말 판, 장단 정간보</td><td>대상</td><td>만 3~5세</td></tr>
<tr><td>수업
내용과 방법</td><td colspan="3">▶활동방법
1. 제주도에 대한 사진 자료를 보면서 이야기를 나눈다.
• 제주도 전통가옥, 해녀 사진을 보며 이야기를 나눈다.
-제주도는 우리나라의 어디에 있는 곳일까요?
-제주도는 바람이 많이 불어 돌로 담을 쌓고 지붕을 새끼줄로 묶어놨어요.
-해녀는 무엇을 하는 사람일까요?
2. 세마치장단에 맞추어 〈너영나영〉을 배운다.
<table>
<tr><td rowspan="2">세마치장단</td><td>⦶</td><td></td><td></td><td>⦶</td><td></td><td>ㅣ</td><td>○</td><td>ㅣ</td><td></td></tr>
<tr><td>덩</td><td></td><td></td><td>덩</td><td></td><td>덕</td><td>쿵</td><td>덕</td><td></td></tr>
</table>
• 교사의 선창이 따라 노래를 불러본다.
-제주도에서는 너랑 나랑을 '너영나영'이라고 해요.
• 메기고 받는 소리로 나누어 노래를 불러본다.
• 소고를 치면서 노래를 불러본다.
너영나영

3. 메기는 부분의 노랫말을 바꾸어 불러본다.
• 친구를 자랑하는 노랫말로 바꾸어 노래를 불러본다.
예) 내 친구 / 은주는 / 노래를 / 잘하고요
내 친구 / 현주는 / 달리기를 / 잘해요
• 받는소리를 부를 때 친구와 손을 잡고 춤을 추거나 안아주기를 해본다.</td></tr>
</table>

3) 전통문화 중심 유아국악교육의 실제

전통문화교육은 유아들에게 우리 조상이 물려준 아름다운 문화유산에 관심을 갖고 친숙해질 수 있도록 하는 데 목적이 있다. 유아들과 다양한 활동을 통하여 전통문화를 이해하고 활용하며, 미래에 어떻게 발전시킬 수 있는지를 함께 공유할 수 있도록 해야 한다. 그러나 이러한 전통문화교육은 내용이 광범위하고 이해와 체험이 동반되어야 하기 때문에 다양한 내용들을 함께 연결할 수 있는 중심 매개체가 필요하다.

국악동요는 우리 고유의 선율과 음계를 이용하여 만들어진 동요로 한국적인 정서를 담고 있다. 우리 음악의 전통성이 녹아 있고, 아이들과 함께 노래 부르며 전통문화 주제에 몰두할 수 있기 때문에 전통문화교육을 하는 데 있어서 수업의 몰입도와 교육적 효과를 높이는 역할을 할 수 있을 것이다. 따라서 이 장에서는 전통문화교육의 주제와 부합하고 전통 음악적 요소로 구성된 국악동요를 선곡하여 전통문화 중심 유아국악교육 수업 사례를 제시하고자 한다(강혜인 외, 2013). 본 수업들은 명절 뿐만 아니라 생활주제에 맞는 일상 수업에서도 활용 가능할 것이다.

〈표 7-7〉 전통문화 중심 유아 국악교육 수업 예시

전통문화주제	세부내용	활동주제	곡명(작곡자)	주요 활동
전통생활	의	한복	노랑저고리(최은주)	• 굿거리장단의 창작국악동요 부르기 • 종이 한복 놀이 하기 • 한복의 아름다움을 이야기 나누기
	식	음식	도토리(이선미)	• 도토리로 만드는 음식에 대해 알기 • 도토리묵으로 김쌈을 만들어 먹어 보기 • 창작 국악 동요를 부르며 추임새하기
전통놀이	놀이	강강술래	대문놀이(남도민요)	• 자진모리장단을 치며 전래동요 부르기 • 강강술래 중 대물놀이를 하며 노래 부르기 • 대문놀이하며 규칙과 배려 이해하기
	놀이	엉덩이 씨름	앞산아 당겨라(전래동요)	• 김홍도의 '씨름' 그림을 보며 감상 나누기 • 전래동요 '앞산아 당겨라'를 부르며 율동하기 • 샅바 없이 엉덩이 씨름 해 보기

전통 예술	음악	국악기	무동이 춤춘다 (전래동요)	• 김홍도의 〈무동〉 그림을 보며 감상 나누기 • 그림에 나타난 국악기 탐색하기 • 전래동요 부르며 국악기 모양과 이름 알기
	미술	민화	우리땅 호랭이 (강혜인)	• 호랑이 그림의 민화를 감상하고 이야기 나누기 • 국악동요 부르며 민화의 이야기 상상하기 • 전통 그림을 감상하고 전통 예술에 친숙해지기
	무용	기본 춤사위	아리랑 (경기민요)	• 민요를 부르며 전통 춤사위 표현하기 • 기본 춤사위를 추면서 전통춤 아름다움 알기

〈표 7-8〉 전통문화교육 '음식' 수업 사례

활동명	도토리묵으로 김쌈을 만들어요	유형	노래 부르기
활동목표	• 전통음식인 도토리묵에 대해 알고 도토리묵으로 김쌈을 만들어 먹을 수 있다. • 창작국악동요 〈도토리〉를 부르며 전통음식에 친근감을 갖는다.		
활동 자료	〈도토리〉 음원, 요리재료(도토리묵, 김, 피망, 오이, 당근, 계란지단)	대상	만 3~5세
수업 내용 및 방법	▶활동방법 1. 도토리에 대해 알아보고 도토리로 만드는 음식에 대해 이야기 나눈다. • 그림을 보고 도토리에 대해 이야기 나눈다. -도토리묵은 도토리 가루와 물을 이용하여 만드는 우리나라 전통 음식입니다. 2. 창작국악동요 〈도토리〉를 불러 본다. • 추임새(얼쑤, 냠냠)를 하면서 노래를 불러 본다. ▶악보 **도토리** 		

수업 내용과 방법	3. 도토리묵으로 김쌈을 만들어 본다. ① 교수자는 여러 가지 재료를 채썰기 하여 준비한다. ② 유아들은 준비된 재료를 개인접시에 담는다. ③ 김 위에 재료을 올려 돌돌 말아 도토리묵 김쌈을 먹는다. ▶수업 사진  

출처: 강혜인 외(2013).

3. 유아 국악 수업 설계 실습

유아 국악 수업을 시행하기 위하여 국악 교수자는 먼저 주어진 교육 기간에 맞추어 전체 수업 설계도를 작성해야 한다. 연간 수업 설계는 교육목적에 따라 전반기, 중반기, 후반기로 내용을 구성하기도 하고, 유아 교육과정의 생활주제에 따라 내용을 구성하기도 한다. 이 장에서는 기존 국악교육 연구서(강혜인 외, 2013)를 바탕으로 유아의 생활주제에 따라 12차시 유아 국악 수업 설계를 제시하고자 한다.

〈표 7-9〉 생활주제에 따른 유아국악 수업 설계

순서 생활주제	지도안 순서 · 활동명	유아국악교육 활동
제1주/ 유치원과 친구	유치원 아리랑	• 세마치장단에 맞추어 민요 〈아리랑〉 부르기 • 노랫말을 바꾸어 〈유치원 아리랑〉을 율동하면서 부르기
	인사장단	• 인사장단을 장구로 연주해 보기 • 몸을 이용하여 인사장단 하기
제2주/ 나와 가족	꾀꼬리	• 자진모리장단에 맞추어 창작국악동요 〈꾀꼬리〉를 부르기 • 〈꾀꼬리〉를 부르며 친구 이름 부르기 놀이를 하기
	너울너울 팔사위	• 말장단을 하며 팔사위를 동작으로 표현하며 걸어 보기 • 국악곡에 맞추어 팔사위를 하며 춤추기
제3주/ 우리 동네	길 가며 부르는 노래	• 자진모리장단에 맞추어 〈어디까지 가나〉를 부르기 • 〈어디까지 가나〉를 부르며 대 · 소집단 놀이하기
	시루떡 리듬합주 놀이	• 전통음식 시루떡에 대해 이해하고 국악동요 부르기 • 곡물 마라카스를 이용하여 리듬합주 놀이 하기
제4주/ 동식물과 자연	장굴레 떼떼	• 휘모리장단에 맞추어 〈장굴레 떼떼〉를 부르기 • 〈장굴레 떼떼〉를 부르면서 여러 가지 놀이 하기
	꿈꾸는 대나무	• 그림동화를 듣고 국악기 중 피리에 대해 이해하기 • 피리 연주곡을 감상하고 느낌을 신체로 표현해 보기
제5주/ 건강과 안전	앞니빠진 갈가지	• 자진모리장단에 맞추어 〈앞니빠진 갈가지〉를 불러 보기 • 〈앞니빠진 갈가지〉를 부르며 신체의 변화를 이해하기
	굴렁쇠	• 전통놀이 '굴렁쇠'에 대해 알고 놀이하기 • 창작국악동요 〈굴렁쇠〉를 부르며, 장단 치기
제6주/ 생활도구	마뎅이야	• 〈마뎅이야〉를 부르며 창의적인 신체표현하기 • 친구에 대해 관심을 가지고 자신의 생활을 노래에 담아 보기
	신문지 투호놀이	• 투호놀이에 대해 알고 놀이하기 • 창작국악동요 〈투호놀이〉를 부르면서 창의적 신체표현하기
제7주/ 교통기관	일채 기차놀이	• 장구의 연주법을 이해하고 일채로 기차놀이를 연주하기 • 셈여림과 빠르기를 다르게 하여 장구를 쳐 보기
	사물악기 소리여행	• 사물악기의 모양과 재료, 소리를 탐색하고 특징 이해하기 • 사물악기의 음색과 구음을 알고 장단으로 연주해 보기

제8주/ 우리나라	우륵과 가야금	• 그림동화를 들으며 가야금의 유래를 알고 악기 음색 탐색하기 • 가야금 곡을 감상하고 음악의 흐름에 따라 여러 가지 표현해 보기
	부채춤5	• 우리나라의 전통부채에 대해 알고 직접 다루어 보기 • 민요 〈아리랑〉에 맞추어 부채춤 추기
제9주/ 세계 여러나라	다른장단 다른몸짓	• 장단의 변화에 따라 빠르기를 구분하고 동작으로 표현하기 • 장단의 빠르기를 이용하여 장단놀이하기
	소리여행을 떠나요	• 국악 실내악곡을 듣고 악기 음색과 음악적 느낌을 이야기 나누기 • 국악곡 〈여행〉을 감상하고, 여행 과정을 몸으로 표현하기
제10주/ 환경과 생활	저 달 봤나	• 노래를 통해 자연물에 관심을 갖고 경험을 이야기 나누기 • 자진모리장단에 맞추어 〈저 달 봤나〉를 부르고 놀이하기
	방귀대장 방귀사려	• 전래동화를 듣고 국악동요 〈방귀대장〉을 부르기 • 방귀소리로 자진모리장단의 말장단 놀이하기
제11주/ 봄 여름 가을 겨울	봄이 왔어요	• 국악곡을 듣고 느낌을 창의적으로 신체표현해 보기 • 계절의 변화에 따른 아름다움을 느끼고 음악과 연결하여 말해 보기
	비소리와 가야금소리	• 비 소리와 가야금의 〈비〉를 비교해서 들어 보고 소리의 차이를 알기 • 가야금 음악에 맞춰 자유로운 신체표현을 해 보기
제12주/ 국악잔치	사물악기 연주 발표하기, 탈춤 발표하기	• 동물원 소풍을 상상하며 영남농악을 사물악기로 연주해 보기 • 창작국악동요 〈탈춤놀이〉에 맞추어 탈춤을 추고 공연으로 발표하기

효과적인 유아 국악수업은 유아교육의 대상에 대한 명확한 이해와 수업 설계가 필수적이다. 유아의 특성을 잘 이해하고 있을 때 교수자는 즐겁고 활기찬 수업을 할 수 있고, 수업 설계가 잘 준비되어 있을 때 자신감 있게 수업을 진행할 수 있다. 교수자는 연간 계획서를 작성하면서 수업의 전체적인 흐름을 파악할 수 있다. 또한 1차시 계획안 작성을 통하여 매 수업마다 목표를 분명하게 인식하게 되고, 내용을 선정하고 내용에 적합한 방법을 연구하고 적용할 수 있을 것이다. 이 장에서 제시한 수업모형과 유아 국악수업 사례를 바탕으로 창의적인 유아 국악수업을 설계해 보기를 바란다.

☞ **참고자료 지도안**

① 전통문화교육 '한복' 주제 수업 사례

〈예시 7-1〉 우리의 한복

활동명	우리의 한복	유형	노래 부르기
활동목표	• 우리나라 한복의 아름다움을 알고 종이한복 놀이를 할 수 있다. • 국악동요 〈노랑 저고리〉를 부르며 전통한복에 친근감을 갖는다.		
활동 자료	음원 〈노랑 저고리〉, 한복 사진 또는 그림책	대상	만 5세
수업 내용과 방법	▶활동방법 1. 전통의상 '한복'에 대해 이야기를 나눈다. • 여러 종류의 한복 사진 또는 그림책을 보며 이야기를 나눈다. • 한복의 명칭에 대해 알아본다. 2. 창작국악동요 〈노랑 저고리〉를 불러 본다. • 교수자의 선창을 듣고 따라 부른다. • 굿거리장단의 장구 반주에 맞추어 부른다. ▶악보 **노랑저고리** 굿거리장단 최은주 작사·작곡 		

수업 내용과 방법	3. '종이한복 놀이' 활동을 해 본다. ① 한복그림을 예쁘게 색칠하거나 색종이를 찢어 붙이기를 한다. ② 완성된 종이한복에 자신의 얼굴 사진을 붙인다. ▶수업 사진   

출처: 강혜인 외(2013).

② 전통문화교육 '국악기' 수업 사례

〈예시 7-2〉 무동이 춤춘다

활동명	무동이 춤춘다	유형	노래 부르기
활동 목표	• 김홍도의 〈무동〉 그림을 보고 국악기를 알 수 있다. • 노래를 부르며 국악기의 모양과 이름을 맞추는 게임을 한다.		
활동 자료	김홍도의 〈무동〉 그림 자료	대상	만 4~5세
수업 내용과 방법	▶활동방법 1. 김홍도의 〈무동〉 그림을 보며 이야기를 나눈다. - 그림 속에 좌고, 장구, 피리 2, 대금, 해금이 있어요. 2. 〈무동이 춤춘다〉 노래를 불러 본다. - 교수자의 선창에 따라 노래를 부른다. - 그림에 악기가 있으면 '있구나', 없으면 '없구나'를 외쳐 본다.		

▶악보

무동이 춤춘다

3. 그림 속에 있는 국악기의 음악을 감상하고 악기의 특징을 이해한다.
-그림 속 악기는 어떤 소리가 날까요? 악기가 연주하는 음악을 들어 볼까요?

▶수업자료

〈국악기 찾아보기 활동 자료〉

토의주제

1. 만 5세 유아의 음악적 능력과 가능한 국악활동은 어떤 것이 있는가?

2. 누리과정 유아 경험 영역에 기준하여 적용할 수 있는 국악활동은 무엇인가?

3. 유아 대상 국악수업 설계에서 주의해야 할 점을 설명해 보자.

참고문헌

강혜인, 최은주, 박혜영, 이미혜, 이선미, 김한나(2013). 날아라 유아국악. 서울: 민속원.

김인실(2003). 유아기 감상교육에 관한연구. 미래유아교육학회지.

김한나(2011). 영아국악놀이 프로그램 개발연구. 중앙대학교 국악교육대학원.

고정미, 권은희, 이경민, 이정현(2014). 누리과정 생활주제별 유아국악교육 이렇게 해봐요. 경기: 공동체.

곽금주, 성현란, 장유경, 심희옥, 이지연(2005). 한국영아발달연구. 서울: 학지사.

교육과학기술부(2009). 유치원 교육과정 심화운영을 위한 유아 전통예술교육 프로그램.

교육부(2015). 교육부 고시 제2015-61호 유치원 교육과정.

모형오, 한계숙, 남미연, 남정화, 서지희, 유다영, 이도선, 이지언, 임하정, 조인정, 전송배(2010). 생활주제중심 유아국악교육. 경기: 양서원.

송명자(2000). 발달심리학. 서울: 학지사.

이기숙, 장영희, 이윤경, 정미화, 심성경, 손순복, 김영아(2017). 영유아 발달. 경기: 양서원.

임미선(2016). 한눈에 쏙 보이는 유아교육과정. 경기: 공동체.

장영림 외(2012). 누리교육과정 운영지원을 위한 연수 자료집. 육아정책연구소.

장은주(2009). 유아교육과 음악교육의 통합에 기초한 유아음악 교육. 경기: 양서원.

전인옥, 이숙희(2009). 유아음악교육. 서울: 한국방송통신대학교출판부.

제8장

아동 · 청소년 국악 교수 · 학습방법

박지영

1. 아동 · 청소년 대상의 이해
2. 초 · 중등 음악교과 연계 국악 교수 · 학습방법
3. 국악교육을 통한 삶의 만족도 교육

교수 · 학습방법을 설계할 때 우선 고려해야 할 것은 여러 영역에 걸친 학습자 분석으로 학습자를 이해하는 것이다. 이를 위해 국악교육론에서 아동 · 청소년들의 특성을 다각적으로 검토한 바 있다. 이 장에서는 아동과 청소년의 학습 특성과 음악적 능력의 발달을 음악교육심리 이론으로 접근하여 이해한다. 또한 대상별, 영역별 교수 · 학습방법을 제시하고 국악교육을 통해 삶의 만족도를 높일 수 있는 방안을 모색함으로써 아동과 청소년들에게 효과적인 국악 교수 · 학습방법을 제안하고자 한다.

1. 아동 · 청소년 대상의 이해

아동 · 청소년을 대상으로 효과적인 교수 · 학습방법을 설계하기 위해 우선 학습자의 특성을 파악하는 것이 중요할 것이다. 국악교육론에서 아동 청소년의 신체적 · 인지적 · 심리사회적 발달을 살펴보았고, 국악 교수 · 학습방법에서는 학습 특성을 중심으로 분석할 것이다. 아동은 일반적으로 초등학생에 해당하는 연령대를, 청소년은 중 · 고등학생의 연령대를 의미한다. 이 항에서는 초등학교 연령대의 아동과 중 · 고등학교 연령대의 청소년으로 나누어 학습 특성을 살펴보고자 한다.

1) 아동의 학습 특성

아동은 학교뿐만 아니라 학교 밖에서도 다양한 형태로 학습을 한다. 그 어느 나라보다 입시 경쟁이 치열한 우리나라에서는 초등학생 때부터 학업 관련 활동에 상당히 많은 시간을 보내도록 요구받는다(이윤주, 지연정, 2013). 이러한 이유로 아동의 학습 특성을 파악하는 것이 교수 · 학습방법을 설계하기 전에 반드시 선행되어야할 필요가 있다.

학습은 교과 내용, 환경, 학교 구성원 그리고 부모 요인 등과 같은 복잡한 요인들이 관여되는 복잡다단한 과정이다(장원규, 박세훈, 2004). 학습은 복잡한 요인들에 영향을 받게 되는데, 아동의 특성(지적 능력, 선수 학습, 적성, 학습 동기 등)과 교수자와 아동의 심리적 환경, 아동을 둘러싸고 있는 물리적 환경, 교수자의 특성도 학습의 결과에 영향을 미친다. 학습에 영향을 미치는 요인을 살펴보면 지적 능력을 제외한 나머지 요인들은 모두 주변 환경이라는 것을 알 수 있다. 이처럼 아동의 학습은 주변 환경에 영향을 많이 받기 때문에 부모나 교사 등 어른들의 역할이 매우 중요하다.

정광순 등(2011)은 초등학교 저학년에 해당하는 아동의 성취를 돕는 것이 다른 연령대의 아동에 비해 쉽고 효과적이라고 하였다. 또한 이들은 부모나 교사 등이 적절한 방법으로 지원해 줄 경우에 어느 시기의 학습자들보다 좋은 결과를 보여 준다고 하였다. 아동의 학습 성취를 돕기 위한 방법으로 이윤주, 지연정(2013)은 학습자의 개인차를 고려하는 것이 중요하다고 하였다. 학습자 개개인이 선호하는 과목이나 학습활동이 기질과 성격에 따라 달라지기 때문이다. 또한 아동들은 자신의 신체 움직임을 통한 학습상황에서, 교사나 부모 등으로부터 칭찬받을 때, 자신의 흥미와 관심 분야에 참여할 때, 자발적이고 적극적이며 몰입을 경험한다고 한다. 학교나 일상생활 속에서의 몰입경험은 성취감, 즐거움, 만족감을 느끼게 해 준다.

이처럼 아동들의 학습 성취는 다양한 요인에 영향을 받게 되므로, 부모나 교사 등의 도움이 매우 중요하다. 이들은 신체 움직임을 통해 학습에 몰입하며 칭찬을 받을 때와 자신이 선호하는 분야에 참여할 때 학습의 효율이 높아진다는 것을 염두에 두고 활동을 구성하는 것이 바람직할 것이다.

2) 청소년의 학습 특성

청소년기는 신체적 · 정서적으로 많은 변화를 겪게 되는 시기로 아동과 성인으로 이어지는 전환기 세대이며 건강, 학업, 사회성 등을 성취해야 하는 인생의 중요한 발달 시기에 속한다.

청소년들은 학교에서 가장 많은 시간을 보내기 때문에, 인생의 중요한 발달을 위해 학교의 역할은 매우 중요하다고 볼 수 있다. 그러나 학교 교육환경은 평준화, 획일화, 입시주의 교육으로 인해 청소년들에게 개인의 소질, 능력, 개성에 알맞은 교육 내용과 기회를 충분히 제공하지 못하고 있다(김진숙, 김정택, 2009). 이러한 문제로 청소년들은 학습 동기를 상실하며 무기력해지는 등의 학교 부적응 문제를 겪는다.

이복희 등(2010)은 청소년들을 효과적으로 지도하기 위한 방법을 제시하였다. 내용을 정리하면 다음과 같다.

- 청소년들의 자발적인 참여와 내적 동기를 전제로 그들의 실생활 체험과 능동적인 활동을 중심으로 전개되어야 한다.
- 청소년들의 동기를 유발하고 유지시킬 수 있어야 한다.
- 다양성과 융통성을 기본원리로 하고 있다. 획일적인 방법이 아니라 개인차를 인정하고 여러 가지 지도방법을 제공한다면 흥미를 지속시켜 나갈 수 있다.

- 교사와 청소년, 청소년과 청소년 간에 상호학습의 원리가 적용되어야 한다. 다른 대상보다 인정받고자 하는 욕구가 강하므로 상호경험을 공유하고 협동할 수 있는 분위기를 조성해 주어야 한다.
- 경험 중심과 활동 중심으로 전개되어야 한다.
- 청소년의 인지 · 정의 · 기능 특성이 통합될 수 있도록 계획되어야 하고 실천되어야 한다.

천정웅 등(2014)은 청소년들의 건강한 학습문화를 위한 네 가지 과제를 다음과 같이 제시하였다.

- 교육패러다임은 가르침 중심의 접근에서 배움 중심의 학습패러다임으로 변화해 나가야 한다. 특정 교과 지식과 교사 중심의 제한된 영역에서 탈피하여 인간의 생활과 삶에 대한 전반적인 과정이 확대되어야 한다.
- 청소년의 건강한 학습을 위해 일상생활에서의 여유와 자유로움이 확대되어야 한다. 청소년이 일상생활의 여유 속에서 스스로 호기심을 갖고 탐구하고 학습해 나갈 수 있도록 교육제도의 지원과 이를 위한 실제적인 변화가 추진되어야 한다.
- 청소년의 학습문화를 위한 사교육의 기능이 건강하게 자리 잡도록 해야 한다. 새롭게 변화하는 사회에서 학습자의 다양한 수준, 관심 및 재능을 개발하기 위해 사교육은 공교육의 보완이며 파트너로서 건강한 기능이 자리 잡도록 해야 한다.
- 학교 밖 교육으로서 청소년시설, 평생교육시설 및 사회복지시설 등을 이용한 보다 다양한 학습활동이 적극적으로 활성화되어야 하며, 청소년의 실제적인 참여를 촉진해야 한다. 경직된 교육과정보다는 청소년의 관심과 요구에 기초한 학교 밖 교육이 청소년 중심의 가르침과 배움을 역동적으로 실현해 나갈 수 있다.

앞의 두 가지 이론에 조금의 차이는 있지만 청소년들의 자발적인 참여를 전제로 가르침 중심이 아닌 배움 중심, 경험 중심, 활동 중심이 되어야 한다는 점에서 시사점을 찾을 수 있다.

3) 아동 · 청소년의 음악적 능력 발달

음악발달은 탄생으로부터 성인이 될 때까지 일정한 순서를 거쳐 가는데, 부분적으로는 타고난 소질에 기인하고 또한 음악적 경험의 영향을 받는다(Radocy & Boyle, 2006). 짐머만은 피아제의 인지발달 이론을 음악교육에 적용시킨 학자이다. 피아제의 인지발달단계에 따른 음악적 발달 특징을 표로 정리하면 다음과 같다.

〈표 8-1〉 피아제의 발달단계와 음악교육

발달단계	기간	일반인지적 특성	음악인지적 특성
감각 운동기	0~2	• 사물에 대한 표상이 발달하지 않음 • 행동과 감각으로 생각 표현 • 대상항상성 발달	• 태아(약 3개월) 때부터 소리에 반응 • 감각운동적으로 소리를 경험, 생산 • 일정박 리듬에 반응(모태의 박동) • 옹알이(vocal chants, 3~4마디) • 이 시기의 영아가 적극적으로 반응할 수 있는 다양한 음악(풍부한 리듬, 음색, 화성 등을 갖춘 음악)을 사용하여 부모가 적극적으로 상호작용하는 것이 중요함
전조 작기	2~7	• 언어 및 상징을 사용한 생각(개념) 발달 - 자기중심성, 집중성, 비가역성 • 모방학습 • 사고(thoughts)와 실재(reality)의 구분이 약함	• 음악에서 가장 특징적인 면에만 주의를 기울임(집중성) - 이 시기의 아동은 노래를 부르면서 리듬반주를 동시에 하는 것이 매우 어려움 • 악보 읽기 활동 가능 • 짧은 노래를 끝까지 부를 정도로 가창능력 확장 • 놀이를 통한 학습 중요(동물 흉내를 내며 리드에 맞추어 걷기) • 아동에게 친근한 내용의 음악경험 선정(가족, 장난감, 동물, 학교 등)
구체적 조작기	7~11	• 사고의 범위가 지각환경에 제한 • 사물에 대한 논리적 조작 가능 • 가역성 발달-보존개념획득 • 집중성 탈피 • 사회성발달 • 규칙(rules)의 절대화	• 음악의 두드러지는 면뿐 아니라 다양한 특징을 다룰 수 있음(decentralization) • 음악에서 전조를 구별할 수 있음 • 가락에 대한 보존개념 형성 • 가창능력 발달-약 2옥타브의 음역(3~4학년경) • 악보 읽기능력 발달 • 조성감 및 박자감 확립(음악적성의 기초능력) • 중창 가능(조성과 가락을 독립적으로 유지) • 다양한 매체(리코더, 피아노, 장구, 단소 등)와 다양한 특징의 음악경험(음악 선호가 결정되는 시기임. 10세경) • 개념 중심 학습 시작

형식적 조작기	11~	• 청소년기 • 가설에 기초한 문제해결력 • 비판적 사고 • 추상적 사고	• 강한 또래음악문화(이 시기의 학생들에게 친근한 음악 사용-대중가요 등) • 교사보다는 친구들의 주의를 끌기 위해 노력(교사의 권위에 도전) • 교사에 의한 일방적 전달보다는 음악적 과제를 주도적으로 해결하도록 안내 • 음악에 대한 비판적 · 분석적 학습 가능(개념을 실제 음악에 적용)

출처: 권덕원 외(2014).

아동 · 청소년기는 피아제의 아동 발달단계에서 구체적 조작기와 형식적 조작기에 속하는데 아동기인 구체적 조작기에서 주목해야 할 부분이 음악요소들을 이해하고 적용이 가능하다는 것이다. 청소년기인 형식적 조작기에서 주목해야 할 부분은 또래문화가 발달하면서 다양한 음악을 선호하기보다 또래관계에서 소외되지 않도록 대중음악에 선호를 보이게 된다. 또한 음악에 대한 비판적 · 분석적 학습이 가능하다고 하였다.

다음은 가드너의 음악인지 발달단계를 표로 정리한 것이다.

〈표 8-2〉 가드너의 음악인지 발달단계(석문주 외, 2014)

연령	음악적 발달
0~1	• 직접적 경험에 의한 지식의 축적 • 직접 행동을 통한 의사소통
1~2	• 음악적 옹알이(유사 노래) • 개성적 소리 발생 • 타인의 노래를 유사모방(정확하게 구분하기 어렵지만 모방의 의도성을 보임) • 주변의 소리 탐색에 대한 창의적 흥미
2~7	• 음악적 옹알이에서 상징 사용으로 전이 • 소속 문화권 음악의 관습적 어법의 습득 • 장2도, 장3도, 단3도, 완전4도의 음정이 들어간 짧은 가락패턴 • 음정이 불안정한 간단한 즉흥노래 • 친숙한 노래의 짧은 부분 노래 • 즉흥노래와 기성노래 간의 긴장(4세경이 되면 즉흥적인 즉흥노래보다 기성노래를 선호하게 됨)

7∼13	• 소속 문화권 음악의 관습적 어법에 대한 안정된 도식(schema)의 형성(음악의 어법이 관행화됨) • 소속 문화권의 음악적 법칙의 숙달에 대한 관심 • 문화권의 친숙한 노래를 완벽하게 재생 • 음악적 기능(skill) 습득에 대한 의도(willingness) 발생 • 기능의 숙달 가능 • 체계적 교육(학교 및 전문교육)을 통해 음악적 표현, 지식 및 기능의 확대
13∼	• 문화관습적 음악어법에 대한 기계적 순응으로부터 창의적 작품으로 관심의 변화 • 음악에 관한 비판적 의사소통 • 악보 독보능력 • 예술적 과정에 대한 적극적 참여

가드너는 다중 지능을 주장한 학자로 음악적 지능을 독립적인 지능으로 보고 음악인지 단계를 설명하였다. 7∼13세까지를 아동기로, 13세 이상을 청소년기로 볼 때 아동기에서는 소속 문화권의 음악적 법칙에 관심을 갖고 기능을 숙달하며 음악적 표현, 지식, 기능을 확대한다고 하였다. 청소년기는 음악에 관한 비판적인 의사소통이 가능하고 예술적 과정에 적극적으로 참여할 수 있는 시기로 보았다.

어린 아동은 일반적으로 선율에서 음정적인 세부 사항을 인지하는 것이 아니라 전체적인 선율의 모양새를 느끼는 데 더 민감하고, 취학 전 연령과 초등학교 저학년 시기는 음악적 예상감과 선호도를 개발시키는 데 중요한 시기이다(Radocy & Boyle, 1997). 아동기는 음악 양식의 선호가 뚜렷해지고 음악요소의 사용이 가능해지는 시기이고, 청소년기는 음악에 관한 비판적인 사고와 분석적 학습이 가능해지면서 음악에 자신을 반영하게 되는 시기이다. 이러한 음악적 발달은 학교교육을 통해 온전히 이루어지므로 학교에서의 음악교육이 이들을 음악을 즐기는 인간으로 성장시키는 데 미치는 영향이 매우 큰 것이다. 음악을 배울 수 있는 기회를 제공하는 것보다 더 중요한 것은 없다(Radocy & Boyle, 2006).

2. 초 · 중등 음악교과 연계 국악 교수 · 학습방법

1) 신체 활동을 통한 국악 교수 · 학습방법

앞에서 아동의 학습 성취를 높이기 위한 교수 · 학습방법으로 신체 활동의 중요성을 강조한 바 있다. 이 항에서는 아동을 저학년과 고학년을 나누어 신체 활동을 적용한 교수 · 학습방법을 제시하고자 한다.

(1) 아동–저학년 대상

아동 저학년 대상 신체 활동을 통한 교수 · 학습방법으로 〈남생아 놀아라〉의 교수 · 학습 과정안을 제시하려 한다. 〈남생아 놀아라〉는 자진모리장단의 전래동요로 다양한 형태의 노래가 전해진다. 2장단의 짧은 노래를 반복하며 놀이하거나 8장단의 긴 노래를 부르며 짝놀이를 연행하기도 한다. 내용은 다음과 같다.

〈표 8–3〉 〈남생아 놀아라〉 교수 · 학습 과정안

악곡명	〈남생아 놀아라〉[1] 전래동요/자진모리장단		
악곡 해설	〈남생아 놀아라〉는 남생이의 모습을 보고 재미있게 노랫말로 표현한 자진모리장단의 전래동요로 강강술래에 포함된 놀이 노래이다.		
학습목표	• 〈남생아 놀아라〉를 자진모리장단에 맞추어 노래 부른다. • 노래를 부르며 '남생아 놀아라' 놀이를 한다.		
주요 활동	□ **자진모리장단에 맞추어 노래 부르기** □ **'남생아 놀아라' 놀이하기**		
중점 요소	자진모리장단, 놀이 노래	수업 자료	남생이 사진, 노랫말 그림판, 장구
악보			

국립국악원

1) 권덕원 등(2016)을 참조하였다.

학습과정	교수·학습 활동
도입	□ **이야기 나누기** • 남생이 사진을 보고 이야기를 나눈다. - 이 동물의 이름을 알고 있나요? - 남생이는 민물에 사는 거북이나 자라처럼 생긴 동물인데 남생이가 걷는 모습을 재미있게 표현한 노래입니다.
전개	□ **자진모리장단에 맞추어 노래 부르기** • 노랫말을 읽어 보고 그 뜻을 설명한다. - 촐래 촐래 잘논다는 남생이가 뒤뚱거리며 걷는 모습을 재미있게 표현한 말입니다. • 한 소절씩 듣고 따라 부른다. • 자진모리장단에 맞추어 노래 부른다. □ **'남생아 놀아라' 놀이하기** • 학급 전체를 3~4개의 모둠으로 나눈다. • '남생아 놀아라' 놀이를 알아본다. • 교사가 '남생아'를 모둠 이름으로 바꾸어 부르면 그 모둠만 자유롭게 춤을 춘다. • 각 모둠별로 한 명이 먼저 다른 사람의 이름을 노랫말에 바꾸어 부르면 불린 학생이 또 다른 학생을 부르는 형태로 모둠끼리 '남생아 놀아라' 놀이를 한다. • 호명된 학생이 취하는 동작을 나머지 학생들이 모두 모방한다.
정리	□ **친구들과 놀이하기** • 〈남생아 놀아라〉노래와 놀이를 익힌 뒤에는, '남생아' 대신 친구의 이름을 넣어서 서로 부르며 놀이를 진행한다. • 친구들과 놀이를 한 소감을 이야기한다.

참고 자료

활동의 유의점

소극적인 학생들의 경우 신체표현을 어려워할 수 있는데 특정 동작을 만들어 내지 않아도 부끄러워하는 동작, 가만히 서 있는 동작 등 현재 그 학생이 취하고 있는 동작을 그대로 모방하게 한다.

확장 활동

• 남생이를 제외한 다른 동물들을 표현해 보게 한다.
• 전남 진도에서 전해지는 〈남생아 놀아라〉의 원곡과 놀이 방법을 익힌다.

수업 자료

• '남생아 놀아라' 놀이 방법 1

-각 모둠에서 한 명 또는 두 명의 학생의 이름을 불러 주면 호명된 학생이 원 중앙에 들어가서 노래에 맞추어 춤을 춘다.

• '남생아 놀아라' 놀이 방법 2

남생아 놀아라 촐래 촐래가 잘논다 어화색이 저색이 곡우남생 놀아라	익사 적사 소사리가 내론다	청주뜨자 아랑주뜨자 철나무초야 내젓가락 나무접시	쿠갱캥

〈남생아 놀아라〉의 학습목표는 자진모리장단에 맞추어 노래 부르기와 놀이하기로 설정하였고 학습목표에 도달하기 위한 학습활동으로 노래 부르기 활동과 놀이하기 활동을 제시하였다. 주요 학습활동에 들어가기 전에 아동의 흥미를 유발하기 위해 남생이의 사진을 보고 이야기 나누기 활동을 선행한다. 마지막으로 수업을 정리하면서 심화 활동으로 친구들의 이름으로 바꾸어 놀이하기 활동을 진행하고 친구들과 놀이를 한 소감을 이야기함으로써 수업을 마무리하는 것으로 구성하였다.

저학년 교과서에 수록되어 있는 악곡은 길이가 짧아 단순히 노래만 익히는 활동으로는 수업량이 부족해질 수 있다. 따라서 학습목표에 도달하기 위한 주요 활동 외에 두세 가지의 활동을 준비하는 것이 좋다. 앞의 〈남생아 놀아라〉에 추가할 수 있는 활동을 정리하면 다음과 같다.

- 장단의 기본박을 손뼉이나 소고로 치며 노래 부르기
- 음의 높낮이를 신체표현하며 노래 부르기
- 남생이 흉내 내며 노래 부르기
- 빠르기를 다르게 하여 노래 부르기
- 짝과 손놀이 하며 노래 부르기
- 노래를 외워 부르기
- 자진모리장단을 장구로 연주하기

이와 같은 활동은 〈남생아 놀아라〉 외의 여러 전래동요에 적용이 가능하기 때문에 자기만의 교수 · 학습 매뉴얼을 만들어 놓으면 수업을 준비하는 데 도움을 받을 수 있을 것이다.

(2) 아동-고학년 대상

아동-고학년 대상 신체 활동을 통한 국악 교수 · 학습방법으로 〈청어엮자〉를 제시하려 한다. 〈청어엮자〉는 〈남생아 놀아라〉와 마찬가지로 강강술래에 포함되어 있는 부수 놀이이다. 자진모리장단의 남도(전라도) 민요로 노래의 가락은 단순하지만 저학년 아동들이 놀이하기에는 난이도가 높아서 고학년 교과서에 주로 수록하고 있다.

〈표 8-4〉 〈청어엮자〉교수 · 힉습 과정안[2]

악곡명	〈청어엮자〉[2] 남도(전라도) 민요/자진모리장단
악곡 해설	강강술래 놀이 노래 중 하나로 청어를 엮어 나가는 모습을 자진모리장단에 맞추어 노래 부른다. 전라남도 해안 지방에서 전해지고 있는 이 곡의 의미는 풍어를 기원하는 것이라 할 수 있다. 일반적으로 〈고사리꺾자〉 다음에 이어지며 〈청어엮자〉가 끝나면 곧이어 〈청어풀자〉로 이어진다.
학습 목표	• 자진모리장단에 맞추어 노래 부른다. • 좋아하는 생선으로 노랫말을 바꾸어 부른다. • 노래를 부르며 '청어엮자' 놀이를 한다.

2) 권덕원 등(2016)을 참조하였다.

<table>
<tr><td>주요 활동</td><td colspan="3">□ 자진모리장단에 맞추어 노래 부르기
□ 노랫말 바꾸기
□ '청어엮자' 놀이하기</td></tr>
<tr><td>중점 요소</td><td>메기고 받는 형식, 자진모리장단의 기본박, 강강술래 놀이 노래</td><td>수업 자료</td><td>장구, 강강술래 동영상</td></tr>
<tr><td colspan="4">악보</td></tr>
</table>

청어엮자

학습 과정	교수 · 학습 활동
도입	□ **이야기 나누기** • 청어의 생김새와 청어가 엮인 모습을 보며 이야기 나눈다. - 청어는 바닷물고기로 등 부분의 색깔이 푸르기 때문에 청어라고 불린다. - 청어를 짚으로 엮는 이유가 무엇일까요? - 청어를 바람에 잘 말리기 위해 엮는다.
전개	□ **제재곡 살펴보기** • 제재곡 〈청어엮자〉를 감상한다. • 노랫말을 읽고 의미를 알아본다. - 위도: 군산 앞바다에 있는 섬, 군산: 전라남도에 있는 지역명 - 고기잡이가 잘 되기를 바라는 마음으로 놀이를 하며 불렀던 노래이다. □ **자진모리장단에 맞추어 노래 부르기** • 말붙임새를 익힌다. • 한 장단씩 듣고 따라 부른다. • 자진모리장단의 기본박을 손뼉치며 노래 부른다.

전개

- 자진모리장단에 맞추어 노래 부른다.
- 메기는 소리와 받는 소리로 모둠을 나누어 부른다.
- 자진모리장단에 맞추어 메기고 받으며 노래 부른다.

ㅁ **노랫말 바꾸기**

- 좋아하거나 기억에 남는 생선에 대하여 이야기한다.
  - 가장 좋아하는 생선은 무엇인가요?
  - 고등어, 갈치, 꽁치, 멸치, 조기, 굴비, 연어 등을 좋아한다.
  - 그 생선의 특징은 무엇인가요?
  - 고등어는 등이 푸르고 담백하다. 갈치는 제주도에서 많이 잡힌다. 연어는 살이 주황색이다.
- 좋아하는 생선 이름과 특징을 넣어 노랫말을 바꾼다.

〈예시〉 굴 굴 굴비 엮자 / 영광에서 굴비 엮자
연 연 연어 먹자 / 색이 예쁜 연어 먹자

청			청			청		어	엮		자

⇓

굴			굴			굴		비	엮		자

위		도	군		산	청		어	엮		자

⇓

영		광	에		서	굴		비	엮		자

- 바꾼 노랫말을 발표하고 노래 부른다.

ㅁ **'청어엮자' 놀이하기**

- 강강술래 놀이 중 '청어엮자' 부분을 감상한다.
- 강강술래의 손 잡는 법과 발 디딤새를 익힌다.
- 모둠별로 바르게 손을 잡고 자진모리장단에 맞추어 오금을 주며 걷는다.
- '청어엮자'의 기본동작과 놀이방법을 익히고 놀이한다.
- 선두를 정하고 노래를 부르며 '청어엮자'와 '청어풀자' 놀이를 한다.

정리

ㅁ **확인하기**

- 〈청어엮자〉를 장단에 맞추어 메기고 받으며 노래 부른다.
- '청어엮자' 놀이를 하며 느꼈던 점을 이야기한다.
  - 놀이의 규칙을 잘 지켰나요?

ㅁ **마무리체조**

- 가볍게 스트레칭을 하며 어깨를 풀어 준다.

참고 자료

활동의 유의점

- 노래를 외워 부를 정도로 충분히 익힌 후에 놀이할 수 있도록 지도한다.
- 놀이 전 기본동작을 충분히 익혀서 친구의 손을 세게 당기거나 손이 꼬여 다치는 일이 없도록 지도한다.
- 놀이하는 과정에서 서로 배려하고 협동심을 기를 수 있도록 지도한다.

확장 활동

노래 부르며 여러 가지 강강술래 놀이 이어서 하기

수업 자료

'청어엮자' 놀이

 〈청어엮자〉	① 한 줄로 서서 놀이하며 제일 오른쪽에 서 있는 사람이 선두가 된다. ② 선두가 제일 뒤에 서 있는 사람과 그 앞사람이 잡은 손 밑으로 들어가면 앞사람의 왼팔이 오른쪽 어깨에 올라온다. 이때 뒷사람과 잡은 손을 놓지 않는다. ③ 모든 사람의 손이 엮일 때까지 같은 방법으로 반복한다. ④ 마지막에 선두가 자기 몸을 왼쪽 방향으로 한 바퀴 돌리며 왼쪽 사람과 잡은 손을 자신의 오른쪽 어깨에 올려놓는다.
 〈청어풀자〉	① 선두는 오른쪽으로 한 바퀴 돌며 자신의 팔을 먼저 풀어 준다. ② 선두가 오른쪽으로 돌며 두 번째와 세 번째 사람 사이로 들어가면 자연스럽게 손이 풀린다. ③ 모든 사람이 손이 풀릴 때까지 같은 방법으로 반복한다.

〈청어엮자〉의 학습목표는 장단에 맞추어 노래 부르기, 노랫말 바꾸어 부르기, 놀이하기의 세 가지로 설정되었다. 학습목표에 도달하기 위한 주요 활동으로 목표 관련 활동을 모두 충족하고 있으며, 수업의 흥미를 유발하기 위해 청어 사진을 보면서 이야기 나누는 것으로 도입 활동을 시작하였다. 도입 활동은 학생들의 경험과

주변 생활 속에서 연계하는 것이 가장 효과적이다. 그러므로 학생들의 공감을 얻기 어려운 청어보다는 좋아하는 반찬이 무엇인지, 좋아하는 생선이 무엇인지, 어떻게 요리해서 먹는 것이 좋은지 등에 대해 이야기를 나누는 것이 좋다. 또한 우리 조상들은 냉장고가 없던 시절에 생선을 오랫동안 보관할 수 있는 방법으로 어떤 방법을 사용했는지를 이야기 나눔으로써 자연스럽게 청어를 엮어 말리던 모습을 떠올리게 할 수 있을 것이다.

안전한 신체 활동 수업을 위해서는 재미있는 수업내용도 중요하지만 학습자들과 함께 사전에 규칙을 정하는 것이 무엇보다 중요하다. 교실에서 책상이 있을 때에 다치지 않으려면 무엇을 주의해야 하는지, 친구들과 다툼이 생기지 않으려면 어떻게 해야 하는지 등을 사전에 충분히 협의하는 시간을 가져야 한다. 교수자가 일방적으로 규칙을 정해 주는 것보다 학생 스스로가 적극적으로 규칙을 정할 때 책임감을 가지고 참여하는 모습을 볼 수 있다.

2) 실기 영역을 중심으로 한 국악 교수 · 학습방법

실기 영역을 중심으로 한 국악 교수 · 학습방법으로 가창 영역과 기악 영역의 교수 · 학습방법을 제시하고자 한다.

(1) 가창 영역 국악 교수 · 학습방법

노래 부르기는 모든 사람이 가장 쉽게 접근할 수 있는 음악적 경험활동일 뿐만 아니라 실제로 그 자체가 음악 예술의 표현 양식이며 나아가 아동의 음악미적 체험을 이루게 하는 행위이다(석문주 외, 2014). 국악에서 노래 부르기는 가창 영역뿐만 아니라 기악 영역에서도 주요 활동으로 제시되는 경우가 많다. 국악 기악 교육에서 구음으로 부르기는 모든 종류의 악기에 적용되기 때문이다. 이것은 가 · 무 · 악을 각각의 영역으로 보지 않고 통합적으로 보는 국악의 본질과도 연계성이 있다고 할 수 있을 것이다.

가창 영역 국악 교수 · 학습방법으로 〈천안삼거리〉를 제시하고자 한다. 내용은 다음과 같다.

〈표 8-5〉〈천안삼거리〉교수 · 힉습 과정안[3)]

학년	4학년	차시	1~2차시
천안삼거리			

* 악곡 해설

이 제재는 밝고 경쾌한 느낌의 경기민요로, 능수버들이 우거진 천안 삼거리의 모습을 노래한 것이다. 가사의 중간에 나오는 '홍'이라는 홍을 돋우는 말이 들어가 〈홍타령〉이라고도 불린다.

- 참고 자료
  - 경기민요의 특징
  - 경기민요는 서울, 경기도, 충청도 지역의 민요를 말하며 주로 솔, 라, 도, 레, 미의 5음의 경토리의 특징을 가진다.
  - 〈천안삼거리〉의 말붙임새

천	안	-	삼	-거	리	홍			-	-	-
능	수	야	버	-들	은	홍		-	-		
제	멋	에	겨		워	서				-	-
휘	늘	어	졌	-구	나	홍					

학습목표	1. 시김새를 살려 노래 부를 수 있다. 2. 노래에 맞추어 신체표현을 할 수 있다. 3. 경기민요를 찾아 감상할 수 있다.
수업과정	1. 가사 내용 살피기 • 가사를 읽고 내용을 이해한다. - 가사의 내용은? (능수버들이 우거진 천안 삼거리의 모습을 노래한 것이다. 사람과 물자의 왕래가 많았던 천안 삼거리의 풍경을 노래한 것이다.) 2. 말붙임새 익히기 • 제재곡을 들으며 말붙임새를 익힌다. • 기본박을 치면서 말붙임새를 큰 소리로 읽어 본다. 3. 시김새 살려 노래 부르기 • 장구 반주에 맞추어 한 장단씩 따라 불러 본다. • 익숙해질 때까지 한 장단씩 따라 부른다. • 이웃한 음으로 자연스럽게 이어지는 시김새를 가락선으로 표현해 본다.

3) 권덕원 등(2013)을 참조하였다.

<table>
<tr><td></td><td>
• 시김새를 살려 노래 부른다.
4. 장단의 기본박 익히기
• 한 박이 셋으로 나누어진 3소박 4박 구조로 이루어져 있다.
<table>
<tr><td>하</td><td>나</td><td>아</td><td>두</td><td>우</td><td>울</td><td>세</td><td>에</td><td>엣</td><td>네</td><td>에</td><td>엣</td></tr>
<tr><td>1</td><td></td><td></td><td>2</td><td></td><td></td><td>3</td><td></td><td></td><td>4</td><td></td><td></td></tr>
</table>
• 손뼉장단과 무릎장단으로 기본박을 쳐 본다.
• 기본박을 치면서 노래 불러 본다.
5. 노래에 맞추어 신체표현하기
• 장단의 기본박에 맞추어 오금질을 한다.
• 장단의 기본박에 맞추어 좌우새를 한다.
** 좌우새는 왼쪽 오른쪽으로 오금질을 하며 움직이는 모양새를 말한다.
• 좌우새를 하면서 양팔을 사용하여 어깨춤을 춘다.
• 노래에 맞추어 여러 가지 신체표현을 한다.
6. 경기 민요 감상하기
• 〈창부타령〉과 〈경복궁타령〉을 감상하고 난 후 음악적 느낌에 대해 이야기해 본다.
• 〈창부타령〉은 음악의 분위기가 어떠한가? (가락이 화려하고 한 음을 길게 늘인다. 등)
• 〈경복궁타령〉은 느낌이 어떠한가? (신나고 경쾌하다, 음이 높다 등)
</td></tr>
<tr><td>평가관점</td><td>
1. 시김새를 살려 노래 부를 수 있는가?
2. 노래에 맞추어 신체표현을 할 수 있는가?
3. 경기민요를 찾아 감상할 수 있는가?
</td></tr>
</table>

〈천안삼거리〉는 굿거리장단의 경기(충청도)민요로 굿거리장단을 장구로 연주하기 전 단계의 굿거리장단의 느낌을 체득하게 하는 활동으로 주로 구성한다. 굿거리장단의 느낌을 체득하기 위해서는 한국무용의 춤사위를 사용하기도 하고 장단의 기본박에 맞추어 걷거나 기본박을 치며 노래 부르기를 하기도 한다.

앞에서 제시한 과정안에는 도입단계와 정리단계가 빠져 있고 전개단계를 수업과정으로 구성하였다. 노랫말의 내용을 살펴보기, 말붙임새를 익히기, 경기민요의 시김새를 살려 노래 부르기, 장단의 기본박 익히기, 노래에 맞추어 신체표현하기, 경기민요 감상하기로 제시되어 있는데 이 활동들은 한 차시에 소화하기에는 수업량이 많다. 따라서 앞의 활동 중 선택해서 적용하거나 2차시나 3차시로 차시를 늘려 수업을 계획할 수도 있을 것이다.

(2) 기악 영역 국악 교수 · 학습방법

기악 영역의 국악 교수 · 학습방법으로 관악기 소금을 제시하고자 한다. 소금은 2009 개정 교육과정이 학교에 적용되면서 초등학교에 처음으로 등장했다. 주로 초등학교 5~6학년군과 중 · 고등학교 음악 교과서에서 단소와 함께 제시하는 경우가 많다. 내용은 다음과 같다.

〈표 8-6〉 〈소금〉 교수 · 힉습 과정안[4)]

대상	6학년	차시	1~2차시
소금 I			

연습곡2

潢	황
汰	태
潢	황
㴌	고
汰	태
潢	황
㴌	고
△	

연습곡1

㴌	고
汰	태
㴌	고
汰	태
潢	황
汰	태
潢	황
△	

비행기

㴌	높	㴌	떴
–汰	–이	–汰	–다
潢	높	潢	떴
汰	이	汰	다
㴌	날	㴌	비
㴌	아	㴌	행
㴌	라	㴌	기
汰	우	汰	날
汰	리	汰	아
㴌	비	汰	라
–汰	–행		
潢	기	㴌	날
		㴌	아
		㴌	라
△			

◉ 참고 자료

• 소금의 입술 자세

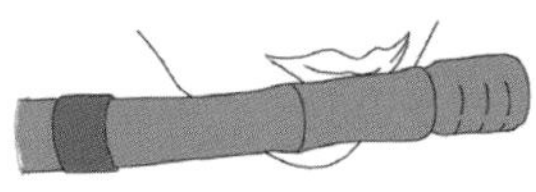

• 손가락 명칭

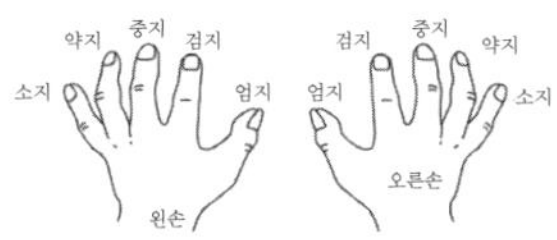

• 소금의 손 잡는 방법

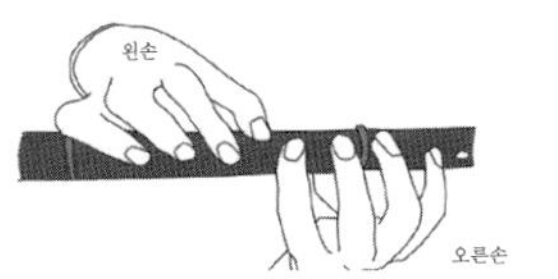

• 소금의 손 자세

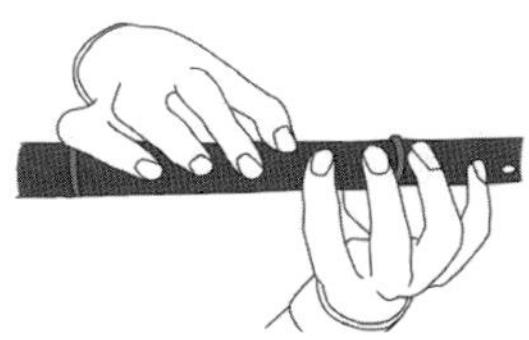

4) 권덕원 등(2013)을 참조하였다.

소금의 유래

신라시대 삼죽(三竹) 중 가장 작고 높은 음을 내는 악기이며 대금, 중금과 함께 사용되었다. 당시 소금으로 연주되었던 곡이 무려 298곡이나 되었다는 기록이 남겨져 있다.

『삼국사기』 권 32 악지에 최초의 기록이 실려 있고, 『고려사』, 『악학궤범』에 이르기까지 소금에 관한 문헌 자료가 남아 있다.

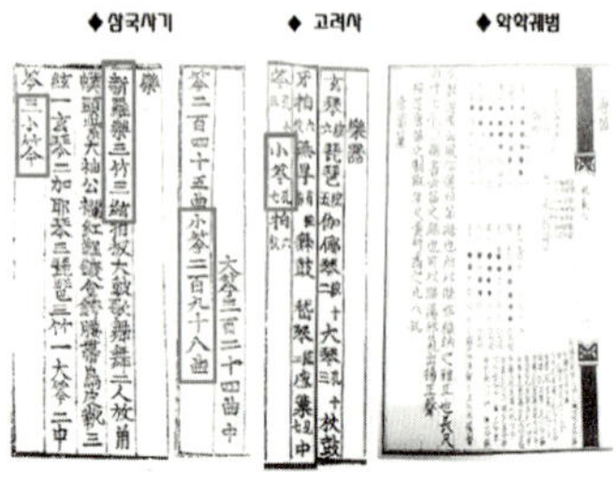

<table>
<tr><td>학습목표</td><td>1. 소금의 유래와 생김새를 알아보고 음색을 파악할 수 있다.
2. 소금의 바른 연주 자세를 알고 㴢, 汰, 潢을 소리 낼 수 있다.</td></tr>
<tr><td>수업 과정</td><td>1. 소금 탐색하기
• 소금의 유래를 알아본다.
• 악기의 생김새와 음색을 파악한다.
- 소금 연주곡 〈여행〉을 감상한다(이준호 작곡 〈여행〉).
- 소금의 음색은 어떠한가?(고음의 소리를 낸다, 소리가 맑고 깨끗하다 등)
- 악기의 생김새를 파악한다(취구, 지공, 칠성공 등).
2. 소금 소리내기
• 소금의 바른 입술 자세를 파악한다.
<table><tr><td>- 악기를 가로로 가볍게 들고 취구에 입술을 댄다.
- 취구의 약 2/3 정도를 아랫입술로 덮어 준다.
- 윗입술과 아랫입술을 미소 짓듯이 가볍게 양옆으로 펴 준다.
- 숨을 들이마신 후 '프으' 또는 '휘' 하고 입김을 불어넣는다.
- 입김의 반은 취구 안으로 들어가고, 반은 밖으로 나가게 만들어 준다.</td><td>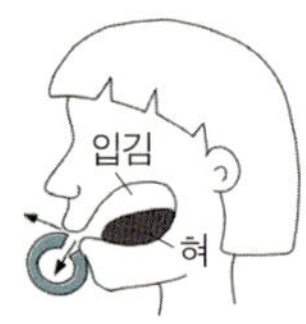

소금 연주 시의 옆모습</td></tr></table>※ 윗입술에 힘이 많이 들어가 이가 보이는 경우, 입김의 방향이 바르지 못한 경우, 취구의 위치가 바르지 못한 경우 등 개별 지도로 학생들의 입술 자세를 교정해준다.
※ 소금 소리내기 활동은 연주 자세를 익히기 전 활동이기 때문에 바른 입술 자세를 파악하는 데 중점을 두고 악기는 편하게 들게 한다.
3. 소금의 바른 연주 자세 익히기
• 소금의 바른 연주 자세를 익힌다.
- 자연스럽게 앉아 허리를 똑바로 편 다음 머리를 약간 숙이고 악기를 수평으로 든다.
- 시선은 앞쪽 약 15도 아래를 본다.</td></tr>
</table>

<table>
<tr><td></td><td>- 팔이나 손목, 지공을 막는 손가락 끝에 이르기까지 힘을 주지 않는다.
- 팔은 허리에 바짝 붙이지 않도록 한다.
• 바른 연주 자세로 소리를 내 본다.
4. '㴌, 汰, 潢' 운지법 익히기
• 소금 '㴌(고), 汰(태), 潢(황)'의 운지법을 익힌다.</td></tr>
<tr><td></td><td>
<table>
<tr><td>㴌(氵㴌)</td><td>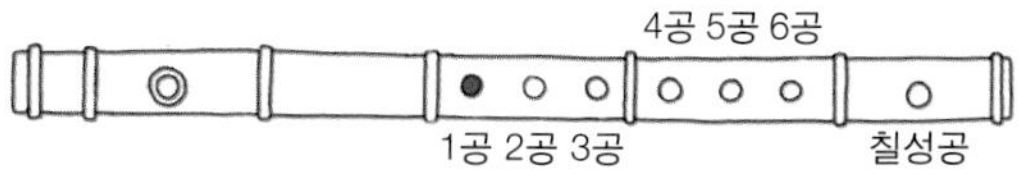
</td></tr>
<tr><td>汰(氵汰)</td><td>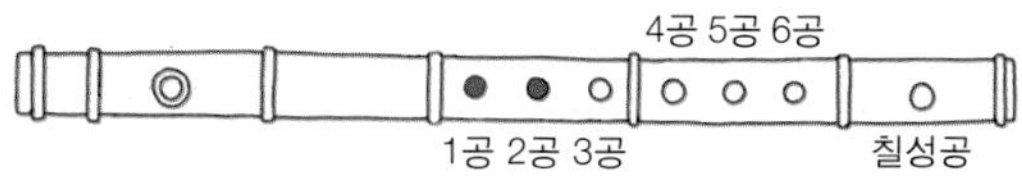
</td></tr>
<tr><td>潢(氵潢)</td><td>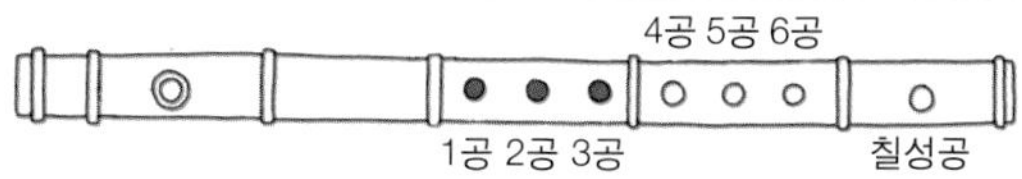
</td></tr>
</table>
• 연습곡 1, 연습곡 2, 비행기를 바른 자세와 운지법으로 차례로 연주한다.
** 교수자의 개별 지도 시 학생들은 짝꿍과 함께 '실력 기록표'를 그려 놓고 서로 자세 및 운지에 도움을 주며 연습할 수 있도록 한다.</td></tr>
<tr><td>평가관점</td><td>1. 소금의 유래와 생김새를 알아보고 음색을 파악할 수 있는가?
2. 소금의 바른 연주 자세를 알고 㴌, 汰, 潢을 소리 낼 수 있는가?</td></tr>
</table>

소금은 단소와 마찬가지로 짧은 시간에 성취를 할 수 있는 악기가 아니다. 최소한 5차시 이상은 교육을 해야 〈아리랑〉을 연주할 수 있는 정도의 실력을 갖출 수 있다. 이것은 학생들의 흥미를 지속시키기 어렵다는 것을 의미하기도 하는데, 흥미를 지속시키기 위해서는 학생 눈높이에 맞춘 다양한 수업 전략이 요구된다. 아름다운 음색을 감상함으로써 미적 체험을 할 수 있도록 훌륭한 연주자의 연주 영상이나 음원을 보여 주거나, 음료수 병이나 펜 뚜껑 등을 활용하여 소리내기 연습을 하는 것도 좋은 방법이다. 국악기이지만 국악 연습곡이 아닌 학생들이 쉽게 연주할 수 있는 〈비행기〉나 〈곰 세 마리〉 등의 외국곡을 악보로 만들어 연습곡으로 제공할 수도 있다. 그리고 교수자가 주도적으로 수업을 이끌어 가기보다 학습자들끼리 서로 도움을 줄 수 있는 구조를 만들어 학습자들의 참여를 이끌어 낼 수도 있을 것이다.

(3) 기악 영역 국악 교수 · 학습방법 2

기악 영역의 국악 교수 · 학습방법으로 필자가 직업훈련원에 소속되어 있는 청소년을 대상으로 구성한 난타 교수 · 학습 과정안을 제시하고자 한다. 30차시의 연간 프로그램 중 후반기 차시로 작품을 거의 완성해서 공연 준비를 하는 과정에 해당한다.

〈표 8-7〉 난타 교수 · 힉습 과정안

<table>
<tr><td colspan="2">강사명</td><td>박 지 영</td><td>복지시설명</td><td>○○○</td></tr>
<tr><td colspan="2">교육일자</td><td>20○○년 ○○월 ○○일</td><td>요일</td><td>수요일</td></tr>
<tr><td colspan="2">시간(1회2시간)</td><td>13:00 ~ 15:00</td><td>출석인원</td><td>(12 / 12)명</td></tr>
<tr><td colspan="2">수업명(차시)</td><td>작품 연주하기 1</td><td>준비물</td><td>난타북, 난타 악보집, 화이트보드</td></tr>
<tr><td colspan="2">핵심개념</td><td colspan="3">굿거리장단, 동살풀이장단, 별달거리장단, 휘모리장단을 난타북으로 연주하면서 예술표현의 향상, 소속감과 책임감 등 긍정적 정서 함양</td></tr>
<tr><td colspan="2">학습목표</td><td colspan="3">1. 작품을 연주할 때 주어진 자신의 역할을 수행할 수 있다.
2. 작품 연주하면서 동료 간의 호흡을 맞추는 과정을 통해 소속감과 책임감을 경험한다.</td></tr>
<tr><td colspan="2">기대효과 / 수업의 효과</td><td colspan="3">난타는 국악 장단에 기반을 둔 넌버벌 퍼포먼스로 대중적인 선호도가 높아 이미 보편화된 세계적인 공연 장르이다. 난타의 대중성은 음악적인 표현에 거부감이 많은 청소년기의 남학생들에게는 다른 악기에 비해 쉽게 접근할 수 있게 한다는 장점이 있다. 또한 에너지 레벨이 높은 청소년들이 자신의 스트레스와 충동성을 마음껏 표현할 수도 있다. 따라서 국악 장단을 활용한 난타 연주를 통해 음악적인 자기표현의 기회를 갖고, 예술적 표현을 향상시킬 수 있을 것이다. 또한 동료들과 공동의 작품을 만들어 가는 과정에서 소속감과 책임감을 느끼는 등 긍정적인 정서로의 전환을 기대한다.</td></tr>
<tr><td>학습 단계</td><td>시간</td><td colspan="3">교수 · 학습 활동</td></tr>
<tr><td>도입</td><td>20</td><td colspan="3">□ 수업 준비하기
• 난타북을 준비하고 수업을 위한 대형을 만든다.
• 자유롭게 난타 장단을 연주하면서 긴장을 이완시킨다.
• 학습자들이 긴장 이완 활동을 하는 동안 강사는 화이트보드에 작품의 순서를 판서한다.
□ 별달거리장단을 응용한 난타장단으로 몸 풀기
• 강사와 학습자들이 함께 별달거리장단을 응용한 난타 장단을 연주한다.</td></tr>
</table>

전개	30	□ **별달거리장단 연주법 확장하기** • 하나의 북만 쓰던 별달거리장단을 두 개의 북을 써서 연주하는 것으로 확장한다. • 두 개의 북을 효과적으로 쓰기 위한 주법을 익힌다. • 장단의 세가 강조되는 부분에서 오른쪽 북을 사용하게 한다. • 셈여림을 강조하여 별달거리장단의 특징이 표현될 수 있게 반복하여 연습한다. □ **별달거리장단 모둠별 연주하기** • 2인 1모둠으로 나눈다. • 각 장단의 강세가 들어가는 부분을 살려 모둠별로 익힌다. • 강세가 들어가는 부분에서 우좌새로 움직인다. □ **별달거리장단 호흡 맞추어 연주하기** • 각 모둠별 장단을 호흡을 맞추어 함께 연주한다. • 다른 모둠의 소리와 움직임을 들으면서 조화를 이루어 연주한다.
	10	휴식
	30	□ **장단 부분 연습하기** • 굿거리장단과 동살풀이장단을 연결하여 연주한다. • 동살풀이장단에 별달거리장단을 연결하여 연주한다. • 굿거리장단, 동살풀이장단, 별달거리장단, 휘모리장단을 연결하여 연주한다. □ **대형 이동하며 연주하기** • 각 장단에 맞는 대형을 이야기 나눈다. • 각 장단에 맞는 대형을 결정하고 이동 연습을 한다. • 대형을 장단에 맞게 바꾸어 가며 연주한다. □ **신체표현하며 연주하기** • 채발림을 하며 굿거리장단을 연주한다. • 좌우새하며 휘모리장단 연주한다. • 우좌새하며 별달거리장단을 연주한다.
정리	20	□ **함께 연주하기** • 전체 연주를 위한 대형을 갖춘다. • 굿거리장단에서 휘모리장단으로 자연스럽게 연결하여 연주한다. • 서로의 소리를 듣고 호흡을 맞추어 연주한다. □ **인사굿으로 마치기** • 수업에 열심히 참여해 준 학습자들을 칭찬한다. • 전체 연주 후 인사굿으로 수업을 마친다.

난타는 난타공연의 흥행으로 일반인에게 보편적인 예술교육의 장르로 인식되고 있다. 학교 현장에서도 창의적 체험활동이나 동아리 활동, 방과 후 학교 등에서 흔히 난타 강좌를 볼 수 있다. 하지만 타악기 연주로서의 난타보다는 음악에 맞춘 퍼포먼스에 중점을 두거나, 일본의 타이코(대고, 북 연주)를 연상케 하는 주법으로 연주하는 모습을 종종 발견하게 된다. 문제는 퍼포먼스나 일본식 주법이 아니라, 그것이 마치 국악의 한 장르인 것처럼 잘못 설명하고 인식된다는 것이다. 국악의 장단은 전혀 사용하지 않고 K-pop 음악에 맞추어 서양 리듬을 일본식 주법으로 연주하는 것을 국악교육에 포함시킬 수는 없다. 따라서 난타를 국악교육으로 활용할 때의 기준을 정확하게 세우는 것이 중요할 것이다.

난타를 교육할 때에는 어떤 방법으로 장단을 교육할 것인가를 우선 고려해야 한다. 예를 들어, 앞에서 제시한 과정 안에는 가로 정간보에 장구의 구음과 숫자를 동시에 표기하는 방법을 사용하였다. 숫자는 리듬을 의미하며 장구 구음은 주법을 의미한다. RL(Right, left)로 주법을 표기하기도 하고 오왼(오른쪽, 왼쪽)을 사용하기도 한다. 또한 자기만의 기호를 만들어 사용하거나 장구의 부호를 활용하기도 한다. 어떤 것이든 교수자가 전달하기 쉬운 방법을 선택하는 것이 가장 좋고, 학습자들이 쉽게 독보할 수 있는 표기 방법을 찾는 것이 중요할 것이다. 또한 악보 없이 듣고 연주하는 방법을 사용할 때 개념이 혼동되지 않도록 용어를 잘 선택해야 할 필요성이 있다.

3. 국악교육을 통한 삶의 만족도 교육

국악교육을 통한 삶의 만족도 교육을 논하기에 앞서 아동 · 청소년의 삶의 만족도에 영향을 주는 요인이 무엇인지 살펴볼 필요가 있을 것이다. 삶의 만족도는 개인 내적 · 환경적 요인 등에 의해 변화하는 개인의 삶 속에서 느끼는 안녕감이라 정의(조형정, 윤지영, 2015)할 수 있다. 그렇다면 아동 · 청소년들의 개인 내적 요인인 행복이나 우울, 만족도 등의 현황은 어떨까?

조한익(2016)의 연구결과에 따르면 우리나라 아동들의 행복은 초등학교 때에는 높지만 중학교로 갈수록 계속 낮아지고, 우울은 초등학교에서 중학교로 갈수록 계속 높아졌다. 이것은 중학교의 교육환경이 초등학교와 비교할 때 급격하게 달라진다는 것을 의미한다. 따라서 학교에서는 아동들이 발달함에 따라서 행복을 높이고 우울을 낮추기 위해서 노력해야 한다고 본다. 또한 중학교 때의 교육환경이 초등학교와 급격히 달라지지 않도록 교육과정에서의 노력과 더불어 학생들의 적응에 대한 지도가 필요하다.

초등학생의 삶의 만족도를 높이기 위한 방법은 다음과 같다.[5)]

첫째, 학교가 정서적 안정감을 주는 장소라는 것을 알 수 있도록 교육 프로그램의 방향을 재구성해야 하고, 이를 위해 교사의 태도에 변화가 필요하다.

둘째, 가정에서 자녀의 인격과 배움의 기반을 다져 주는 역할이 부모에게 있음을 인식시키는 가정교육의 필요성이 제기된다. 심리적 안정감이나 정서적 지지감을 높일 수 있는 학교와 가정교육의 연계 시스템의 구성이 필요하다.

셋째, 학생들의 삶의 만족도를 높이기 위해 교사와 학생 간 관계 증진이 필요하다. 특히 교사는 학생들이 교사와 친밀한 관계를 맺고 있다고 생각할 수 있도록 학생을 존중하는 분위기 조성에 노력해야 한다.

넷째, 인성교육을 확대하여 삶의 만족도를 높이는 정책적 지원이 필요하다.

다섯째, 안전한 지역사회에 대한 인식과 다문화를 이해시키는 정책적 지원이 필요하다.

연세대 사회발전연구소와 한국방정환재단의 '한국 어린이-청소년행복지수 국제비교연구 조사결과보고서'에 의하면 우리나라 청소년의 주관적 행복지수는 2009년부터 OECD 23개국 중 23위로 5년 연속 최하위를 기록하였고, 2014년 최하위는 면했지만 19위로 여전히 낮은 수준을 나타내고 있다.[6)] 학업 성취에 초점을 맞춘 생활은 학업 부담 및 스트레스뿐 아니라 청소년의 삶의 만족도에도 직접적인 영향을 미치고 있다(이유리 외, 2015).

삶에 대한 높은 만족감이 스트레스 상황에서 효과적인 대처를 도와 청소년들의 내재화 및 외현화 문제행동을 완충시키는 역할을 하게 된다(송현주, 황순택, 2017)는 연구결과를 고려할 때 삶에 만족도를 높이는 교육은 매우 중요하다는 것을 알 수 있다. 또한 청소년들이 그들의 삶에서 주관적으로 만족감을 느낀다면 사회적 위축

5) 조형정, 윤지영(2015)의 연구에서 일부 수정하였다.

6) 이유리 등(2015, 622)에서 재인용하였다.

감을 덜 경험할 수 있으며 우울과 같은 부정적 정서 문제를 일으키지 않고 정신적으로 보다 건강한 생활을 유지할 수 있을 것이다(송현주, 황순택, 2017).

중학생의 삶의 만족도에 영향을 미치는 요인과 삶의 만족도를 높이기 위한 방법은 다음과 같다.[7)]

첫째, 중학생의 삶의 만족도에 가장 영향을 미치는 요인은 개인 내적 요인으로 개인의 정서문제와 자아인식에 있다.

둘째, 중학생의 삶의 만족도를 높이기 위해서는 개인의 내적 · 심리적 부분인 자아존중감을 높이는 데 중점적인 노력을 해야 한다.

셋째, 중학생의 삶의 만족도를 높이기 위해서는 학교생활에서 성적 향상보다 학생의 행복과 만족을 위한 교육과정의 설계와 교수방법의 변화가 필요하다.

초등학생과 중학생의 삶의 만족도를 높이기 위한 방법을 살펴보면 학생 개인의 심리적 · 정서적 안정감을 강조하고 있음을 알 수 있다. 또한 학교 환경의 중요성을 강조하면서 학교교육 프로그램의 변화 및 교사의 태도 또한 중요한 영향을 미친다는 점에서도 공통점이 있다.

국악교육에서는 삶의 만족도를 높이는 것을 목적에 둔 연구가 전무한 실정이다. 하지만 현장에서 아동 · 청소년을 교육하는 국악교육 전문가들은 국악교육을 통해 이들의 삶의 만족도가 높아지는 것을 경험한 적이 있을 것이다. 아동 · 청소년들이 경험하게 되는 국악교육의 대부분은 자연발생적으로 전승되는 민속악이다. 민속악은 오랜 세월을 구전되어 내려오면서 사람들이 가장 편안하게 생각하는 안정된 리듬과 가락으로 다듬어진 음악이다. 이러한 점에서 국악교육은 아동 · 청소년에게 심리적 · 정서적 안정감을 제공함으로써 삶의 만족도를 높이는 데 기여할 수 있을 것이다.

7) 안지혜 등(2016)의 연구에서 일부 수정하였다.

☞ 참고자료

〈예시 8-1〉 중학교 국악 수업 지도안: 스마트폰을 활용한 모둠학습(국악기 앱을 이용하여 '아리랑' 연주하기)[8)]

<table>
<tr><td colspan="2">단 원 명</td><td colspan="2">7. 음악으로 우리의 멋을 표현해요</td><td>지도교사</td><td>신영미</td><td>차시</td><td>1/2</td></tr>
<tr><td colspan="2">주제</td><td colspan="2">스마트폰을 활용한 국악기 연주하기</td><td>지도학급</td><td>1 · 2</td><td>지도장소</td><td>음악실</td></tr>
<tr><td colspan="2">학습목표</td><td colspan="6">국악기 앱(가야금)을 활용하여'아리랑'을 합주할 수 있다.</td></tr>
<tr><td colspan="2">학습자료</td><td colspan="4">PC, 빔 프로젝션, 스마트폰, 교과서, 무선인터넷, 가야금 앱</td><td>학습형태</td><td>모둠학습</td></tr>
<tr><td colspan="2" rowspan="2">학습과정</td><td colspan="2">교수 · 학습 활동</td><td rowspan="2">시간</td><td colspan="3" rowspan="2">자료 및 유의점</td></tr>
<tr><td>교사 활동</td><td>학생 활동</td></tr>
<tr><td>도입</td><td>동기유발/선수학습 확인</td><td>□ 출석 확인
□ 전시 복습
• 〈아리랑〉 부르기
• 경기민요에 대해 간단히 문하기
□ 학습 목표 설명</td><td>□ 출석 확인
□ 전시 복습
• 〈아리랑〉 부르기
• 경기민요에 대한 질문에 답하기
□ 학습 목표 인지
□ 학습 목표 읽기</td><td>5분</td><td colspan="3">PC, 빔 프로젝션, 스마트폰, 교과서, 무선인터넷, 산조가야금 앱</td></tr>
<tr><td rowspan="3">전개</td><td rowspan="3">학습 내용 제시</td><td>□ 가야금 설명
• 가야금 또는 사진자료를 보여주고 구조와 연주 자세 및 12줄의 음을 설명한다.
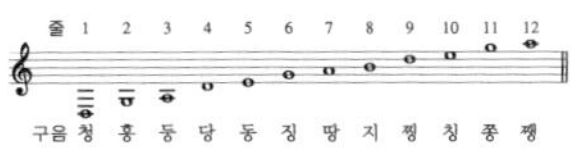
</td><td>□ 가야금 설명
• 설명을 듣고 가야금에 대해 이해한다.</td><td>15분</td><td colspan="3">• 교과서(168 · 169쪽)
• 가야금
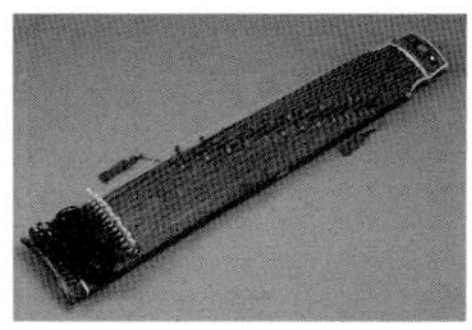</td></tr>
<tr><td>□ 〈아리랑〉 악보 읽기
• 악보를 보고 계이름을 읽을 수 있도록 한다.</td><td>□ 〈아리랑〉 악보 읽기
• 악보를 보고 계이름을 읽는다.</td><td>10분</td><td colspan="3" rowspan="2">• 계이름을 잘 못 읽는 학생은 음마다 번호를 알려준 후 적도록 한다.</td></tr>
<tr><td colspan="2">아리랑

□ 가야금 연주법 설명
• 아리랑 계이름을 토대로 가야금의 연주법을 설명한다.</td><td>10분</td></tr>
</table>

8) 신영미(단국대 강사)의 중학교 음악교과서 내 국악 관련 단원의 교수 · 학습 과정안을 참고하였다(단국대 신영미 제공).

전개	학습 내용 제시	ㅁ가야금 앱 설명 • 가야금 앱을 실행하도록 한다. • 다운 받은 가야금 앱에서의 아리랑 연주법을 설명한다. ㅁ모둠별 연습하기 • 박자와 음을 지켜 모둠별 합주를 할 수 있도록 지도한다.	ㅁ가야금 연주법 인지 • 아리랑의 출현음에 따른 가야금 연주법을 확인한다. ㅁ가야금 앱 설명 • 가야금 앱을 실행한다. • 설명을 듣고 연주한다. ㅁ모둠별 연습하기 • 모둠원끼리 박자와 음을 맞춰 연습한다.		• 가야금 연주가 가능한 교사는 가야금을 천천히 연주하며 시범을 보이고, 그렇지 않을 경우, 교과서를 보며 설명한다. • 스마트폰 • 가야금 앱 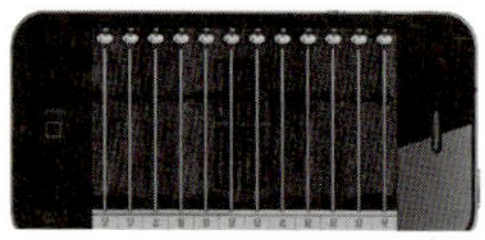 • 순조로운 수업진행을 위해 전 시간에 가야금 앱을 다운받는 과제를 부여한다. • 조별 활동이 잘된 부분이나 미흡한 부분은 설명해준다.
		ㅁ발표 • 모둠별 발표를 유도한다. • 감상소감을 질문한다. • 모둠별 상호평가 실시한다.	ㅁ발표 • 모둠별로 연습한 곡을 발표한다. • 감상 소감에 대해 답한다. • 모둠별 상호평가를 한다.	10분	• 조별 활동이 잘된 부분이나 미흡한 부분은 설명해준다.
정리	정리/평가	ㅁ학습 정리 • 가야금 구조 및 연주법에 대해 정리하고 질문한다. • 아리랑 합주를 통한 협동 학습 측면에서의 느낀 점을 질문한다.	ㅁ학습정리 • 주의 깊게 듣고 답한다. • 모둠 학습을 통한 협동의 중요성에 대해 답한다.	5분	• 연주 능력이 뛰어난 조는 다음 차시 때 사물과 합주를 할 수 있도록 미리 예고한다.
	차시 예고	ㅁ차시 예고 • 〈아리랑〉의 장단 학습을 예고한다.	ㅁ차시 예고 인지		

토의 주제

1. 아동과 청소년의 학습 특성을 각각 두 가지 이상 설명해 보자.

2. 청소년기에 적합한 감상 영역 또는 창작 영역의 국악 교수・학습방법을 설계해 보자.

3. 아동과 청소년 중 대상을 선택하여 삶의 만족도를 높일 수 있는 국악 교수・학습방법을 설계해 보자.

참고문헌

권덕원, 석문주, 최은식, 함희주(2014). 음악교육의 기초 제3판. 경기: 교육과학사.

권덕원, 박지영, 김선정, 박윤미, 임하정(2016). 창의적인 어린이를 위한 국악교육. 경기: 교육과학사.

김진숙, 김정택(2009). 청소년의 심리경향에 따른 학습습관 및 목표관리. 한국심리유형학회지, 15, 43-59.

석문주, 최은식, 함희주, 권덕원(2014). 음악교육의 이해와 실천. 경기: 교육과학사.

송현주, 황순택(2017). 청소년의 삶의 만족과 내재화・외현화 문제. 청소년학연구, 24(2), 33-58.

안지혜, 윤유동, 임희석(2016). 한국아동・청소년패널조사 데이터를 이용한 중학생 삶의 만족도 분석. *Journal of Digital Convergence, 14*(2), 197-208.

이복희, 김종표, 김지환(2010). 청소년 교육론. 서울: 학지사.

이유리, 박은정, 이성훈(2015). 중학생의 학습습관 유형에 따른 학업성취와 삶의 만족도의 차이. 학습자중심교과교육연구, 15(11), 621-641.

이윤주, 지연정(2013). 초등학생의 학습성격유형에 따른 학습몰입의 특성. 아시아교육연구, 14(1), 243-273.

장원규, 박세훈(2004). 초등학생의 학교 밖 학습행위와 학습문화의 특성에 관한 질적 분석. 교육학연구, 42(4), 401-430.

정광순, 강충열, 권동택(2011). 초등학교 저학년이 학습하는 방식의 특성. 학습자중심교과교육연구, 11(3), 181-203.

조성희, 박소영(2015). 청소년의 삶의 만족에 영향을 미치는 요인-초기 청소년을 중심으로-. 가족과 가족치료, 23(4), 801-818.

조한익(2016). 우리나라 아동들의 행복과 우울수준. 아동교육, 25(1), 277-292.

조형정, 윤지영(2015). 초등 고학년의 삶의 만족도 영향요인에 관한 연구. 순천향 인문과학 논총 34(1), 157-187.

조혜영, 김민, 방은령, 길은배, 서우석, 김옥태, 이창호, 장근영, 양계민, 최순종, 김기헌 (2015). 청소년문화론. 경기: 교육과학사.

천정웅, 장근영, 이채식, 김윤나(2014). 청소년문화론. 경기: 양서원.

Larson, J. & John E. Lochman(2011). Helping schoolchildren cope with anger: a cognitive-behavioral interrention김봉석 외 공역(2014). 아동 · 청소년의 분노조절 사회기술훈련. 서울: 학지사.

Radocy, R. E. & Boyle, J. D. (2006). Psychological Foundations of Musical Behavior. 음악심리학. 최병철, 방금주 역. 서울: 학지사.

제9장

청 · 장년 국악 교수 · 학습방법

정모희

1. 청 · 장년 대상의 이해
2. 청 · 장년 국악 교수 · 학습방법의 실제

청 · 장년 대상은 유아나 아동 · 청소년 등과 달리 문화예술교육에 자발적으로 참여하는 경우가 많다. 그것은 이들이 참여하고자 하는 교육에 기대하는 바도 크다는 것을 의미한다. 따라서 청 · 장년의 심리사회적 특성과 수업에 대한 기대를 파악하여 국악교육의 목표를 설정하는 것은 매우 중요하다. 이 장은 청 · 장년 대상의 특성을 살펴보고 일반적인 교육목표를 설정한 후 교수 · 학습방법을 세부적으로 탐구하는 것으로 구성하였다.

1. 청 · 장년 대상의 이해

1) 청 · 장년 대상의 특성

청·장년 대상 국악교육에서 성공적인 국악 수업이 되기 위해서는 먼저 학습 대상자에 대한 이해와 수업에 대한 요구, 기대를 파악하고 이를 바탕으로 적절한 수업목표를 설정하는 것이 매우 중요하다. 청 · 장년 학습 대상자의 요구와 기대를 파악하고 그에 따라 수업목표를 설계하는 작업부터가 청 · 장년 국악교육의 시작이라고 볼 수 있다. 이에 교수자는 교육내용에 따라 효과적인 지도방법과 수업에 대한 기본적인 설계를 할 수 있어야 한다.

청 · 장년기는 인간의 전 생애를 통틀어 사회구성원으로서 가장 왕성한 활동을 하는 시기이며 그에 따른 사회적 역할과 책임이 가장 많이 부여되는 시기이다. 이 시기의 성인들은 주체적으로 사고하고 모든 것을 스스로 결정하고 행동하고자 하는 특성이 있다. 이는 학습에 참여하는 모습에서도 마찬가지이다. 아동기의 교육은 의무교육으로서의 책임과 권리가 주어지지만 청 · 장년 대상자는 오직 본인의 의지와 선택에 의해서만 학습에 참여하고 배움을 이어 나간다. 그 속에서 즐거움과 보람을 느끼는 것 역시 개인 선택의 몫이다.

청 · 장년기는 사회적으로 중추적 역할을 담당하고 있는 중요한 시기인 만큼 가정과 사회에서 부여된 역할을 수행하느라 취미활동이나 여가생활에 대한 시간적 · 정서적 여유가 부족한 때이기도 하다. 김기현 등(2016)의 연구에서도 재정 상황이 나아진다면, 가장 먼저 지출을 늘리고 싶은 항목을 '문화여가비'로 선택하였고, 47.7%의 응답자가 평소에 문화예술에 관심이 있다고 답하였다. 이러한 연구결과를 고려할 때 청 · 장년 대상의 문화예술에 대한 욕구는 매우 높은 것으로 판단할 수 있다.

일반적으로 사람들이 생각하는 청년기는 하한 19.3세에서 상한 29.5세로 나타나며(김기현 외, 2016), 장년기는 청년기 이후에서 노년이 시작되기 전 65세 이하로 볼 수 있다. 생물학적 관점에서 청 · 장년기의 성인은 20대에 육체적으로 가장 활발하고 왕성한 기능을 발휘하다 점차로 감퇴현상을 보이지만 청 · 장년기 전반에 걸쳐 학습이 불가능할 정도로 급격한 노화가 이루어지지는 않는다. 다만, 학습에서의 반응 속도가 아동기의 반응 속도에 비해 둔화된다는 것은 고려해야 한다.

심리사회적 관점의 청 · 장년기는 삶을 살아가면서 수행해야 할 과업들, 즉 배우자 선택, 가정 꾸리기, 직업선택과 같은 과업의 수행여부에 따라 삶의 모습과 행동 방식이 달라진다. 또한 삶의 모습은 교육, 소득 수준, 직업과 같은 사회적 지위나 계층, 성별 등에 따라 많이 달라지는데 부모, 배우자, 자녀, 친구, 근로자 등의 사회적 역할과, 살면서 경험하게 되는 생애사건, 즉 명예퇴직, 이혼, 중대한 질병 등의 요인으로 삶의 방식과 행동 방식이 결정된다. 이러한 삶에 영향을 미치는 요인들을 잘 이해하여야만 학습에 참여하는 청 · 장년 대상자를 제대로 이해할 수 있다.

앞서 말했듯이 청 · 장년의 교육활동은 학교교육과는 달리 자발적 참여에 의해 실천된다. 과거에 학교교육을 받지 못했거나 부득이한 사정으로 중도에 포기한 경우 학습에 대해 더욱더 열정적이며, 취업이나 창업, 취미활동, 자기 성장에 대한 욕구 등은 교육 참여에의 강력한 동기가 된다. 이와 같은 요소들을 종합적으로 이해했을 때 청 · 장년 국악교육의 목표를 올바르게 설정할 수 있을 것이다.

2) 청 · 장년 대상 교육목표 설정

「문화예술교육지원법」[1]을 기반에 둔 한국문화예술교육진흥원의 사회문화예술교육의 1차적 목표는 '모든 국민의 문화예술교육의 접근성을 제고하여 자유롭게 문화를 향유하고 참여할 수 있도록 문화역량 강화', 즉 '문화예술교육 기회 제공을 통한 문화기본권의 확보'이다. 사회문화예술교육의 2차적 목표는 '문화역량 강화를 통한 문화향유 및 참여 제고로 문화예술이 가진 가치를 널리 확산'시키는 것이라 할 수 있겠다.

이와 같이 사회문화예술교육의 1차적 목표와 2차적 목표가 성공적으로 달성될 때, 문화예술교육이 추구한 궁극적인 목표인 '국민의 문화적 삶의 질 향상과 국가의 문화역량 강화'가 나타날 수 있을 것이다.

다음은 한국문화예술교육진흥원의 사회문화예술교육 지원사업 중 청 · 장년 대

1) 「문화예술교육지원법」 시행 2017. 3. 21. 법률 제14630호, 2017. 3. 21., 일부개정.

상이 포함된 주요 문화예술교육 지원사업의 단위사업별 목표이다.

〈표 9-1〉 2015년 사회문화예술교육 지원사업의 단위사업별 목표(양혜원 외, 2015)

사업명	목표
시민 문화예술교육 지원사업	• 문화예술교육 운영 주체로서 시민 조직의 발굴 및 활동 활성화 지원(일상과 사회의 공감을 가지는 자발적 · 주체적 시민 조직의 활동 기반 마련) • 문화적 다양성 창출과 공감의 토대를 마련하는 시민 문화 콘텐츠 확산(전문가의 교육서비스 제공이 아닌, 시민들의 상호 학습과 시민 문화 창출)
지역 특성화 문화예술교육 지원사업	• 지역 밀착형 문화예술교육 활성화(지역 특성에 맞는 문화예술교육 지원체계를 구축함으로써 지역주민들이 생활권 내에서 지속적이고 상시적으로 문화예술교육에 참여할 수 있는 환경 조성)

청 · 장년 대상 국악교육의 목표를 설정하면 다음과 같다.

• 첫째, 국악의 아름다움을 알고 생활 속에서 즐긴다.
• 둘째, 국악의 다양한 영역을 경험함으로써 정서적 안정감과 생활의 활력을 찾는다.
• 셋째, 국악을 통해 자기표현을 하고 음악적 소통의 즐거움을 느낀다.
• 넷째, 국악교육에 참여함으로써 사회적 소통 역량 및 공동체 역량을 강화한다.

2. 청 · 장년 국악 교수 · 학습방법의 실제

1) 청 · 장년 대상 국악 교수 · 학습방법의 이해

교수자는 청 · 장년 대상 국악교육에 있어 효과적인 지도를 위해 다양한 교수 · 학습방법으로 수업을 설계할 수 있어야 한다. 이를 위해서 수업의 단계가 필요하고 각 단계의 특성에 맞는 교수 · 학습방법이 적용되었을 때 원하는 수업성취 목표에 도달할 수 있다.

(1) 준비단계

청 · 장년 대상 국악교육은 학습자들의 기대와 요구 및 수업 개설 목적에 대한 이해가 선행되어야 한다. 또한 수업내용에 대한 전문적 지식, 수업환경과 수업 조건 등에 대한 사전 조사가 면밀히 이루어진 다음, 이를 바탕으로 교수 · 학습방법이 계획되어야만 제대로 된 국악 수업이 이루어질 수 있다.

청 · 장년 대상 국악교육의 준비단계에서 고려되어야 할 요소는 다음과 같다.

① 교육환경

청 · 장년 대상 국악교육의 환경은 매우 다양하다. 교육을 실행하는 기관과 기관의 목적, 기간, 대상, 장소, 설비, 악기, 시설, 교육 자료 등 교육에 영향을 미치는 모든 환경이 고려되어야 한다. 넓게는 교육 인프라, 전문 강사의 유무에서부터 정책적 지원까지도 환경적 요인에 포함될 수 있다.

그중 교육환경에 있어 고려되어야 할 주요한 네 가지를 살펴보면 수업 공간, 시설, 악기, 수업 자료로 꼽아 볼 수 있다. 예를 들어, 평생교육시설의 강의실, 문화예술기관의 공간 또는 연습실, 문화강좌의 강의실, 개인 사설 학원 등 교육 장소는 상황과 형편에 따라 각기 다르다. 때에 따라 세미나실이 주어지기도 하고 시청각실 혹은 강당, 다목적실이 수업 장소가 되는 경우도 있다. 교육시설의 형편에 따라 수행할 수 있는 교육내용의 범위와 폭은 상당히 달라질 수 있으므로 반드시 교육이 이루어지는 장소와 시설에 대한 사전 조사가 이루어져야 한다. 또 악기의 보유 유무와 악기의 크기, 음량에 따라 적절한 공간이 확보되어야 하고 악보나 음원, 동영상 등 수업 자료를 원활히 제시할 수 있는 환경인지도 고려되어야 한다. 또 신체적 활동성이 있느냐 없느냐에 따라 장소 및 수업의 진행 방식은 많이 달라진다.

② 교육내용

국악교육의 영역별 갈래를 나누면 가창, 기악, 창작, 감상의 영역으로 나뉠 수 있다. 그러나 실제 청 · 장년 국악교육에 있어서 가창이나 기악 중심으로 수업이 이루어지는 가운데 창작과 감상은 수업 내에 하나의 활동으로 포함되어 종합적으로 이루어지는 경우가 많다. 한편, 기악 영역에 있어서는 악기별 특징에 따라 각기 다른 방식으로 수업이 진행되므로 어떤 내용을 중점으로 진행할 것인지에 따라 교육과정의 설계 및 방법은 크게 달라질 수 있다. 청 · 장년 국악교육의 내용을 가창과 기악 중심으로 살펴보면 다음과 같다.

〈표 9-2〉 청 · 장년 대상 가창과 기악 중심의 수업주제 및 교육내용

갈래	수업주제	교육내용
가창	민요(경기민요, 서도민요, 남도민요 등)	음악적 특징, 구성음, 시김새, 장단 알기
	판소리, 단가 등	구성 요소(소리, 아니리, 발림, 추임새) 알기, 종류 알기
	정가(시조, 가곡 등)	시조의 형식, 장단, 음계, 시김새, 반주 알기
기악	관악(대금, 피리, 태평소, 단소, 소금 등)	악기 설명, 바른 연주 자세, 악보와 기보법, 연주법 알기
	현악(거문고, 가야금, 해금, 아쟁 등)	악기 설명, 바른 연주 자세, 악보와 기보법, 연주법 알기
	타악(장구, 농악, 사물, 난타, 고법 등)	악기 설명, 바른 연주 자세, 악보와 기보법, 연주법 알기
	전통춤(살풀이, 입춤, 승무, 태평무, 탈춤 등)	춤 설명, 춤동작 익히기, 반주음악, 장단 알기

③ 교육방법

국악교육은 실기 영역이 많아 익힘(習)의 과정, 즉 몸에 익숙해지고 체화되는 과정과 시간이 많이 소요된다. 그러므로 그에 따른 체계적이고 단계적인 수업 계획을 세우는 일은 상당히 중요한 작업이다.

실제 교육현장의 사회문화예술교육 사례 분석을 통한 국악교육의 방법적 특성(박신의 외, 2011)을 정리하면 다음과 같다.

- 개념 이해 중심(장단 알기, 악기의 구조와 역사, 특성 이해 등)
- 실전 학습 중심(민요 익히기, 악기 연주의 바른 자세와 방법 익히기 등)
- 교육 프로그램의 결과물을 가지고 발표회 등을 통해 학습한 내용에 대한 기량 발휘
- 국악의 본질적 접근이 아니라 국악에 대해 친근감을 느끼고 쉽게 접하도록 함.

(2) 기획단계

청 · 장년 대상 국악교육의 적용을 위한 국악 교수 · 학습 모형을 '가창'과 '기악'의 활동 영역을 중심으로 제시하고자 한다. 학습모형은 교수 · 학습 절차와 전략, 활동, 기법 등을 단순화한 틀로서 여기에서는 한국교육과정평가원에서 개발한 '스마트 교육을 적용한 음악과 교수 · 학습 모형개발'에서 활용된 교수 · 학습 모형을 응용하여 제시하였다. 청 · 장년 대상 국악 교수 · 학습 모형 5단계는 학습내용 파악, 감각적 감지, 표현방법 탐색, 창의적 표현, 내면화로 이루어지며 세부적인 국악교육 적용 교수 · 학습 활동은 〈표 9-3〉과 같이 정리할 수 있다.

〈표 9-3〉 청 · 장년 국악교육을 위한 5단계 교수 · 학습 모형

단계		국악 교수 · 학습 활동
도입	학습내용 파악	• 전시학습 • 내적 동기유발 • 학습과제 파악 및 목표 설정
전개 1	감각적 감지	• 수업내용에 대한 감각적 · 직관적 느낌 감지하기 • 수업내용에 대한 느낌 표현하기(언어, 신체) • 특징적인 음악적 요소 파악하기 • 기초 기능(개념) 익히기
전개 2	표현방법 탐색	• 전체, 소집단별, 개인별 학습을 순차적 혹은 선택적 운영 • 수업내용의 부분적 학습 • 수업내용의 전체적 학습 • 집단별 협력에 의한 정확한 표현방법 탐색하기
전개 3	창의적 표현	• 전체, 소집단별, 개인별 학습을 선택적으로 운영 • 수업내용과 관련된 맥락적 요소 파악하기(시대적, 사회문화적 배경) • 셈여림, 빠르기 및 악상기호 표현하기 • 음악적 요소의 변형과 조합에 의한 표현하기 • 통합 활동을 통한 표현하기 • 예술가 및 국악 전문가와 교류하기
정리	내면화	• 발표 및 평가 • 정리

① 도입 – 학습내용 파악

학습내용 파악 단계는 지난 시간에 배운 내용을 상기하여 기억하고 교수자가 제시한 학습내용을 확인하고 학습목표를 설정하는 단계이다. 또한 음악적 동기를 유발함으로써 학습자들로 하여금 학습에의 흥미와 관심을 높이는 단계이다. 수업내용이나 학습과 관련된 경험 등의 이야기를 통해 흥미를 유발할 수도 있으며 학습목표와 관련된 각종 자료를 제시하면서 학습목표를 명시하고 수업에의 관심을 불러일으킬 수 있다.

② 전개 1 – 감각적 감지

감각적 감지 단계는 제시된 수업내용을 감각적 혹은 직관적으로 감상하고 그 느낌을 감지, 반응하도록 하는 등 음악적 감수성을 자극하는 단계이다. 수업내용에 대한 느낌을 언어나 신체동작 등으로 표현하여 보고 악곡에 나타나는 특징적인 요소들을 식별하면서 반응하고 다음 단계의 표현(연주) 활동을 준비한다. 즉, 수업내용을 듣고 청각적으로 식별하고 반응함과 동시에 그에 대한 결과로서 음악에 담긴 질적인 느낌을 예측(감지)하도록 하는 단계이다. 수업내용의 제시 방법은 교수자의 범창이나 범주가 될 수도 있고, 녹음된 음원 자료나 동영상 자료가 될 수도 있다. 가능하다면 교수자의 범창이나 범주에 의한 제시가 바람직하다.

③ 전개 2 – 표현방법 탐색

표현방법 탐색 단계는 본격적인 표현(연주) 활동을 위해 노래 부르거나 악기를 연주하는 등 구체적인 표현(연주) 활동 방법을 학습하고 학습목표에 해당하는 내용을 탐색하게 되는 단계이다. 연주를 위한 기능들을 학습하거나 확인하고 제시된 악곡에 대한 부분별 혹은 전체적 반복 학습과 총체적인 학습이 이루어진다. 전체 학습자 혹은 소집단별, 개인별 학습활동이 순차적으로 이루어질 수도 있고 또는 선택적으로 이루어질 수도 있다. 이때 학습자는 수업내용의 정확한 표현을 위해 개인별 맞춤형 학습과 자기 주도적 학습이 가능하며 협력학습을 통해 동료 학습자들 간의 상호작용에 의한 협동학습이 이루어질 수 있다.

④ 전개 3 – 창의적 표현

창의적 표현 단계는 앞 단계에서 학습한 내용을 셈여림이나 빠르기, 악상기호 등 개인별 감성과 느낌을 살려 좀 더 예술적 · 창의적으로 표현하는 단계이다. 제시된 악곡과 관련된 맥락적인 요소(시대 혹은 사회문화적 배경 등)들을 알고 음악을 파악하여 곡을 해석하고 연주한다. 제시된 악곡에 나타나는 음악적 요소들에 새롭게 변화를 주거나 다양한 아이디어로 표현하여 다른 예술 장르와의 결합 및 통합으로 창의적이며 독특한 음악적 표현을 유도한다. 창의적 표현을 위해 예술가 및 국악 전문가와의 교류를 통한 학습활동을 할 수도 있다. 이 단계의 학습은 개인별 혹은 소집단별 학습활동으로 이루어지며 이를 통해 학습자 주도의 문제해결학습이 이루어지도록 해야 한다.

⑤ 정리 – 내면화

내면화 단계는 표현 활동 및 창의적 표현을 비롯한 다양한 활동과 발표를 통해 내면화하는 단계이다. 음악적인 느낌과 심상을 서로 이야기 나누어 보고, 그 외에도 배운 내용을 탐색하고, 예술적이고 창의적으로 표현해 봄으로써 학습한 음악 기능 및 개념을 정리하거나 정의적으로 서술해 볼 수도 있다. 연주 및 발표 활동을 통하여 참여 및 공유가 이루어지며 서로의 생각과 느낌 등을 이야기 나눔으로써 심미성과 음악적 특성, 다양한 창의적 표현방법이 내면화될 수 있다. 이 단계의 발표와 참여는 전체 학습자 단위로 학습활동이 이루어지며, 실제 연주 발표를 할 수 있다.

(3) 실행단계

수업 실행 단계는 지금까지 수립된 목표, 교수 · 학습 전략, 수업 자료를 갖고, 실제 수업을 실천하는 단계이다. 권덕원 등(2005)은 수업 실행에는 세 가지 측면의 유의할 점들이 있다고 밝히고 있다.

① 수업계획 숙지

교수자는 실제 수업에 들어가기 전 수업계획을 숙지하고 있어야 한다. 수업은 단순히 수업지도안을 읽어 내려가는 것이 아니기 때문에 교수자는 수업의 목표, 수업의 단계, 활동 순서, 자료 활용법, 그리고 평가 기준 등을 마음속에 숙지하는 것이 필요하다. 특히 국악 수업과 같이 다양한 시설에서 악기, 자료 등이 요구되는 수업에서는 사전에 교수자가 수업의 전 과정을 충분히 숙지하고 있는 것이 매우 중요하다.

② 유연성(상호작용)

실제 수업은 많은 경우 원래의 수업계획대로 진행되지 않는다. 예상했던 반응과 학습자들의 실제 반응에 차이가 생기고, 활동에 따라서는 예상했던 시간보다 더 길어지거나 짧아지는 등 현장에서의 변화가 있기 마련이다. 그러므로 수업계획을 철저히 세우는 것만큼 실제 수업의 진행단계에서 유연성을 발휘하는 것이 중요하다. 특히 국악 수업은 교수자와 학습자 사이에 상호작용이 활발하게 일어나므로, 학습자들의 참여와 반응에 따라 교수자는 유연성과 융통성을 갖고 대처해야만 한다.

③ 지도능력(이론, 실기, 지도법 등)

국악 수업에서 항상 중요한 것은 교수자의 국악 지도 능력이다. 잘 세워진 교수 · 학습 전략이 좋은 효과를 거두기 위해서는 교수자가 수업을 자신 있게 진행할 수 있는 국악적 능력과 교수법적 능력을 갖추어야 한다. 국악 교수 능력이 향상되기까지는 상당한 기간과 노력이 필요하므로, 다양한 능력을 갖추기 위해서는 장기적인 계획을 세워 준비해야 할 것이다.

(4) 평가단계

수업평가는 수업목표를 얼마나 성취했는지를 가늠하기 위해서 꼭 필요한 과정이다. 국악교육에 있어 평가는 독립된 과정으로 존재하는 것이 아니라 수업의 '준비-적용-실행-평가'로 이어지는 전체적인 흐름의 한 과정이다. 평가 결과는 수업의 적용 단계에서 결정되었던 목표에 도달하였는지 가늠하는 지표가 되고 평가 결과에 따라 학습자의 특성에 적합한 교수방법이나 학습 자료의 선정 등 다음 학습을 위한 기초자료로 활용될 수 있다.

평가의 내용이나 형식에는 그 수업에서 의도하는 목표가 충실히 반영되어야 한다. 수업의 목표는 적절했는지, 교수 · 학습 전략은 좋았는지, 수업 자료의 선정과 활용은 타당했는지, 그리고 수업의 실행 과정에서 문제점은 없었는지 스스로 반성적인 평가를 하는 것이 필요하다. 이 과정에서 수업에 참여한 학습자들의 평가를 받아 보는 것도 많은 도움이 된다. 이러한 과정은 본인이 스스로 알기 어려운 약점을 찾을 수 있고, 본인 수업의 장점에 대해 보다 객관적인 지표가 되어 주기도 한다. 수업이 끝나고 교수자는 수업에 대한 반성(reflection)을 함으로써 다음 수업을 위한 개선 자료를 얻게 된다. 그 반성적 평가에 기초하여 자기 수업을 꾸준히 개선해 나간다면 점차적으로 그 수업의 질을 높일 수 있으며, 학습자들에게 유익을 주게 되고, 교수자로서의 자아 성취감을 획득하게 될 것이다.

청 · 장년 국악교육에 활용할 수 있는 평가의 방법으로는 관찰평가, 문답평가, 상호평가, 자기평가 등이 있다. 평가는 각 차시별 수업단계에서 이루어질 수도 있고, 분기별 혹은 연간별 장기적인 기간을 통하여 이루어질 수도 있다.

2) 청 · 장년 대상 국악 교수 · 학습방법의 실제

지금까지 살펴본 청 · 장년 대상 국악 교수 · 학습방법을 실제로 적용하여 제시하고자 한다. 다음 프로그램은 경상도 지역의 문화유산인 '달성다사12차진굿'을 연간 40차시로 구성한 것이다.

(1) 준비단계

□ 교육환경

- 기관/프로그램명: 지역문화회관/국악강좌(전통 예술)
- 교육장소: 문화센터 소강당
- 학습 대상 및 인원: 성인 일반(20~40대) / 20~25명
- 교육기간: 연간(12개월) 3월 개강~차년 2월까지 / 주1회 2시간(총 48주)
- 특이사항: 연말 송년발표회 및 봉사공연 활동(학습자들의 의견 및 일정에 따라 조정)

□ 교육내용

- 수업내용: 농악
- 수업목표: 전통문화 예술 강좌를 통해 개인의 취미활동과 삶의 질을 개선하

고 지역민들의 화합과 유대관계를 증진한다. 아울러 지역의 전통문화 활동에 참여함으로써 전통문화의 보전과 발전에 기여한다.

□ 교육방법

실제적인 국악적 경험을 제공하여 개인별 수행 과제를 주고 습득할 시간적 여유를 주어 개별 점검을 하고 전체적인 합주를 지도한다. 학습자 개인별 맞춤식 교육이 되도록 하고 더불어 자기 주도적 학습이 되도록 한다. 봉사공연 및 발표회를 통해 학습자 간의 유대감 형성과 공동체 활동을 경험한다.

(2) 기획단계

□ 교육 주제: 달성다사12차진굿(이하 다사농악)

□ 개요

이 교수 · 학습 활동은 전통 예술 중 농악을 주제로 한 국악교육이다. 경상도 지역의 농악으로 힘차고 박진감 넘치는 가락에 경상도 지역의 정서가 그대로 반영되어 있으며 이름에서도 알 수 있듯이 진법 중심의 진풀이가 많아 역동적이고 활발한 신체 활동이 많은 것이 특징이다. 농악은 연주 활동의 실기 영역이면서 그 속에는 춤도 있고 노래도 있고 세시풍속과 같은 선조들의 삶의 방식까지도 담고 있는 종합예술의 성격을 지녔다. 또 농악은 그 지역사회에서 개인과 공동체가 함께 성장하고 발전할 수 있는 토대가 되어 주기도 한다.

□ 교육목표

지역의 전통문화 예술인 다사농악의 가락과 진풀이를 배우고 익혀 경상도 농악 가락의 멋을 알고 연주할 수 있다. 아울러 지역민들의 화합과 유대관계를 증진하고 지역의 전통문화 활동에 참여함으로써 전통문화의 보전과 발전에 기여한다.

□ 교수 · 학습 자료

악기(꽹과리, 징, 북, 장구, 소고 등), 악기끈, 가락보, 화이트보드, 보드마카 등

〈표 9-4〉 월별 계획안 및 연간계획

차시	일자	교육 주제	교육목표	교육내용
1	3월 1주	다사농악 중 '집합굿'	풍물 악기의 바른 자세와 연주법을 알고 악기를 메고 집합굿 장단을 연주할 수 있다.	풍물악기의 바른 자세와 연주법
2	3월 2주			집합굿 가락 1번
3	3월 3주			집합굿 가락 2, 3번
4	3월 4주			집합굿 가락 맺음가락
5	4월 1주	다사농악 중 '단마치 길굿'	단마치 길굿 가락을 알고 걸음을 걸으며 연주할 수 있다.	단마치 가락
6	4월 2주			두마치 가락
7	4월 3주			네마치 가락
8	4월 4주			여덞마치 가락
9	5월 1주	다사농악 중 '살풀이'	살풀이 가락을 알고 발걸음을 맞춰 연주할 수 있다.	살풀이 기본가락
10	5월 2주			살풀이 내는 가락
11	5월 3주			굿거리 발걸음 익히기
12	5월 4주			굿거리 춤사위 익히기
13	6월 1주	다사농악 중 '살풀이 모둠가락'	살풀이 모둠가락을 알고 춤사위를 하며 연주할 수 있다.	살풀이 변주가락 1
14	6월 2주			살풀이 변주가락 2
15	6월 3주			살풀이 모둠가락
16	6월 4주			살풀이 넘김 가락
17	7월 1주	다사농악 중 '덧뵈기'	덧뵈기 가락을 알고 발걸음을 맞춰 연주할 수 있다.	덧뵈기 기본가락
18	7월 2주			덧뵈기 변주가락 1
19	7월 3주			덧뵈기 변주가락 2
20	7월 4주			덧뵈기 변주가락 3
21	8월 1주	다사농악 중 '덧뵈기 모둠가락'	덧뵈기 모둠가락을 알고 춤사위를 하며 연주할 수 있다.	덧뵈기 모둠가락 1
22	8월 2주			덧뵈기 모둠가락 2
23	8월 3주			자진가락 1
24	8월 4주			자진가락 2

25	9월 1주	다사농악 중 '진오방굿'	진오방굿 가락을 알고 동, 서, 남, 북, 중앙의 오방위에 진풀이를 하며 연주할 수 있다.	진오방굿 가락 1
26	9월 2주			진오방굿 가락 2
27	9월 4주			진오방굿 가락 3
28	9월 5주			다드래기 가락
29	10월 1주	다사농악 중 '외덧뵈기'	외덧뵈기 가락을 알고 진풀이를 하며 연주할 수 있다.	순령굿 1
30	10월 2주			순령굿 2
31	10월 3주			외덧뵈기 가락 1
32	10월 4주			외덧뵈기 가락 2
33	11월 1주	다사농악 중 '팔괘진 좌우치기'	좌우치기 가락을 알고 팔괘진 진풀이를 하며 연주할 수 있다.	좌우치기 가락 1
34	11월 2주			좌우치기 가락 2
35	11월 3주			팔괘진 진풀이 1
36	11월 4주			팔괘진 진풀이 2
37	12월 1주	다사농악 중 '사치기 태극진풀이'	사치기 가락을 알고 태극진 진풀이를 하며 연주할 수 있다.	사치기 가락 1
38	12월 2주			사치기 가락 2
39	12월 3주			태극진 진풀이 1
40	12월 4주			태극진 진풀이 2

(3) 실행단계

〈표 9-5〉 장단실기 교육을 통한 본시의 지도계획(약안)

프로그램	다사농악	대상	성인 일반(20~40대)	인원	20~25명
교육 주제	단마치 길굿 가락 익히기	장소	문화센터 소강당	시간	120분
교육목표	자진모리장단의 3소박 리듬을 알고 단마치길굿 가락을 연주 할 수 있다.				
준비물	매구(꽹과리), 징, 북, 장구, 편한 복장				

단계	과정	교수 · 학습 활동	시간	유의점(∨) 및 학습자료(*)
도입	학습내용 파악	• 전시학습 - 지난 시간에 배운 '집합굿' 가락을 연주한다. • 동기유발 - 길을 가면서 연주하는 가락을 '길굿'이라고 합니다. 길은 넓은 대로, 꼬불꼬불 골목길, 거리에	30분	

<table>
<tr><td></td><td></td><td>따라 먼 길, 가까운 길 등 형편에 따라 쓰이던 가락의 종류는 매우 다양합니다.
• 학습목표 설정
– '길굿' 중 자진모리장단형의 '단마치 길굿'을 연주할 수 있다.</td><td></td><td>*'길'과 관련된 이야기 자료, 세시풍속 자료</td></tr>
<tr><td>전개 1</td><td>감각적 감지 [기초기능(개념) 익히기]</td><td>• 단마치 길굿 가락 익히기
– 손뼉 치며 말장단으로 장단의 빠르기와 가락을 익힌다.
• 시작 신호가락 익히기
• 마침가락 익히기
– 악기별로 연주하여 보고 합주한다.</td><td>30분</td><td>*길굿 중 가락과 박자가 가장 쉽고 단순한 장단이다.</td></tr>
<tr><td></td><td></td><td>휴식</td><td>10분</td><td></td></tr>
<tr><td>전개 2</td><td>표현방법 탐색</td><td>• 두마치 가락 익히기(징, 북, 장구는 단마치와 같음)
– 자진모리형의 가락을 두 가락을 반복하여 연주할 때는 '두마치'라고 한다.
• 여덟마치 가락 익히기(징, 북, 장구는 단마치와 같음)
– 한 가락만 반복하여 연주할 때는 단마치, 두 가락은 두마치, 네 가락은 네마치, 여덟 가락은 여덟마치라고 한다. 때에 따라 혹은 상쇠의 역량에 따라 자유롭게 가감하여 응용, 연주할 수 있다.</td><td>20분</td><td></td></tr>
<tr><td>전개 3</td><td>창의적 표현</td><td>• 합주하기
– 꽹과리(매구)를 연주한 사람들은 한 사람씩 돌아가며 상쇠가 되어 합주를 이끌어 본다.
– 시작과 마침가락을 할 때는 반드시 손을 들어 '가락신호'와 함께 '몸신호'도 함께 준다.
</td><td>20분</td><td>*본가락은 단마치, 두마치, 네마치, 여덟마치 중 자유 선택하여 연주한다.</td></tr>
<tr><td>정리</td><td>내면화</td><td>• 소감 나누기
– 합주를 해 본 느낌과 소감을 이야기 나눈다.
• 차시 예고
– 다음 시간에는 춤 반주에 잘 어울리는 '살풀이' 장단을 배워 보겠습니다.
• 인사장단</td><td>10분</td><td></td></tr>
</table>

(4) 평가 단계

□ 평가방법

- 관찰평가, 문답평가, 상호평가, 자기평가 등

□ 평가관점

- 장단의 느낌을 살려 가락을 연주할 수 있는가?
- 신체 활동을 하며 진풀이를 할 수 있는가?
- 상호 간의 배려하는 마음으로 합주할 수 있는가?
- 지역 전통문화의 가치와 소중함을 알 수 있는가?

□ 지도상의 유의점

- 학습 수준에 맞춰 난이도를 조절하여 교육내용을 융통성 있게 제시한다.
- 학습자들이 체력적으로 무리가 가지 않도록 수업 분량을 조절한다.
- 여러 악기가 서로 조화를 이루며 연주할 수 있도록 서로 친밀한 마음이 들수 있게 학습 분위기를 조성한다.
- 청 · 장년 학습자들은 아동기에 비해 신체적인 학습 반응속도가 늦다는 것을 인정하고 배움의 속도에 좌절하지 않도록 격려하고 자신감을 북돋워 준다.

문화예술교육은 문화정책 혹은 복지정책의 관점에서 볼 때, 적극 권장하고 지속해야만 하는 국가 정책이다. 따라서 현재 사회적 취약계층에 집중되어 있는 사회문화예술교육은 보다 보편적인 정책으로서 일반 시민대중에게 확대할 필요가 있다. 평범한 일반 국민들을 대상으로 다양한 형태의 문화예술교육을 제공함으로써 전체 국민의 삶의 질이 향상되도록 해야 한다.

이제 21세기를 사는 우리 국민들은 협의로서의 사회복지가 아닌 광의의 사회복지, 즉 문화복지를 원하고 있다. 이러한 욕구는 바로 행복권이며 문화권이다. 삶의 질을 향상시키고자 하는 이러한 욕구는 사회가 변화, 발전하고 다양화될수록 더욱 증대될 것이다. 따라서 이를 충족시키기 위한 정책으로서의 문화예술교육은 더욱 더 강화되고 보장되어야 한다.

☞ 참고자료

〈예시 9-1〉 민요교실 학습지도안

프로그램	신명나는 민요교실	대상	성인 일반(20~50대)	인원	20명
교육 주제	강강술래	장소	장애인 복지관	시간	50분
교육목표	• 강강술래의 특징을 알 수 있다. • 남도민요의 시김새를 살려 노래 부를 수 있다.				
준비물	장구, 컴퓨터, 프로젝트, 뉴스자료, ppt 자료 등				

단계	과정	교수 · 학습 활동	시간	유의점(∨) 및 학습자료(*)
도입	학습내용 파악	• 동기유발하기 - 한가위 때 주로 하는 민속놀이에는 어떤 것들이 있을까요? 많은 민속놀이들이 있겠지만 오늘은 강강술래에 대해 이야기하고자 합니다. - 강강술래는 한가위 때 부녀자들이 빙글빙글 돌면서 같이 불렀던 민속놀이이죠. - 강강술래에 대한 뉴스 자료 영상을 보며 강강술래에 대해 이야기해 보도록 합시다. • 학습목표 확인하기 - 강강술래의 특징을 알고 메기고 받는 형식으로 시김새를 살려 강강술래를 노래 불러 봅시다.	15분	강강술래 뉴스 자료
전개 1	감각적 감지 [기초기능(개념) 익히기]	• 강강술래의 특징 알기 - 남도민요, 중중모리장단, 메기고 받는 형식 - 강강술래 놀이를 하면서 부르는 노래 • 시김새 익히기 - 남도민요의 시김새를 익혀 볼 텐데요, 지난 시간에 시김새가 뭐라고 했죠? (떨고 꺾는 음을 시김새라고 합니다.) - 강강술래 시김새를 익혀 보겠습니다. 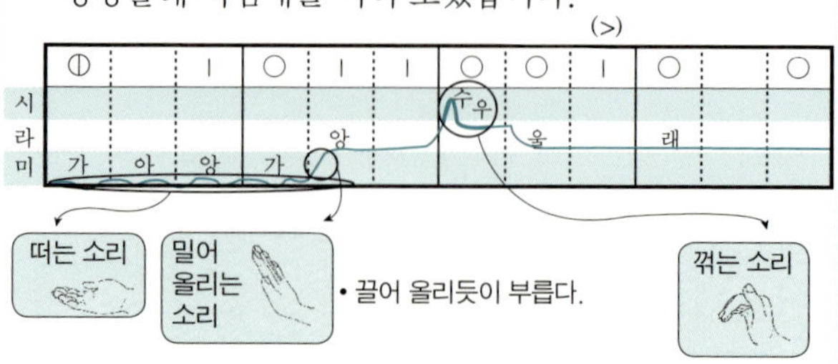 출처: 초등학교 6 음악(2011).	10분	ppt 자료

		- 잘하셨습니다. 남도민요는 아래 음인 '미'는 떨어 주고, 중간 음인 '라'는 곧게 뻗어 평으로 내고, '시'는 꺾어 주는 음으로 구성됩니다.		
전개 2	표현방법 탐색	• 메기고 받는 형식 이해하기 - 강강술래는 메기고 받는 형식의 노래입니다. - 네. 그러면 다양한 방법으로 메기고 받는 형식을 표현해 보겠습니다. 참쌀떡~ / 사세요~ 메밀묵~ 팔아요~ - 그럼 메기고 받는 형식의 강강술래를 익혀 보겠습니다. - 받는 소리 따라 부르기 (강 강 술 래~~) - 메기는 소리 따라 부르기 (전라도 우수영은~~) (우리장군 대첩지라~~) (장군의 높은공은~~) (천추만대에 빛날세라~~) - 이번에는 제가 메기는 소리를 하고 어르신들이 받는 소리를 하면서 다시 한 번 익혀 보도록 하겠습니다.	15분	장구, 악보
전개 3	창의적 표현	• 모둠별로 부르기 - 메기는 소리와 받는 소리를 모두 잘 익히셨나요? 그렇다면 모둠을 나누어 메기는 소리와 받는 소리를 시김새 살려 불러 보겠습니다.	5분	
정리	내면화	• 소감 나누기 - 우리가 알고 있던 강강술래를 이렇게 자세히 배워 보니까 어떠세요? (전라도 민요의 시김새를 잘 이해하고 부를 수 있었습니다.) - 오늘 배운 수업이 어떠했는지 소감을 들어 볼까요?	5분	

본시 평가관점	평가 방법
남도민요의 시김새를 살려 자연스럽게 노래 부를 수 있는가?	관찰평가, 문답평가, 상호평가, 자기평가

유의점
• 시김새 표현을 지도하되 자연스러운 발성으로 노래 부를 수 있도록 개별 수준을 고려하여 수업내용을 잘 조절해서 진행해야 한다. • 스스로 노래를 흥겹게 부르며 즐길 수 있도록 자신감을 북돋아 주고 격려하며 지도한다.

〈예시 9-2〉 신체 활동을 통한 본시의 지도계획

차시	주요 내용	주요 활동
28차시	진오방굿 진풀이 익히기	• 진오방굿 진법의 오방진 이해하기 • 진오방굿 가락 연주하며 진풀이하기

프로그램	다사농악	대상	성인 일반(20~40대)	인원	20~25명
교육 주제	진오방굿 진풀이 익히기	장소	문화센터 대강당	시간	120분
교육 목표	진오방굿 가락을 연주하며 동, 서, 남, 북, 중앙 다섯 방위에 오방진풀이를 할 수 있다.				
준비물	매구(꽹과리), 징, 북, 장구, 소고, 악기 끈, 운동화, 편한 복장, 물, 간식 등				

단계	과정	교수 · 학습 활동	시간	유의점(∨) 및 학습자료(*)
도입	학습내용 파악	• 전시학습 - 지난 시간에 배운 '진오방굿' 가락을 연주한다(징, 북, 장구는 가락이 변화하지 않고 계속 동일함). • 학습목표 확인하기 "오늘은 진오방굿 가락을 연주하면서 동, 서, 남, 북, 중앙에 오방진을 짜는 '오방진풀이'를 해 보겠습니다."	30분	*음양오행설에 관한 세시풍속, 오방위에 관한 이야기 자료
전개 1	감각적 감지 [기초기능(개념) 익히기]	• 몸풀기 체조하기 - 손목, 발목, 목돌리기 등 악기를 매고 연주하기 전 가볍게 몸풀기 체조를 한다. - 학습자들 중 스트레칭 운동을 잘 하는 사람이 있다면 다른 학습자들에게 시범을 보이며 따라 하게 하여도 좋다. • 달팽이진 감고 풀기 - 악기를 매지 않고 구음으로 입장단을 하며 악기별로 대열을 맞춰 상쇠의 지휘에 따라 달팽이진을 감았다가 풀어본다. 이때 치배들은 상쇠가 달팽이진을 감았던 자리까지 들어갔다가 풀어 나와야만 달팽이진의 온전한 모양이 유지된다. • 오방진풀이 감고 풀기 - 달팽이진풀이가 익숙해지면 동, 서, 남, 북을 차례로 거쳐 마지막에 중앙에 달팽이진을 감는다. 진풀이를 하면서 서로 부딪치거나 진이 꼬이지 않도록 상쇠는 앞에서 진풀이를 잘 이끌어야 한다.	30분	*몸풀기 체조를 충분히 하여 신체상에 무리가 가지 않도록 주의한다.
		휴식	10분	

<table>
<tr>
<td>전개 2</td>
<td>표현방법 탐색</td>
<td>
• 악기 매고 가락 연주하기(매구-징-북-장구-소고 순)
- 동쪽 감기(가락1) → 동쪽 풀어 서쪽 감기(가락2) → 서쪽 풀어 남쪽 감기(가락1) → 남쪽 풀어 북쪽 감기(가락2) → 북쪽 풀어 중앙 감기(가락1, 가락3)(징, 북, 장구는 가락이 변화하지 않고 계속 동일함)
- 중앙에서 진을 다 감으면 휘모리장단으로 연결(집합굿 2, 3, 맺음가락과 동일)하여 연주한다.
<table>
<tr><th>말장단</th><th>다</th><th></th><th>들</th><th></th><th>모</th><th>여</th><th>라</th><th></th><th>다</th><th></th><th>들</th><th></th><th>모</th><th>여</th><th>라</th><th></th></tr>
<tr><td>매구2</td><td>당</td><td></td><td>당</td><td></td><td>다</td><td>다</td><td>당</td><td></td><td>당</td><td></td><td>당</td><td></td><td>다</td><td>다</td><td>당</td><td></td></tr>
<tr><td>매구3</td><td>(읏)</td><td></td><td>딱</td><td></td><td>(읏)</td><td></td><td>딱</td><td></td><td>(읏)</td><td></td><td>딱</td><td></td><td>딱</td><td></td><td>딱</td><td></td></tr>
<tr><td>징</td><td>징</td><td></td><td></td><td></td><td></td><td></td><td></td><td></td><td>징</td><td></td><td></td><td></td><td></td><td></td><td></td><td></td></tr>
<tr><td>북</td><td>둥</td><td></td><td>둥</td><td></td><td>둥</td><td></td><td>둥</td><td></td><td>둥</td><td></td><td>둥</td><td></td><td>둥</td><td></td><td>둥</td><td></td></tr>
<tr><td>장구2</td><td>덩</td><td></td><td>덩</td><td></td><td>콩</td><td>따</td><td>콩</td><td></td><td>덩</td><td></td><td>덩</td><td></td><td>콩</td><td>따</td><td>콩</td><td></td></tr>
<tr><td>장구3</td><td>따</td><td></td><td>쿵</td><td></td><td>콩</td><td>따</td><td>콩</td><td></td><td>따</td><td></td><td>쿵</td><td></td><td>콩</td><td>따</td><td>콩</td><td></td></tr>
<tr><td>소고</td><td>동</td><td></td><td></td><td></td><td>동</td><td></td><td></td><td></td><td>동</td><td></td><td></td><td></td><td>동</td><td></td><td></td><td></td></tr>
</table>
<table>
<tr><td rowspan="2">매구
매구</td><td>다</td><td>당</td><td></td><td>다</td><td>당</td><td></td><td>당</td><td></td><td>다</td><td>다</td><td>당</td><td></td><td></td></tr>
<tr><td>다</td><td>다</td><td>다</td><td>당</td><td></td><td>다</td><td>다</td><td>당</td><td></td><td>딱</td><td></td><td></td><td>다르르르</td></tr>
<tr><td rowspan="2">징
징</td><td>징</td><td></td><td></td><td></td><td></td><td></td><td></td><td></td><td></td><td></td><td></td><td></td><td></td></tr>
<tr><td>징</td><td></td><td></td><td></td><td></td><td></td><td></td><td></td><td></td><td></td><td></td><td></td><td>징~</td></tr>
<tr><td rowspan="2">북
북</td><td>둥</td><td></td><td></td><td>둥</td><td></td><td></td><td>둥</td><td></td><td></td><td>둥</td><td></td><td></td><td></td></tr>
<tr><td>둥</td><td></td><td></td><td>둥</td><td></td><td></td><td>둥</td><td></td><td></td><td>둥</td><td></td><td></td><td>두루루루</td></tr>
<tr><td rowspan="2">장구
장구</td><td>더</td><td>덩</td><td></td><td>더</td><td>덩</td><td></td><td>덩</td><td></td><td>따</td><td>콩</td><td>따</td><td></td><td></td></tr>
<tr><td>더</td><td>더</td><td>더</td><td>덩</td><td></td><td>따</td><td>더</td><td>덩</td><td></td><td>덩</td><td></td><td></td><td>더르르르</td></tr>
<tr><td rowspan="2">소고
소고</td><td>동</td><td></td><td></td><td>동</td><td></td><td></td><td>동</td><td></td><td></td><td>동</td><td></td><td></td><td></td></tr>
<tr><td>동</td><td></td><td></td><td>동</td><td></td><td></td><td>동</td><td></td><td></td><td>동</td><td></td><td></td><td>도르르르</td></tr>
</table>
</td>
<td>20분</td>
<td>*개인 특성상 신체적으로 악기를 매는 것이 부담스러운 학습자는 가벼운 소고 연주를 하며 참여하여도 좋다.</td>
</tr>
<tr>
<td>전개 3</td>
<td>창의적 표현</td>
<td>
• 진오방굿 가락 연주하며 진풀이하기
- 상쇠의 지휘에 따라 대열을 갖춰 진오방굿 진풀이를 한다.
- 공간의 크기와 시간, 상황에 따라 달팽이진을 하나 혹은 3방진, 5방진 등으로 변형하여 진풀이를 할 수도 있다.
- 체력적으로 너무 무리가 되지 않도록 박자와 빠르기를 조절하여 연주한다.
</td>
<td>20분</td>
<td></td>
</tr>
</table>

<table>
<tr>
<td>정리</td>
<td>내면화</td>
<td>
• 배운 내용 점검하기
- 진풀이 과정이 복잡할 수도 있어서 진풀이의 순서와 가락의 순서를 기억하는지 점검한다.
• 정리 체조하기
- 악기를 풀고 활발한 신체 활동으로 지친 심신을 풀어 주고 심호흡한다.
• 차시 예고
- 다음 시간에는 진오방굿의 중앙진을 풀어 나오는 진풀이와 가락을 배워 보겠습니다.
• 인사장단
<table>
<tr><th>말장단</th><th>안</th><th>녕</th><th></th><th>안</th><th>녕</th><th></th><th>여러</th><th>분</th><th>들</th><th>안</th><th>-</th><th>녕</th><th>(인사)</th></tr>
<tr><td>매구</td><td>당</td><td>당</td><td></td><td>당</td><td>당</td><td></td><td>다다</td><td>당</td><td>당</td><td>당</td><td>-</td><td>딱</td><td></td></tr>
<tr><td>징</td><td>징</td><td></td><td></td><td></td><td></td><td></td><td>징</td><td></td><td></td><td></td><td></td><td></td><td>징~</td></tr>
<tr><td>북</td><td>둥</td><td>둥</td><td></td><td>둥</td><td>둥</td><td></td><td>두두</td><td>둥</td><td>둥</td><td>둥</td><td>-</td><td>딱</td><td></td></tr>
<tr><td>장구</td><td>덩</td><td>덩</td><td></td><td>덩</td><td>덩</td><td></td><td>더더</td><td>덩</td><td>덩</td><td>덩</td><td>-</td><td>따</td><td></td></tr>
<tr><td>소고</td><td>동</td><td>동</td><td></td><td>동</td><td>동</td><td></td><td>도도</td><td>동</td><td>동</td><td>동</td><td>-</td><td>딱</td><td></td></tr>
</table>
</td>
<td>10분</td>
<td>*체력 소모가 많은 활동이므로 수분과 당분 보충을 위한 간식을 준비하여 나눠 먹으면 체력보충과 친밀감 형성에 좋다.</td>
</tr>
</table>

본시 평가관점	평가 방법
• 오방진풀이의 변화에 맞게 진오방굿 가락의 변화를 알고 적절하게 연주할 수 있는가? • 상쇠의 지휘에 따라 모든 치배들이 협동하여 진풀이를 할 수 있는가?	관찰평가, 문답평가, 상호평가, 자기평가

유의점
• 신체 활동이 많은 만큼 진풀이를 할 때 체력적으로 너무 무리가 되지 않도록 수업 내용과 시간을 잘 조절해서 진행해야 한다. • 가락 연주와 진풀이의 신체 활동이 협응이 잘 안 되더라도 자신감을 잃지 않도록 격려하며 지도한다.

토의주제

1. 청 · 장년 대상 국악 수업의 설계에 있어 준비단계에서 고려되어야 할 점은 무엇인가?

2. 청 · 장년 대상 국악 수업의 학습 주제를 선정하여 학습모형을 기획하여 보자.

3. 청 · 장년 대상 국악 수업 설계에서 유의점은 무엇인가?

참고문헌

권덕원, 석문주, 최은식, 함희주(2005). 음악교육의 기초. 경기: 교육과학사.

권덕원, 황병훈, 송정희, 박주만(2012). 국악교육론. 경기: 교육과학사.

김기현, 하형석, 신인철, 배진우, 손원빈(2016). 2016년 청년 사회 · 경제 실태 조사. 한국청소년정책연구원 연구보고서, 1-252.

김희선, 장윤희(2016). 사회문화예술교육으로서의 국악교육 전개와 과제. 국악교육연구, 10(2), 33-55.

박신의, 백령, 신승빈, 박인정, 김경선(2011). 2011 사회문화예술교육 프로그램 분석 연구. 한국문화예술교육진흥원 연구보고서.

양현미(2010). 사회문화예술교육 정책 분석 연구. 한국문화예술교육진흥원 연구보고서.

양혜원, 김세훈, 박영정, 임학순, 권순일, 이사민(2015). 2015 사회문화예술교육 중장기 사업전략 연구. 한국문화예술교육진흥원 연구보고서.

장근주, 조성기(2012). 스마트 교육을 적용한 음악과 교수 · 학습 모형 개발. 한국교육과정평가원 연구보고서.

조윤정(2012). 고령화시대의 노년층 음악교육 활성화 방안 연구. 국민대학교 대학원 석사학위논문.

최현묵(2008). 문화예술교육이 문화복지로서 삶의 질에 미치는 영향에 관한 연구. 성균관대학교 대학원 박사학위논문.

편집부(2011). 초등학교 6 음악. 서울: 태성.

제10장

노년 국악 교수 · 학습방법

곽은아

1. 노인 대상의 이해
2. 노인 국악교육의 영역 및 학습방안
3. 노인 국악 교수 · 학습방법의 실제

노인 대상 국악교육의 교수 · 학습 방법을 구상하기 위해서는 노인에 대한 이해, 즉 신체적 노화 수준 및 소외감 · 무력감 등과 같은 정서적 · 심리적 요인 등 폭넓은 지식이 우선되어야 한다. 노인 이해가 선행된 후 국악교육 목표가 설정되어 교수 · 학습 모형이 준비 · 기획 · 개발 · 평가의 단계로 잘 이루어졌을 때 노인은 교육을 통해 행복감과 성취감을 얻어 신체적 · 정신적으로 건강한 삶을 누릴 수 있을 것이다. 교수자는 노인들이 국악이라는 음악활동을 통해 사회적 친밀감, 정서적 유대감, 자존감, 활동력 증진 등 삶의 질이 향상되어 성공적인 노인기를 잘 이끌어 갈 수 있도록 다양한 교수 · 학습방법을 모색하여야 한다.

1. 노인 대상의 이해

오늘날 한국 사회는 급속도로 '고령화 사회'로 진입하고 있다. 손화자(2016)는 한국의 경우 총 인구 중 65세 이상인 노인 인구가 2000년에 7%로서 고령화 사회로 진입하였고, 2018년에는 14%로 고령화 사회가 된다고 하였다. 또한 2026년에 이르면 노인의 인구가 20%에 이르는 초 고령화 사회에 도달한다고 강조하였다.

노인에 대한 규정과 관련하여 통념적으로 우리는 65세 이상을 노인이라 하며 이때부터 노인기에 접어든다고 본다. 일반적으로 노인기는 퇴직과 더불어 사회적 활동을 마치게 되는데, 이로 인해 경제적 사정이 나빠지는 반면, 여가시간은 늘어나는 시기라고 할 수 있다. 또한 신체적 · 정서적으로 그 기능이 불안정해지고 건강상태도 악화되어 활동 능력이 떨어지는 시기이기도 하다. 그러나 2017년 현재 노인인구가 증가하면서 전자와 같이 일반적으로 언급되는 노인기의 노인이 있는가 하면, 의료 기술의 발달로 신체적으로 건강하고 경제적으로 안정되어 여유가 있으며 학문적 수준이 높고 지적 욕구가 강한 노인도 있다. 이렇듯 노인들은 고령화 사회 속에서 100세 시대를 맞이하게 되고, 적게는 20년 또는 그 이상의 노인기를 어떻게 보낼 것인가 고민하며 이것은 우리 모두의 문제로 다가왔다.

고령화는 개인의 문제를 넘어 국가적 문제이다. 우리나라의 경우 고령화에 따른

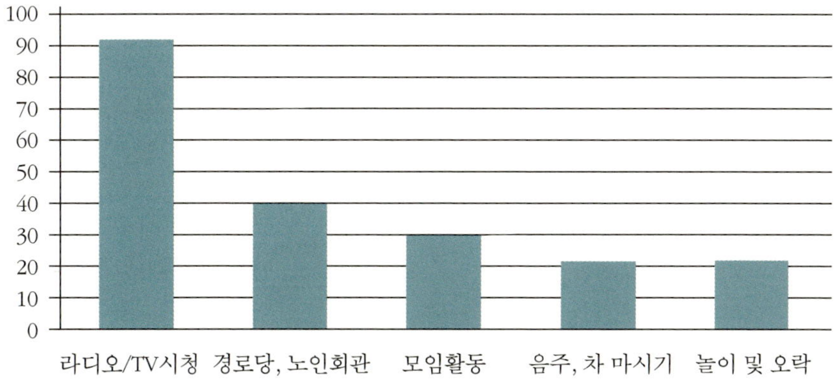

[그림 10-1] 노인의 여가활동 실태

출처: 홍수진(2007).

사회적 · 재정적 비용 부담이 증가하고 있으며, 청년들은 노인부양에 대한 경제적 비용이 커질 것이라는 우려의 목소리도 내고 있다. 이것은 노인 인구의 증가에 따라 노동력이 감소되고, 노인들이 경제 활동에 있어 무용한 존재라는 인식에 기인한다. 이러한 사고는 노인을 위축되고 무력하게 만든다. 인생의 100세 시대를 맞이하는 우리는 더 이상 노인을 부양의 대상, 의존적인 대상, 무용한 존재이자 사회의 부담이 되는 대상으로 보아서는 안 된다(민경훈, 2016).

노인들이 노인기에 행하고 있는 여가활동 실태를 조사한 홍수진(2007)은 "노인들은 여가활동으로 매일 라디오/TV시청(90.8%), 경로당이나 노인회관 참여(39.9%), 모임활동(30.1%), 음주 및 차 마시기(22.4%), 놀이 및 오락(21.7%) 등을 하며, 반면 전혀 안 하는 여가활동 종류로는 문화활동(97.4%), 사회봉사활동(93.3%), 학습활동(93.1%) 등이다."고 밝히고 있다.

홍수진의 실태 조사에서 라디오/TV를 시청하며 여가 시간을 보낸다는 노인들이 가장 큰 비율로 나타난 것은 노인들의 삶이 실상 외로움과 고독에 따른 결과이다. 우리는 노인들이 세대차로 인한 대화의 불통자, 신체적 약화에 따른 보호대상자, 사회의 낙오자라는 편견을 버리고, 노인들도 사회 활동을 적극적으로 즐기고 참여하며 능력을 발휘할 수 있다는 인식을 가져야 한다. 노인들에게 노인회관 참여, 모임 및 문화 활동 등 사회적 모임 참여를 권장하고, 노인교육을 통해 노인들이 자신감을 갖도록 하며, 더 나아가 노인교육기관을 벗어나 노인 스스로 주체적으로 문화활동을 만들고 이끌어 나갈 수 있도록 양질의 교육 프로그램을 제공해 주는 것은 노인들이 노인기의 주체적 삶을 영위할 수 있도록 해 주는 데에 매우 중요하다고 본다.

노인교육과 관련하여 연구자들은 노인교육학의 관점을 '노인을 위한 교육(Education for Older Adults)' '노인에 관한 교육(Education about Older Adults and Aging)' '노인에 의한 교육(Education by Older Adults)'의 세 가지 영역으로 구분되어야 한다고 강조하고 있다.[1] 기영화(2007)는 노인교육을 다음과 같이 설명하고 있다.

• 노인을 위한 교육: 노인 스스로의 욕구를 충족시키는, 즉 자신의 성장을 위한

1) 기영화(2007); 한정란(2006); 허정무(2007).

것으로 노인 자신의 삶에 힘을 얻고자 학습을 하는 것을 의미한다.

- 노인에 관한 교육: 노화 과정의 특성과 노인기에 할일 그리고 적응 등에 필요한 지식과 기술 등을 다룬다.
- 노인에 의한 교육: 노인이 자신의 인생 경험에 관한 지혜를 알려 주는 교육으로서, 이를 통해서 노인이 사회에 공헌할 수 있는 기회를 제공해 주는 것을 목적으로 한다.

한국은 현재 고령화 사회로 진입하면서 노인들의 복지 향상을 위해 국가 및 정부 공공단체가 노인들을 위한 많은 교육 프로그램들을 개발하고 있다. 이와 관련하여 가장 중요한 것은 노인을 위하여 다양하고 체계적인 학습모형을 제작하고 실현시키는 것이다. 노인을 위한 프로그램 중 국악교육은 노인들에게 노래하고 연주하고 춤추는 활동을 제공함으로써 행복과 기쁨 그리고 자존감을 향상시키는 역할을 한다. 이를 통해 긍정적 정서를 함양하고 행복한 노인을 영위할 수 있도록 도움을 줄 수 있을 것이다. 교수자는 국악교육을 통해 노인들이 사회의 일원으로 건강하게 자리매김할 수 있도록 프로그램을 설계해야 할 것이다. 또한 프로그램 설계에 앞서 노인을 다방면으로 이해하고 교육목표를 올바르게 수립하려는 노력을 지속해야 하겠다.

2. 노인 국악교육의 영역 및 학습방안

노년의 황금기를 맞이하는 노인들이 그들의 삶을 행복하게 보낼 수 있도록 노인의 신체적 · 심리적 상황, 학습욕구, 예술 주체자로서의 가능성 등 학습 대상자에 대한 이해를 가지고 예술교육은 이루어져야 한다. 교육의 내용은 성별, 장애, 경제성 등이 학습에 영향을 미치지 않는 범주에서 노인의 흥미와 능력에 맞게 제공되어야 하며, 충분한 교육이 이루어졌을 때 노인들의 삶의 질적 만족도가 높아질 것이다.

1) 노인 대상 국악교육의 영역 및 내용

노인을 위한 다양한 문화예술교육 프로그램 중에서 국악교육은 노인들에게 긍정적인 영향을 미칠 수 있다. 그 이유는 한국 사회의 구성원으로 살아오면서 우리 음악 속에 내재된 고유한 문화적 · 언어적 이해가 평생에 걸쳐 노인들의 내면에 잠재되어 있기 때문이다. 이렇듯 국악은 노인들에게 자연스러운 문화예술이지만 교육으로 적용할 때에는 연령적 · 신체적 차이에 따라 국악교육 목표가 다르게 설정되어야 한다. 또한 노인들의 환경과 상황을 고려하고 기대와 요구, 선호도를 반영한 교육이 되어야 한다.

노인을 위한 국악교육의 기본 목표는 단순히 수업을 통해 여가시간을 보내도록 구성되는 것이 아니다. 국악교육의 기본 목표는 국악의 지속적이고 다양한 음악적 경험을 통해 자아를 실현하고, 문화적 향유의 욕구를 충족시켜야 하며, 또한 신체 및 감각 훈련을 통해 노인들이 건강한 몸과 마음을 지니도록 하는 것이다. 더 나아가 노인 스스로 자신감을 형성하게 하고, 사회참여의 의지를 높여 당당한 노인을 보낼 수 있도록 하는 것도 노인을 위한 국악교육의 기본 목표가 되어야 한다. 다음 〈표 10-1〉은 노인을 위한 국악교육내용에 따른 목표와 기대효과이다. 노인 대상 국악교육내용을 총 네 가지 영역으로 제시하였다.

〈표 10-1〉 국악교육의 내용에 따른 교육목표

영역	교육목표	기대효과
가창 (민요)	민요를 즐기며 부를 수 있다.	• 노랫말을 통한 긍정적 정서 함양 • 정서적 안정감 • 창작을 통한 자기표현 • 호흡 및 발성 훈련
신체표현 (춤사위, 율동, 놀이 등)	민요를 부르며 신체표현을 할 수 있다.	• 신체적 유연성을 배양 • 학습자 간 친화력 유도 • 주체자로서의 행복감 • 우울감 해소

기악 (사물놀이, 난타, 장구 등)	사물놀이 등의 악기 연주를 할 수 있다.	• 기억력의 회복 및 유지 • 타인과의 긍정적 상호작용 • 근력의 회복 및 유지 • 스트레스의 해소
감상 (판소리, 정악, 창작곡 등)	국악 감상을 통해 국악의 미적 가치를 알 수 있다.	• 심미적 경험 • 문화 체험욕구 증진 • 지식 습득에 의한 자신감

(1) 가창 영역(민요)

민요에 담긴 노랫말을 통해 노인들이 자신의 삶을 회상하고 옛 시절의 긍정적 또는 부정적 요소를 노래로 표현함으로써 긍정적 정서 함양을 기대할 수 있다. 또한 간단한 개사 활동을 함으로써 자기표현을 이끌어 내고 이로 인해 현실 속의 자아를 발견하게 된다. 또한 호흡과 발성 연습을 동반한 반복적인 노래 부르기는 호흡 조절 능력과 심폐 기능에 도움을 줄 수 있을 것이다.

(2) 신체표현 영역(춤사위, 율동, 놀이 등)

민요 부르기의 단계를 넘어 어깨춤과 손뼉 치기 등이 포함된 춤사위가 병행되면 노인들의 사회적 긴장감이 해소되고 혈액순환에 도움을 줄 수 있다. 또한 음악에서 느끼는 행복감을 학습과정을 통해 표출하여 삶 속에서 즐거움과 신명을 느낄 수 있다.

(3) 기악 영역(사물놀이, 난타, 장구 등)

악기 연주는 기억력 및 근력을 회복 · 유지시키고 타인과의 음악적 상호작용을 통해 긍정적인 상호작용의 경험을 제공해 준다. 학습 환경에 따라 차이는 있겠지만 학습을 통한 결과물로 작은 규모의 공연을 시도해 볼 수도 있다. 이를 위해서는 교수자의 역할이 중요한데 우선 노인들의 수준에 맞는 난이도의 사물놀이장단을 구성하여 공연을 목표로 연습을 계획해야 한다. 노인들은 공연을 준비하면서 장단을 익히고 연습하는 과정을 통해 완성된 자신의 모습과 이를 바라봐 주는 관객을 상상하며 즐겁게 수업에 참여할 것이다.

(4) 감상 영역(판소리, 정악, 창작곡 등)

국악감상교육은 다른 영역에서 경험하기 어려운 한국음악의 넓은 범주를 경험할 수 있다는 장점이 있다. 노인은 우리 음악의 다양성을 접하고 이를 계기로 더 많은 음악을 경험하고 습득하고자 하는 욕구를 지니게 될 것이다. 노인들은 신체적 · 심리적 · 경제적 제약으로 실제로 경험하기 어려웠던 우리 음악을 감상교육을 통해 보다 쉽게 접하게 됨으로써 지식 습득에 의한 지적 만족감과 행복감을 느낄 수도 있을 것이다.

지금까지 노인을 대상으로 한 국악교육내용을 살펴보았다. 교수자의 역량에 따라 더 많은 교육내용을 계획하여 실행할 수 있을 것이다. 이러한 노력이 축적됨으로써 100세 시대를 맞이한 현 상황에 노인들에 대한 교육 효과는 증대될 것으로 기대한다.

2) 교육환경에 따른 교육방법

노인을 대상으로 하는 교육은 공공기관의 노인복지시설[2)]인 노인복지관이나 노인교실, 경로당 또는 노인을 대상으로 하는 문화센터에서 이루어진다. 노인복지관 및 노인교실, 경로당에는 적게는 60세부터 80세 이상까지 모든 노인들이 공존한다. 그러나 다양한 연령대의 노인들은 서로 다른 배움의 욕구와 성향의 개인차로 수업의 방향과 난이도를 일괄적으로 설정하기 어려우므로, 이들을 위한 교육방법은 지속적으로 연구되어야 할 필요가 있다. 우선 수업을 할 때 나타나는 노인들의 특징을 정리하면 다음과 같다.

- 첫째, 노인들은 수업 시간보다 일찍 오는 경우가 많다. 교수자는 수업 시간을 엄수해야한다.
- 둘째, 노인은 자신의 이야기를 많이 하며 경청해 주길 원한다. 각자가 자기의 이야기를 하려고 하는 경우가 많기 때문에 수업의 흐름이 끊기지 않도록 잘 조

2) 「노인복지법」 제 24조에 따르면 노인여가복지시설의 유형에는 60세 이상을 위한 노인복지관 · 노인교실과 65세 이상을 위한 경로당의 시설이 있다(보건복지부, 2017).

절해야 할 필요가 있다.

- 셋째, 같은 질문을 반복해서 하거나 같은 말을 여러 번 반복하는 경향이 있다. 아동 수업에서도 비슷한 상황들이 생기기도 하는데, 같은 질문을 반복해서 한다는 것은 인지하지 못했다는 것을 의미하므로 설명이나 지시는 최대한 간단하게 하도록 노력해야 한다.
- 넷째, 노인은 연장자로 대우 받기를 원하는 경향이 있다. 노인들을 호칭할 때 교수자에 따라 여러 가지 방법이 있겠지만 어르신이나 ○○○님 등으로 충분히 존중받고 있다는 것을 표현해 줄 필요가 있다.

다음은 학습자의 교육환경에 따른 교육방법을 제시하였다.

신체표현 활동을 위해서는 학습 공간의 적합성, 학습자의 신체 건강 및 학습 도구 유무 등을 미리 파악해 보아야 한다. 다음은 사전 조사를 통해 학습 공간과 상황을 파악하고 신체표현 교수 · 학습방법을 계획한 내용이다.

〈표 10-2〉 학습 공간에 따른 신체표현 교수 · 학습방법 계획하기

학습을 위한 사전 조사내용	상황	학습 진행 방법	효과
학습 공간	의자에 앉음	양팔을 상하좌우로 뻗었을 때 부딪치지 않도록 의자의 간격을 조정한 후 수업을 시작한다.	팔을 자유롭게 천천히 움직여 상체의 근육을 유연하게 한다.
	바닥에 앉음	학습내용의 PPT는 프로젝터로 조작하고 교수자는 원형으로 함께 앉아서 노래와 율동을 가르친다.	교수자가 앉아서 수업을 함으로써 노인의 입장을 이해하고 신체 건강에 도움이 되는 음악과 율동의 프로그램을 개발하는 기본적 접근이 될 것이다.
학습자의 건강 및 욕구	신체 건강	앉아서 상체율동을 익힌다. 서서 허리와 다리의 유연성 및 힘을 길러 줄 수 있는 동작을 익힌다.	• 노인은 골밀도의 감소로 관절이 나빠 자주 일어서고 앉는 동작은 피한다. • 앉거나 또는 일어서서 율동을 하도록 하여 경직된 근육을 푸는 효과 및 유연성의 회복을 시도한다.
	장애 (청각, 지체)	• 청각장애: 교수자는 학습공간을 자연스레 돌아다니며 학습자의 학습참여를 유도한다.	지체장애를 지닌 노인들은 위축 또는 배려의 마음으로 수업 시 뒤에 앉아 있을 수 있다. 교수자는 모든 학습자를

		• 지체장애: 교수자는 무릎을 굽혀 학습에 참여한 노인들과 눈높이를 맞추며 참여를 유도하는 수업을 한다.	위한 수업의 형태로서 돌아다니며 수업을 하여 학습자가 장애로 인한 위축감을 덜고 즐겁게 학습에 임할 수 있게 한다.
학습 도구 유무	장구, 소고, 징	학습자는 각각의 악기를 연주한다.	• 참여자로서 즐겁게 학습하게 한다. • 악기의 기술 습득은 자신감을 충만하게 한다.
	국악기 없음	장구 구음을 학습한 후 역할분담을 하여 장구소리, 노래, 신체표현으로 서로 호흡을 맞추며 학습을 한다.	총체적 예술을 창작하고 완성한 기쁨과 성취감으로 인해 자존감을 회복하게 된다.

3) 신체적 · 심리적 상황을 고려한 교육방법

노인은 외형적으로 나타나지 않는다고 하더라도 노화로 인하여 신체 구조가 변화되고 이에 따라 신체 기능의 저하를 느낀다. 이는 질병과 달리 생리적 기능이 저하됨을 의미한다. 그리고 주위의 노인들을 바라보면서 질병과 사망에 대한 부정적인 사고가 증가한다. 노인들의 신체에 있어서 두드러진 변화는 기억력 감퇴, 체온조절기능 저하, 혈관의 노화, 근육의 노화, 시력의 노화, 청력의 퇴화 등 다양하게 나타난다(박명숙. 2016). 그러므로 노인의 신체 변화와 심리를 이해함으로써 효과적이며 효율적인 수업을 전개할 수 있다. 이러한 점에서 교수자는 다음과 같은 노인의 신체적 증상을 유념하여 수업을 전개하여야 한다.

- 노인은 기억력이 감퇴되고 상황대처 능력도 떨어진다. 그러므로 수업 진행은 자연스럽게 천천히 반복해서 진행하며, 노인이 수업을 심리적으로 안정되게 참여할 수 있도록 하여야 한다.
- 노인은 체온조절기능이 저하되므로 수업 공간이 적정온도를 유지하는가를 확인하여 노인이 건강을 잃지 않도록 신경을 써야 한다.
- 노인은 근육 및 골밀도가 감소하여 골다공증 상태에 이르기에 넘어져도 쉽게 골절상을 입는다. 그러므로 수업 중 과격한 동작을 수반하여 교육을 하는 것은 피해야 하며, 편안하고 가벼운 몸동작으로 수업을 전개한다.

- 노인의 눈은 노화로 인해 기능이 저하되어 작은 글씨로 이루어진 수업에 어려움을 가질 수 있다. 학습장의 깨끗한 유리문은 닫혀 있을 시 부딪히는 사고를 초래할 수 있으니 열어 두거나, 유리문 가운데 식별이 가능한 스티커 등을 붙여 사고를 예방한다. 수업 현장의 불빛이 눈에 불편하지는 않은가도 확인함으로써 편안한 환경 속에서 수업을 받을 수 있도록 배려하여야 한다.
- 노인은 청각에도 문제가 있다. 정확하고 큰 소리로 노인들과 눈을 맞추며 수업한다.
- 노인은 생리적 기능에도 노화가 나타난다. 수업 중 두세 번의 휴식을 통해 편안한 수업을 한다.
- 노인은 사회적 은퇴로 인한 자신감의 상실 및 이로 인한 내향적 · 수동적 자세를 보이고, 때로는 조심성도 증가하며 이것은 표현력의 부족으로 나타나 수업의 성취도가 떨어질 수도 있다. 교수자는 이러한 노인들의 성향을 이해하며 천천히 함께 수업에 임할 수 있도록 인내하고 배려하며 수업을 진행하여야 한다.

3. 노인 국악 교수 · 학습방법의 실제

노인을 위한 국악교육 프로그램의 기획 및 개발을 위하여 교수 · 학습방법을 살펴보고자 한다. 프로그램에는 교수 · 학습의 과정, 수업의 단계, 교수 · 학습 활동이 나타나야 하며, 교수 · 학습 활동은 노인교육에 적합한 내용이 제시되어야 한다.

1) 노인 대상 국악 교수 · 학습방법

다음 〈표 10-3〉은 '민요 부르기' '신체표현' '악기 연주' 등 실기를 중심으로 한 교수 · 학습방법의 예시이다.

〈표 10-3〉 실기를 중심으로 한 국악 교수 · 학습방법

과정	단계	교수 · 학습 활동
도입	학습내용 파악	• 학습내용 제시 및 목표 설정 • 학습자의 학습흥미 고취를 위한 동기유발
전개	감각적 감지	• 음악 감상하고 특징적인 음악적 요소 감지하기 • 사설 및 가락과 장단으로 음악의 특징 이해하기
	표현방법 탐색	• 음악 특징적 요소 학습하기 • 특징적 요소를 살려 음악 표현하기 • 학습활동(노래, 율동, 악기 연주)을 통한 표현력 증진 및 자존감 확립하기
	창의적 표현	• 창작(개사, 율동, 악기표현력)활동의 주체가 되기 • 창작에 따른 예술세계 이해 확립하기
정리	내면화	• 학습내용 발표하기 • 평가하기

다음 〈표 10-4〉는 '국악감상'의 교수 · 학습방법의 예시이다.

〈표 10-4〉 국악감상 교수 · 학습방법

과정	단계	교수 · 학습 활동
도입	학습내용 파 악	• 학습내용 제시 및 목표 설정 • 학습자의 학습흥미 고취를 위한 동기유발
전 개	감각적 감지	• 음악 감상하고 특징적인 음악적 요소 감지하기 • 사설 및 가락과 장단으로 음악의 특징 이해하기
	창의적 감상	• 음악 들으며 분석하기 • 분석에 따른 의견 토론하기 • 음악의 특징적 요소 제시하기
	심미적 표현	• 감상곡의 문화적 배경 이해하기 • 음악과 연관된 통합적 예술영역 이해하기 • 연주회장 체험 및 예술전문가와 교류하기
정 리	내면화	• 학습내용 발표하기 • 평가하기

2) 노인 대상 교수 · 학습방법의 실제

앞에서 언급한 민요, 악기 실습, 감상 등의 노인 국악교육을 위해서는 교육환경, 교육내용, 교육방법 등을 사전에 고려하여 수업을 계획해야 한다. 다음에서는 수업을 위한 임의의 교육환경을 설정하여 프로그램을 구성하는 방법과 차시별 세부 지도안을 제시하고자 한다.

- 교육환경
  - 기관/프로그램 명: 노인복지관/민요반
  - 교육장소: 노인복지관 내 교실
  - 학습 대상 및 인원: 노인(20명)
  - 교육기간: 12차시 / 주 1회 90분
- 교육내용: 민요, 신체표현, 감상
- 교육목표: 민요를 통해 우리나라 지역 민요의 특성을 이해한다. 민요의 개사를 통해 창의적 표현의 주체가 되어 자존감을 회복하고 학습자 간의 유대를 돈독하게 한다. 감상을 통해 폭넓게 전통 음악을 이해한다.
- 교육방법: 민요를 부르며 학습을 한다. 민요 사설에 맞는 신체표현을 하여 신체적 유연성을 지니게 한다. 학습의 어려움이 있는 범주는 감상을 통해 학습하도록 한다. 학습자의 신체 건강을 고려하여 그에 맞는 학습 참여를 유도한다.
- 수업 설계: 수업을 실행하기 위해 교수사는 주어진 교육기간에 따른 전체 수업 설계를 작성해야 한다. 수업 설계는 교육목적에 따라 상반기, 중반기, 하반기로 내용을 구성하기도 하며, 학습유형에 따라 구성할 수도 있다.

- 교육 주제: 우리나라 민요 이해하기
- 수업 개요: 민요 학습을 위해 지리적 구분에 따라 통속 민요를 제시하고, 각각의 음악이 지닌 장단형과 사설의 의미를 이해한다.
- 수업목표: 민요를 학습하고 사설을 통해 한국 역사와 민족사를 이해하고, 학습한 음악을 삶의 일부로 수용하여 즐길 수 있다. 또한 음악과 함께 신체 활동을 통해 노인들의 움직임을 유도하여 건강한 신체를 도모한다.
- 학습자료: 장구, PPT 활용, DVD 및 오디오

〈표 10-5〉 각 차시별 민요수업 진도표

차시	학습 주제	학습목표	주요 활동
1	민요의 이해	• 지역별 민요의 특징을 알고 노래 부를 수 있다.	• 민요의 분류법 알아보기 • 지역별 대표적인 민요 익히기 • 지역별 민요의 특징 이야기하기
2	〈진도아리랑〉 남도(전라도)민요	• 남도민요의 특징을 살려 노래 부를 수 있다.	• 남도민요의 특징 살려 노래 부르기 • 세마치장단 익히기 • 노랫말 바꾸어 노래 부르기
3	〈새타령〉 남도(전라도)민요	• 〈새타령〉을 노래 부르며 새의 종류를 이야기한다. • 노래를 부르며 어울리는 춤사위를 표현할 수 있다.	• 굿거리장단 익히기 • 노랫말을 통한 우리 문화 이해하기 • 우리 춤의 기본 사위 익히기
4	〈군밤타령〉 경기(경기도)민요	• 경기민요의 음악적 특징을 살려 노래 부를 수 있다. • 자진타령장단을 연주할 수 있다.	• 경기민요의 음계 익히기 • 자진타령장단 익히기 • 장단에 맞추어 탈춤의 기본 사위 표현하기 • 노랫말의 의미를 생각하며 삶을 재조명해 보기
5	〈경복궁타령〉 경기(경기도)민요	• 노랫말의 의미를 생각하며 노래 부를 수 있다. • 노래에 어울리는 춤사위를 표현할 수 있다.	• 노랫말을 통해 노래의 배경 알아보기 • 노랫말에 맞는 춤사위를 표현하기 • 자진모리장단의 여러 가지 장단꼴 연주하기
6	〈몽금포타령〉 서도(황해도)민요	• 황해도 지역의 특징을 알고 노래 부를 수 있다.	• 민족분단의 아픔을 서도소리와 연계지어 알아보기 • 중중모리장단 익히기 • 우리 문화유산의 가치 인식하기
7	〈싸름타령〉 서도(황해도)민요	• 서도소리의 음악적 특징을 표현하며 노래 부를 수 있다.	• 서도민요의 음계 및 창법 익히기 • 노래의 내용 알아보기 • 중중모리장단 연주하기
8	〈밀양아리랑〉 동부(경상도)민요	• 동부민요의 특징을 알고 노래 부를 수 있다.	• 우리나라 전승되는 아리랑의 종류 알아보기 • 동부민요의 특징 알고 노래 부르기 • 세마치장단의 다양한 장단꼴 연주하기

9	〈한오백년〉 〈강원도아리랑〉 동부(강원도)민요	• 〈한오백년〉을 노래 부를 수 있다. • 〈강원도아리랑〉을 노래 부를 수 있다.	• 메나리토리의 특징 알아보기 • 엇모리장단 익히기 • 노래의 배경설화 이야기 나누기 • 중모리장단을 치며 노래 부르기
10	〈너영나영〉 제주민요	• 노랫말을 바꾸어 노래 부를 수 있다. • 노래에 어울리는 신체표현을 할 수 있다.	• 노래에 맞는 세마치장단의 장단꼴을 찾아 연주하기 • 노랫말을 통한 제주도 사투리 알아보기 • 노랫말 바꾸어 노래 부르기 • 노래에 어울리는 신체표현하기
11	민요 감상	• 〈창부타령〉, 〈육자배기〉, 〈수심가〉를 감상하며 경기민요, 남도민요, 서도민요의 미적 가치를 이야기할 수 있다.	• 〈창부타령〉, 〈육자배기〉, 〈수심가〉 감상하기 • 각 민요의 미적 가치 이야기하기 (지역별 대표 민요이나, 학습하기 어려웠던 민요들을 감상으로 학습하고 그 음악적 가치를 알아본다.)
12	민요 감상	• 〈베틀가〉, 〈농부가〉, 〈보리타작〉 노래 등 노동요를 감상하고 특징을 이야기할 수 있다.	• 〈베틀가〉, 〈농부가〉, 〈보리타작노래〉 감상하기 • 노동요의 종류 및 특징에 관한 동영상 감상하기 • 우리 문화 재조명하기

• 평가방법
- 민요를 노래할 수 있는가?
- 민요의 특징을 이해하는가?
- 우리나라 음악의 장단을 이해하는가?
- 민요를 통한 우리 문화의 이해가 확립되었는가?

• 지도상의 유의점
- 학습자의 수준에 맞게 수업을 전개한다.
- 반복적 학습을 통해 우리 음악을 이해한다.
- 학습내용을 흥미롭게 구성한다.
- 학습이 원활하게 이루어졌는지를 확인한다.

• 2차시 세부 수업지도안

〈표 10-6〉 2차시 세부 수업지도안 예시

기관명	노인복지회관	장소	소강당
차 시	2차시	수업시간(총 분수)	90분
프로그램(반명)	민요반	수강인원	20명
수업주제	〈진도아리랑〉	준비물	PPT 자료, 장구, 지역별 아리랑 음원
학습목표	• 〈진도아리랑〉을 통해 남도민요의 시김새를 익힌다. • 메기는 소리의 노랫말을 바꾸어 부를 수 있다. • 세마치장단을 무릎장단으로 치며 노래 부를 수 있다.		
기대효과	• 남도민요의 시김새를 살려 노래 부르며 우리 전통 민요의 특색을 체감한다. • 〈진도아리랑〉을 중심으로 다양한 아리랑을 감상하여 국악의 관심을 고취시킨다. • 노랫말 만들기를 통해 자기표현의 기회를 주고 스트레스를 해소한다. • 흥미을 유발하여 만족감과 정서적 안정감을 제공한다.		

학습단계	과정	교수 · 학습 활동	준비물(·) 및 유의점(∨)
도입	학습 내용 파악	1. 인사하기 - 인사를 나눈다. 2. 학습내용 및 목표 제시 - 학습내용과 목표를 제시한다. 3. 동기유발 - 아리랑의 종류를 이야기 나눈다. - 자신이 알고 있는 아리랑에 담긴 사연을 발표한다.	∨도입단계에서 학습자들의 분위기 및 건강상태를 파악한다.
전개	감각적 감지	1. 감상하기 - 〈진도아리랑〉을 감상한다. 2. 시김새 익히기 - 떠는 소리와 꺾는 소리의 특징을 살펴본다. - 시김새를 따라 해 보고 발표한다. 3. 듣고 따라 부르기 - 한 장단씩 듣고 따라 부르다가 익숙해지면 점차 길이를 늘여 듣고 따라 부르기를 한다. 4. 메기는 소리의 가락 선택하기 - 메기는 소리의 여러 가지 가락 중 학습자들이 선호하고 수준에 맞는 가락을 선택하여 지도한다.	∨큰 글씨로 잘 보이게 악보를 제시한다.
		휴식	∨이해도를 확인

	표현 방법 탐색	1. 남도민요의 구성음 표현하기 - 떠는 소리와 꺾는 소리 흉내 내어 본다. 2. 여러 지역의 아리랑 알아보기 - 〈경기아리랑〉, 〈강원도아리랑〉, 〈정선아리랑〉, 〈밀양아리랑〉 등 지역에 따른 아리랑을 들려주고 다양한 아리랑이 있음을 학습한다. 3. 노래 부르기 - 남도민요의 특징을 살려 노래 부른다. - 익숙해질 때까지 여러 번 반복할 수 있다. 4. 세마치장단을 무릎장단으로 치기 - 세마치장단을 장구 구음으로 불러 본다. - 무릎장단으로 세마치장단을 쳐 본다. - 노래를 부르며 세마치장단을 친다. (〉) [⦶ ┆ ┆] [⦶ ┆ ┆ |] [○ ┆ | ┆]	• 지역별 아리랑 음원 • PPT 활용 ∨ 지도를 제시하며 지역별 아리랑을 설명한다. 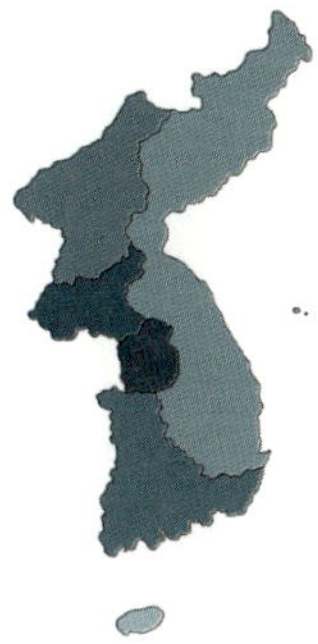
	창의적 표현	• 노랫말 바꾸어 노래 부르기 - 메기는 소리의 노랫말을 개사하여 노래 부른다. - 노랫말을 바꾼 이유와 배경을 설명한다. - 바꾼 노랫말을 공유하고 함께 불러 본다. - 다른 사람의 노랫말을 듣고 느낀 점을 이야기 나눈다.	∨ 칭찬을 통해 의욕을 북돋운다. • 종이와 필기도구
정리	내면화	• 남도민요의 특징 살려 노래 부르기 - 남도민요의 특징을 살려 노래 부른다. - 수업내용을 정리한다. (떠는 소리, 평으로 내는 소리, 꺾는 소리)	
평가 및 마무리		• 〈진도아리랑〉을 통해 남도민요의 시김새를 익혀서 노래 불렀는가? • 메기는 소리의 노랫말을 바꾸어 부를 수 있는가? • 세마치장단을 무릎장단으로 치며 노래 불렀는가?	

〈표 10-7〉 10차시 세부 수업 세부지도안 예시

기관명	노인복지회관	장소	소강당
차 시	10차시	수업시간(총 분수)	90분
프로그램(반명)	민요반	수강인원	20명
수업주제	〈너영나영〉	준비물	PPT 자료, 장구, 북, 소고
학습목표	• 노래에 어울리는 신체표현을 할 수 있다. • 노랫말을 바꾸어 부를 수 있다. • 제주민요 〈너영나영〉을 노래 부를 수 있다. • 역할을 나누어 세마치장단을 다양한 악기로 연주한다.		
기대효과	• 수업이 시작되면 긴장이완을 할 수 있도록 신체표현 활동을 먼저 학습하여 학습 흥미를 유발한다. • 민요를 익힌 후 앞서 배운 신체표현을 결합시켜 수업 결과물의 예술적 완성도를 높여 수업에 대한 기대를 갖게 한다. • 주어진 역할을 완수함으로써 자신의 존재감을 확인하고 타인과의 긍정적인 상호작용을 촉진한다.		

학습 단계	과정	교수 · 학습 활동	준비물(·) 및 유의점(∨)
도입	학습 내용 파악	1. 인사하기 - 인사하고 서로의 안부를 묻는다. 2. 동기유발 - 노인들의 신체적 유연성의 아쉬움, 운동부족의 아쉬움을 이야기하며 건강의 중요함을 인식시킨다.	∨참석하지 못한 어르신의 안부를 묻고 건강을 기원한다.
전개	감각적 감지	• 긴장이완을 위한 스트레칭 하기 - (하나 둘 셋) 숨을 깊이 들이마시며 손바닥을 위로 하고 두 팔을 앞으로 끝까지 내민다. - (둘 둘 셋) 크게 숨 내뱉고 두 팔을 가슴에 X자로 얹으며 앞으로 숙인다. - (셋 둘 셋: 숨 들이마시고, 넷 둘 셋: 숨 뱉고) 허리를 펴면서 가슴을 내밀며 두 팔을 하늘을 향해 쭉 뻗고 양옆으로 벌려 크게 원을 그린다. - (하나 둘 셋) 오른팔 위로 높게, 왼팔 위로 높게 쭉 뻗는다. - (둘 둘 셋) 양손을 들어 만세 모양을 만든다. - (하나 둘 셋) 두 손가락 끝을 머리 위로 모아 하트 그린다.	∨박자는 템포 70으로 느리게 스트레칭 하듯이 동작을 한다.

		- (둘 둘 셋) 좌우 어깨를 흔들고 두 손은 그대로 모아 배꼽까지 내린다. 	∨스트레칭을 통해 유연성을 길러야 함을 강조한다.
	표현 방법 탐색	• 학습내용 제시하기 - 학습내용을 제시한다. - 제주에 관련된 경험을 이야기 나눈다. - 제주의 생활풍습, 제주의 세계명승지로서의 가치, 해녀의 삶, 제주도 언어의 특성 등 제주에 관한 이야기로 국악을 통한 다양한 교육의 가능성을 연다.	∨제주도가 고향이거나 최근에 다녀오는 등의 특별한 경험을 이야기하되 간단하게 발표할 수 있도록 한다.
	창의적 표현	• 제재곡 익히기 - 〈너영나영〉의 노랫말을 살펴보고 뜻을 알아본다. - 주어진 노랫말 외의 다양한 노랫말을 제시한다. 〈후렴〉 너영 나영 두리둥실 놀고요, 낮에 낮에나 밤에 밤에나 참사랑이로구나. 노랫말 1) 아침에 우는 새는 배가 고파 울고요. 저녁에 우는 새는 님이 그리워 운다. 노랫말 2) 백록담 올라갈 땐 누이 동생하더니, 한라산 올라가니 신랑각시가 된다. 노랫말 3) 신작로 복판에는 다꾸시가 놀구요. 다꾸시 안에는 신랑각시가 논다.	∨노랫말에 담긴 뜻을 알아보고 자신의 경험과 관련지어 이야기 나누는 활동도 바람직하다. • 큰 글씨로 쓰여진 악보, 장구
		휴식	
		1. 장단에 맞추어 노래 부르기 - 세마치장단에 맞추어 노래를 부른다. 2. 노래에 어울리는 신체표현하기 - 앞서 연습한 신체표현과 노래를 함께 해 본다. 또는 역할을 나누어 노래와 신체표현을 함께 해 본다.	

	창의적 표현	3. 다양한 악기로 세마치장단 연주하기 - 세마치장단의 첫 박을 북이 연주한다. - 소고는 4박과 6박에 친다. - 강사는 장구로 세마치장단을 연주한다. - 역할을 나누어 노래, 악기가 함께 해 본다. 4. 노랫말 바꾸어 노래 부르기 - 노랫말의 일부를 바꾸어 노래 부른다. "호박은 늙으면 맛이나 좋고요. 사람은 늙으면 ___________." - 각자가 생각하는 노인의 특징을 표현하도록 한다. - 가장 좋은 노랫말을 선정하여 다 함께 부른다. "호박은 늙으면 맛이나 좋고요. 사람은 늙으면 도량이 넓어진다."	∨강사는 노랫말에 어울리거나 노인들의 근육이완에 도움이 되는 다양한 신체표현을 준비한다. • 장구, 북, 소고
정리	내면화	• 신체표현을 하며 노래 부르기 - 앞에서 배운 신체표현과 노래를 함께 해 본다. - 바꾼 노랫말을 노래에 적용하여 부르며 신체표현을 한다.	노인들의 신체적 상황을 고려하여 무리하지 않는다.
평가 및 마무리		• 노래에 어울리는 신체표현을 할 수 있는가? • 노랫말을 바꾸어 부를 수 있는가? • 제주민요 〈너영나영〉을 노래 부를 수 있는가? • 역할을 나누어 세마치장단을 다양한 악기로 연주하였는가?	

노인들은 국악교육에 참여하면서 신체 건강 유지에 도움이 된다고 파악되면 수업에 더욱 흥미를 갖게 될 것이다. 또한 이러한 국악교육에 참여함으로써 다른 사회 집단에서 자신감을 갖고 주도적으로 참여하는 모습을 기대할 수도 있을 것이다. 교수자는 자신의 역할의 중요성을 다시 한 번 확인하고 노인들이 자신감을 가지고 행복한 삶을 이끌어 가는 데 도움을 주는 효과적인 수업 계획서를 잘 구상할 수 있는 역량을 갖출 수 있도록 노력해야 할 것이다.

토의 주제

1. 노인 대상 국악교육의 영역 및 내용을 설명해 보자.

2. 교육환경을 사전 조사해야 하는 이유는 무엇인가?

3. 자신의 전공을 살려 노인 대상에 적합한 프로그램을 4차시로 계획해 보자.

참고 문헌

기영화(2007). 노인교육의 실제. 서울 학지사.

민경훈(2016). 안드라고지 관점에서 본 문화예술교육으로서 노인 음악활동의 의미 탐구. 예술교육연구(14).

박명숙(2016). 교육대상(노인)의 이해. 청춘예찬, 노인 문화예술교육 현장 엿보기. 서울: 한국문화예술교육진흥원.

보건복지부(2017). 노인여가복지시설 현황. 서울: 보건복지부.

손화자(2016). 민요를 통한 노인 놀이 방안 연구. 중앙대학교 국악교육대학원 석사학위논문.

장근주, 조성기, 이광우(2012). 스마트 교육을 적용한 음악과 교수 · 학습 모형 개발. 서울: 한국교육과정평가원

한정란(2006). 노인교육의 이해. 서울: 학지사.

허정무(2007). 노인교육학개론. 경기: 양서원.

홍수진(2007). 노인기 여가활동을 위한 국악프로그램 개발방안 연구. 중앙대학교 국악교육대학원 석사학위논문.

제11장

학교문화예술교육으로서 국악교육을 위한 수업 설계 실습

박지영

1. 문화예술교육으로서 국악교육을 위한 수업 설계
2. 학교에서의 교수 · 학습 과정안
3. 국악 교수 · 학습 과정안 작성 실습

이 장은 문화예술교육으로서 국악교육을 위한 수업 설계 실습으로 구성하였다. 수업 설계의 방법을 알아보고, 학교 현장에서 주로 사용하고 있는 교수 · 학습 과정안의 종류와 작성법을 학습한다. 또한 이해한 내용을 실습하면서 보다 체계적이고 효과적인 국악교육을 할 수 있는 기초를 마련한다.

1. 문화예술교육으로서 국악교육을 위한 수업 설계

수업은 학습자가 교육과정에서 의도한 지식·기능·태도 등의 학습목표와 내용을 교수와 학습활동을 통하여 보다 효율적으로 달성할 수 있도록 학습자의 내부적·외부적 환경을 체계적으로 조성하는 과정이라고 할 수 있다(정석기, 2015). 교육목표와 환경에 따라 다양한 수업의 정의가 존재하지만 앞의 정의는 학습자를 중점에 둔 정의라고 할 수 있다. 수업의 사전적인 의미는 목표달성을 위해 학습이 잘 이루어지도록 학습환경을 계획적으로 조작하는 과정이다.

수업과 교수의 개념을 비교하면 우선 수업은 설계, 개발, 적용, 관리, 평가 등을 포함하는데, 교수는 주로 교수자의 행위에 중점을 두는 것에서 차이가 있다. 즉, 수업은 교수자의 교육적 의도를 전달하는 포괄적인 활동이며, 교수는 학습이 발생할 수 있도록 내적·외적 조건을 체계적으로 조정하는 과정이다.[1)]

수업의 사전적 의미에서는 교수자의 교수 활동에 초점을 맞춘 듯이 보이나 결국 수업의 핵심은 학습이 원활하게 이루어지도록 환경을 계획적으로 조작하는 과정이라는 점에서는 맥락이 같다고 볼 수 있다. 이러한 관점에서 학습이 잘 이루어지도록 환경을 계획적으로 조작하기 위한 수업 설계 방법을 알고 실행해야 할 필요가 있다.

1) 수업 설계의 개념

수업 설계는 수업을 잘 하기 위해 세우는 계획으로 좋은 수업을 하려면 수업 설계에 심혈을 기울여야 한다. 수업 설계를 하는 가장 중요한 이유는 수업 전에 충분히 계획한 수업이 그렇지 않을 때보다 수업의 효과를 높이는 데 더 효과적이라는 기본가정 때문이다(정석기, 2015). 학습자들이 수업목표에 도달할 수 있도록 하기 위해서 제공될 수업활동은 너무나 다양하며, 따라서 그 효과도 다양할 것이다(변영계, 1997). 그러므로 수업 설계를 잘 하려면 세밀한 계획과 사고과정이 선행되어야 하며 이를 통해 질 높은 수업이 실행될 수 있다.

1) 한국교육심리학회(2000)를 참조하였다.

2) 수업 설계의 원리

수업 설계에는 다양한 방법과 절차가 있는데 꼭 들어가야 하는 핵심 요소를 정리하면 다음과 같다.[2)]

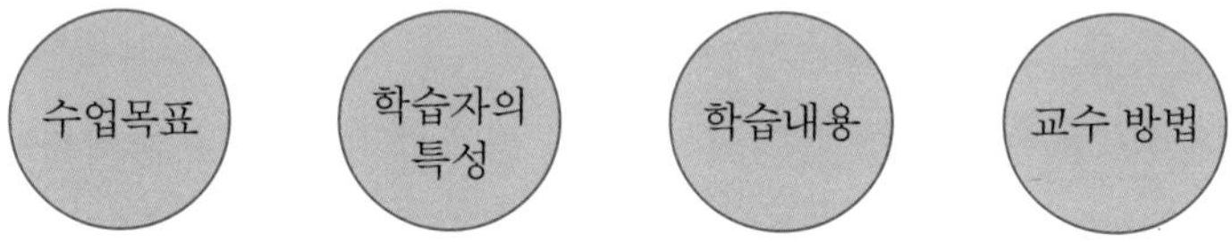

[그림 11-1] 수업 설계의 핵심 요소

수업에서 설계가 잘 이루어지면 그에 따라 수업의 질과 수준도 높아지는데, 음악 수업에서 계획 없이 반복적인 수업이 이루어진다면 학생들의 음악적 성장을 기대하기는 어려울 것이다. 권덕원 등(2014)은 음악 수업계획을 세울 때 고려해야 하는 원리를 다음과 같이 제시하고 있다.

- 학생의 현 수준에서 출발한다.
- 수업에서 가르쳐야 할 몇 가지의 음악적 개념을 선정한다.
- 수업의 결과로 학생들이 무엇을 할 수 있을지에 대한 목표를 서술한다.
- 어떤 활동을 할 것인지를 결정한다.
- 실제적인 음악적 경험을 제공한다.
- 어떻게 학습내용을 가르칠 것인가를 결정한다.
- 적절한 학습자료를 선정한다.
- 최대의 학습효과를 위하여 효과적으로 시간을 활용한다.

앞의 내용에서 국악을 전공한 교수자의 강점이 드러나는 부분이 '실제적인 음악적 경험을 제공한다.'일 것이다. 이들은 국악 전문가이므로 누구보다도 더 실제적인 음악적 경험을 줄 수 있다. 또한 국악 개념을 효과적으로 교수하기 위해 어떤 활동이 좋은지, 적절한 학습자료는 어떤 것이 있는지를 폭넓은 안목으로 계획할 수

2) 김성재(2013)를 참조하였다.

있다. 이 외에 학생들의 수준을 파악하거나, 목표를 서술하거나, 효과적으로 시간을 활용하는 등의 교육적인 항목들을 잘 보완한다면 좋은 국악 수업 설계를 할 수 있을 것이다.

3) 국악교육을 위한 수업 설계

국악수업 설계에 있어서 중요하게 고려해야 할 부분은 앞에서 제시한 음악 수업 설계의 기본원리와 큰 차이가 없다. 이는 권덕원 등(2009)이 제시한 국악 수업 설계에 있어 중요하게 고려되어야 할 기본원리를 보면 알 수 있는데, 그 내용은 다음과 같다.

- 학생들의 국악적 능력 및 수준을 파악한다.
- 국악 수업의 구체적인 목표를 설정한다.
- 어떤 국악 활동을 할 것인지를 결정한다.
- 실제적인 국악적 경험을 제공한다.
- 적절한 국악 수업의 학습자료를 선정한다.

거시적 관점에서 보았을 때 음악 수업 설계와 국악 수업 설계가 다르지 않을 것이다. 그 안에 세부적인 활동 자료의 차이, 목표의 차이, 학생들의 수준의 차이가 있을 뿐이다. 국악 수업을 설계할 때 이미 현장에서 많이 사용되고 검증된 음악 수업 설계 방법을 국악에 맞게 응용한다면 수업이 실패할 확률을 크게 낮출 수 있을 것이다.

2. 학교에서의 교수 · 학습 과정안

교수 · 학습 과정안은 수업지도안을 말하는데 학습지도안, 수업 설계안, 교수 과정안, 교수 · 학습계획안 등 다양한 용어와 혼용되고 있다. 교수 · 학습 과정안은 세부적인 교수 · 학습 과정을 말하는 세안과 약식 교수 · 학습 과정안을 말하는 약안으로 나뉜다. 세안의 경우 단원 전체에 대한 분석을 일반적으로 포함하고 있으며, 여기에는 단원명, 단원의 개관, 단원목표, 과제분석, 교재 연구, 학생실태조사, 단원의 계획, 본시 학습전개계획, 판서계획, 평가계획, 참고문헌, 학습자료 등이 포함된다. 세안에 포함되는 내용은 너무 방대하여 이 장에 담을 수 없으므로 양식과 작성 방법만 제시하고 약안의 형식은 구체적인 사례까지 설명하고자 한다. 약안은 세안 중에서 주로 본시 학습전개계획과 관련이 있으며 본시 학습목표, 교수 · 학습계획, 판서계획, 평가계획 등으로 구성된다(김성재, 2013).

1) 교수 · 학습 과정안의 준비

교수 · 학습 과정안을 쓰는 이유는 수업을 잘 하기 위해서이다. 교수 · 학습 과정안은 수업을 잘 하기 위한 설계도로서 체계적이고 효과적인 수업을 할 수 있도록 만들어 준다. 구체적으로는 계획적인 수업 운영이 가능하고, 수업에 일관성을 유지할 수 있으며, 시간 관리를 잘 할 수 있다. 나아가 이를 통해 수업의 자신감을 향상시킬 수 있을 것이다. 민경훈 등(2013)은 음악 교수 · 학습 과정안을 작성하기 전에 준비해야 할 내용은 다음과 같이 제시하였다.[3)]

- 학생들의 실태를 파악하고 깊이 이해한다.
- 학습목표를 적절하게 설정한다.
  - 음악과의 특성 그리고 교사와 학생의 요구가 나타나야 한다.
  - 학생들의 자질이나 능력을 명확히 이해해야 한다.
  - 학생의 입장에서 목표를 설정할 수 있도록 한다.
- 교재 연구를 충실히 한다.
  - 음악 작품의 특성을 폭넓게 이해해야 한다.
  - 교재의 범위를 유연하게 가져야 한다.
  - 학생들 스스로 적극적으로 참여할 수 있는 교재를 찾는다.
  - 학습 계획을 유연하게 적용하기 위해서는 복수의 교재를 준비한다.

3) 민경훈 등(2013)을 참조하였다.

- 구체적인 평가 계획서를 준비한다.
  - 교육과정에 나타난 평가의 관점을 이해한다.
  - 단원의 지도 목표를 분석한다.
  - 단원의 평가 기준을 설정한다.
  - 단위 시간에 활용할 구체적인 평가 기준과 평가 항목을 설정한다.

교수 · 학습 과정안의 준비 과정을 보면 크게 학습자 분석, 목표 설정, 교재 연구, 평가 계획으로 구분할 수 있다. 다음 항에서는 이 네 단계의 준비과정이 교수 · 학습 과정안에 구현되는 방법을 살펴보고자 한다.

2) 교수 · 학습 과정안의 유형

교수 · 학습 과정안의 양식은 정해져 있지 않고 수업 설계에 따라 달라질 수 있다. 경력이 적은 강사는 세밀하고 구체적인 양식을 쓰는 것이 좋고 경력이 많아지면 핵심만 요약해서 쓸 수 있는 간단한 양식을 쓸 수도 있다. 하지만 어떤 유형의 양식이라도 꼭 들어가야 할 핵심요소가 있는데 학습 주제, 수업목표, 수업모형, 교수 · 학습과정 활동, 교재, 시간, 평가가 그것이다.

(1) 세안 형식의 교수 · 학습 과정안

세안 형식의 교수 · 학습 과정안은 세부적인 형식을 말하며, 단원 전체 또는 프로그램 전체의 분석을 기술하도록 되어 있다. 본 항에서 제시하는 세안 형식은 일반적으로 사용되는 형태이나 이 외에도 다양한 형태의 교수 · 학습 과정안을 사용할 수 있다. 각 항목별로 기술해야 하는 내용을 표로 제시하면 다음과 같다.

〈표 11-1〉 세안 형식의 교수 · 학습 과정안 양식

교수 · 학습 과정안(세안)

1. 단원명: 기본 교과일 경우 선정한 단원의 이름 또는 프로그램명이나 주제
2. 단원의 개관: 본 단원의 주요 학습내용, 중점 지도 방향, 선정 이유, 교수 · 학습방법, 기획 의도 등
3. 단원의 학습목표: 본 단원의 학습목표 또는 프로그램 전체의 목표
4. 단원의 학습계열: 본 단원을 학습하기 위한 선수학습 및 후속학습
5. 단원 전개 계획: 본 단원의 차시 구성 및 차시별 주요 활동

차시	주제	주요 내용 및 활동
1		
2(본시)		
3		

6. 단원의 평가 계획: 학습목표 달성을 확인할 수 있는 다양한 평가 계획
7. 학급 실태
 (1) 학습자 분석: 학습자들의 수준 및 흥미를 예상
 (2) 교실 환경: 수업에 필요한 학습자료, 기자재, 학생들의 좌석 배치 등을 예상
8. 교수 · 학습방법: 본 단원(차시)의 교수 · 학습 모형이나 방법 및 전략
9. 지도상의 유의점
 본 단원을 지도할 때 유의(강조)할 점, 예상되는 문제점 등

10. 본시 교수 · 학습 과정안(교수/학습 활동 구분 교수 · 학습 과정안)

<table>
<tr><td colspan="2">단원명</td><td></td><td>교과서</td><td colspan="2">(pp.)</td></tr>
<tr><td colspan="2">학습주제</td><td colspan="4"></td></tr>
<tr><td colspan="2">학습목표</td><td colspan="4"></td></tr>
<tr><td colspan="2">본시 수업의 특징</td><td colspan="4"></td></tr>
<tr><td colspan="2">교수자료</td><td></td><td>학습 자료</td><td colspan="2"></td></tr>
<tr><td rowspan="2">단계</td><td rowspan="2">수업
흐름</td><td colspan="2">교수 · 학습 활동</td><td rowspan="2">시간</td><td rowspan="2">자료 및
유의점</td></tr>
<tr><td>교수활동</td><td>학습활동</td></tr>
<tr><td></td><td></td><td></td><td></td><td></td><td></td></tr>
<tr><td colspan="2">판서내용
형성평가
문항 및
과제물
제시</td><td></td><td></td><td></td><td></td></tr>
</table>

10번 항목의 교수와 학습 활동으로 구분된 교수 · 학습 과정안은 교수활동에 학습자들이 어떤 활동을 해야 하는지 구체적으로 기술하게 되어 있다. 이 과정안은 학습자들의 행동을 예상하고 사전에 준비할 수 있다는 점에서 교수/학습 활동 미구분 교수 · 학습 과정안보다 수업 준비를 철저히 할 수 있다는 강점이 있다. 하지만 학습자의 활동을 사전에 예측하고 수업을 구상함으로써 기대되는 행동을 스스로 규정해 버릴 수 있다는 위험 요소도 있을 것이다.

(2) 약안 형식의 교수 · 학습 과정안

약안 형식의 교수 · 학습 과정안은 세안 형식에서 1~9번까지의 과정을 생략하고 10번 본시 교수 · 학습 과정안에 집중하여 작성하는 형식으로 볼 수 있다. 교수 · 학습 활동이 구분된 교수 · 학습 과정안을 사용할 수도 있지만 본 항에서는 교수 · 학습 활동 미구분 교수 · 학습 과정안을 제시하고자 한다.

약안 형식의 교수 · 학습 과정안은 문화예술교육사, 예술강사 등이 학교에 출강할 때 일반적으로 요구받는 형식이다. 세안 형식의 경우 교사들도 연구 수업을 하는 등의 특별한 경우를 제외하고 자주 작성하지 않는 형태이기 때문에 학교에서 외부강사에게 요구하는 경우는 흔치 않다. 하지만 학교에 기본 교과 외의 프로그램을 제안하거나 공개 수업 등에서 활용한다면 좋은 수업 설계를 할 수 있을 것이다.

〈표 11-2〉 약안 형식의 교수 · 학습 과정안 양식

교수 · 학습 과정안(약안)

<table>
<tr><td colspan="2">단원(주제)</td><td colspan="4"></td></tr>
<tr><td colspan="2">차시</td><td></td><td>대상</td><td colspan="2"></td></tr>
<tr><td colspan="2">학습목표</td><td colspan="4"></td></tr>
<tr><td colspan="2">학습 단계</td><td colspan="2">교수 · 학습 활동</td><td>자료 및
유의점</td><td>시간(분)</td></tr>
<tr><td></td><td></td><td colspan="2"></td><td></td><td></td></tr>
<tr><td></td><td></td><td colspan="2"></td><td></td><td></td></tr>
<tr><td></td><td></td><td colspan="2"></td><td></td><td></td></tr>
<tr><td colspan="2">평가방법</td><td colspan="4"></td></tr>
<tr><td colspan="2">평가관점</td><td colspan="4"></td></tr>
</table>

3. 국악 교수 · 학습 과정안 작성 실습

1) 국악 교수 · 학습 과정안 작성 방법

학습 지도의 단위 수업 시간에 제공될 주요한 교수 · 학습 활동들을 도입, 전개, 정리 및 평가의 세 단계로 나누어 요약하여 제시하면 다음과 같다.

(1) 도입단계

도입단계는 수업의 시작 단계로 짧은 시간에 이루어진다. 학교 현장의 차시당 수업 시간이 40~50분이므로 도입단계는 일반적으로 5~10분 정도가 적절하다고 본다. 이 시간에는 수업 준비 확인, 전시학습 상기, 학습동기 유발, 학습목표 제시 등을 해야 한다.

- 수업 준비 확인: 출석 확인, 준비물 점검, 학습 분위기 조성
- 전시학습 상기: 발문 등을 통해 전시학습 핵심내용의 인지 여부를 확인
- 학습동기 유발: 다양한 전략으로 학습동기를 유발
- 학습목표 제시: 한 차시에 도달할 수 있는 목표 제시

학습목표는 학습자가 정확하게 알고 있을 때 학습의 효과를 높일 수 있다. 학습자가 학습목표를 정확하게 인식하기 위해서는 구체적이고 분명하게 제시해야 할 필요가 있다. 학습목표를 제시할 때 유의사항은 다음과 같다.

첫째, 학습목표는 한 차시의 수업이 완료되었을 때 도달하게 되는 결과를 학습자들이 이해할 수 있는 말로 진술해야 한다.

둘째, 학습목표는 수업을 본격적으로 시작하기 전에 분명히 인지시켜 주어야 한다. 수업이 진행되는 동안 상기시킬 수 있도록 칠판에 판서를 해 놓는 것도 좋은 방법이다.

학습목표를 진술할 때 고려해야 할 점은 명시적으로 진술해야 한다는 것이다. 한 문장에 한 가지 개념을 제시하는 것이 적절하며 수행할 성취행동, 수행할 조건, 도

달 기준이 포함되었을 때 좋은 학습목표의 진술로 본다.

학습목표의 진술 예시와 도입단계의 작성 예시는 다음과 같다.

〈표 11-3〉 학습목표 진술 예시

추상적 진술	명시적 진술
학습 결과가 아닌 학습과정을 진술함으로써 학습목표에 도달했는지 평가, 확인하기 어렵다.	학습과정을 통해 학습 결과를 명시적으로 진술함으로써 평가를 통해 학습목표에 도달했는지 확인이 가능하다.
• 배운다. • 이해한다. • 알아본다. • 느낀다. • 익힌다. • 살펴본다. • 경험한다.	• 발표할 수 있다. • 말할 수 있다. • 구분할 수 있다. • 설명할 수 있다. • 표현할 수 있다. • 연주할 수 있다. • 노래 부를 수 있다.

〈표 11-4〉 도입단계의 작성 예시

단계 (시간)	학습과정 (학습내용)	교수・학습 활동		유의점(∨) 및 학습자료(*)
		교수 활동	학습 활동	
도입 (5′)	수업 준비 확인	• 출석 확인	• 교과서를 준비한다.	*교과서
	전시학습 상기	• 전시학습의 핵심내용을 발문을 통해 확인한다.	• 발문에 답하면서 전시학습 내용을 상기한다.	
	학습동기 유발	• 동영상을 감상하며 무슨 의미가 있는지 발문한다.	• 동영상을 감상하며 의미를 생각하고 발표한다.	*동영상 ∨바른 태도로 감상한다.
	학습목표 제시	• 학습목표를 판서하면서 강조하여 설명한다.	• 학습목표를 인지하면서 교과서에 필기한다.	

(2)전개단계

전개단계는 도입단계에서 제시한 학습목표에 도달하기 위한 주요활동을 포함하는 단계이다. 수업의 단계를 도입, 전개, 정리로 나누었을 때, 가장 많은 시간이 소요되는 수업의 중심단계라 할 수 있다. 전개단계에서는 학습내용을 기록해야 한다. 학습내용은 주로 학습의 소주제를 기록하게 되는데, 예를 들어, 대주제 및 단원명이 〈천안 삼거리〉이면 소주제는 노랫말 알아보기, 가락선 그리며 노래 부르기, 장단에 맞추어 노래 부르기 등이 되는 것이다. 전개단계의 작성 예시는 다음과 같다.

〈표 11-5〉 전개단계의 작성 예시

단계(시간)	학습과정(학습내용)	교수·학습 활동		유의점(∨) 및 학습자료(*)
		교수 활동	학습 활동	
전개(25′)	• 판소리 감상하기(홍보가 중 박타령)	• 동영상으로 〈홍보가〉 중 '박타령'의 장단이 바뀌는 부분에 유의하면서 감상하도록 지시한다.	• 동영상을 감상하면서 장단이 바뀌는 부분을 감지한다.	*동영상
	• 판소리의 이해(판소리의 구성요소)	• 판소리의 구성요소를 설명하고 학습지에 내용을 적도록 한다.	• 학습지에 판소리의 구성요소를 이해한 내용을 적는다.	*학습지 ∨작성 시간은 3분이 넘지 않도록 한다.
	• 판소리 감상방법(추임새 넣기)	• 판소리를 감상하면서 할 수 있는 추임새를 제시한다.	• 추임새를 듣고 익힌다.	

(3) 정리 및 평가단계

정리단계는 수업의 결론에 해당하는 부분으로 수업내용을 정리하고 학습목표에 도달했는지를 평가하며 성취한 내용을 내면화하는 중요한 단계이다. 우선 주요 활동을 통해 학습한 내용을 살펴보면서 핵심개념을 정리한다. 학습자는 이 과정에서 소홀히 넘겼거나 이해를 못했던 부분을 다시 한 번 상기할 수 있는 기회를 제공받는다. 다음으로 형성평가에서는 학습목표에 도달했는지 다양한 방법으로 평가를 한다. 마지막으로 차시학습 예고에서는 다음 시간에 학습할 내용을 미리 예고함으로써 다음 수업을 대비하고 기대하게 만든다. 정리 및 평가단계의 작성예시는 다음과 같다.

〈표 11-6〉 정리 및 평가단계의 작성 예시

<table>
<tr><th rowspan="2">단계
(시간)</th><th rowspan="2">학습과정
(학습내용)</th><th colspan="2">교수 · 학습 활동</th><th rowspan="2">유의점(∨)
및
학습자료(*)</th></tr>
<tr><th>교수 활동</th><th>학습 활동</th></tr>
<tr><td rowspan="3">정리
및
평가
(10′)</td><td>• 학습내용 정리</td><td>• 판소리의 구성요소를 문답으로 정리한다.</td><td>• 교사의 질문에 답하면서 학습한 내용을 정리하고 숙지한다.</td><td rowspan="3">∨ 자유롭게 발표할 수 있도록 허용적인 분위기를 조성한다.

*평가지</td></tr>
<tr><td>• 형성평가</td><td>• 모둠별로 판소리를 감상하며 추임새를 넣기를 발표하게 하고 상호평가 방법을 설명한다.</td><td>• 모둠별로 판소리를 감상하며 추임새를 넣는다. 다른 모둠의 발표를 보고 잘된 점과 보완할 점을 이야기 나눈다.</td></tr>
<tr><td>• 차시학습 예고</td><td>• 차시 예고(바른 자세와 주법으로 단소 소리내기)</td><td>• 차시학습 인지
• 준비물 메모</td></tr>
</table>

2) 교수 · 학습 과정안의 작성 예시 및 사례

앞에서 단계별로 제시한 교수 · 학습 과정안을 교수 · 학습 미구분 약안으로 제시하면 다음과 같다.

〈표 11-7〉 교수 · 학습 과정안(약안)의 작성 예시

<table>
<tr><th colspan="2">단원(주제)</th><td colspan="4">판소리 〈흥보가〉 중 '박타령'</td></tr>
<tr><th colspan="2">차 시</th><td>1/3</td><th>대 상</th><td colspan="2">4학년</td></tr>
<tr><th colspan="2">학습목표</th><td colspan="4">1. 판소리의 구성요소를 발표할 수 있다.
2. 판소리를 감상하면서 추임새를 넣을 수 있다.</td></tr>
<tr><th colspan="2">교수 · 학습자료</th><td colspan="4">판소리 동영상, 학습지, 평가지</td></tr>
<tr><th colspan="2">학습 단계</th><th colspan="2">교수 · 학습 활동</th><th>유의점(∨) 및
학습자료(*)</th><th>시간
(분)</th></tr>
<tr><td rowspan="2">도입</td><td>수업 준비 확인</td><td colspan="2">• 출석을 확인한다.</td><td rowspan="2">*교과서</td><td rowspan="2">5′</td></tr>
<tr><td>전시학습 상기</td><td colspan="2">• 전시학습의 핵심내용을 발문을 통해 확인한다.</td></tr>
</table>

<table>
<tr><td></td><td>학습동기 유발
학습목표제시</td><td>• 동영상을 감상하며 무슨 의미가 있는지 발문한다.
• 학습목표를 판서하면서 강조하여 설명한다.</td><td>*동영상
∨바른 태도로 감상한다.</td><td></td></tr>
<tr><td rowspan="3">전개</td><td>• 판소리 감상하기</td><td>[활동 1] 〈홍보가〉 중 〈박타령〉 감상하기
• 동영상으로 〈홍보가〉 중 〈박타령〉의 장단이 바뀌는 부분에 유의하면서 감상한다.</td><td>*동영상</td><td rowspan="3">25′</td></tr>
<tr><td>• 판소리의 이해</td><td>[활동 2] 판소리의 구성요소 알아보기
• 판소리의 구성요소를 학습지에 적는다.</td><td>*학습지
∨작성 시간은 3분이 넘지 않도록 한다.</td></tr>
<tr><td>• 판소리 감상 방법</td><td>[활동 3] 판소리를 감상하며 추임새 넣기
• 판소리를 감상하면서 할 수 있는 추임새를 익힌다.
• 판소리를 감상하면서 추임새를 넣는다.</td><td></td></tr>
<tr><td rowspan="3">정리</td><td>• 학습내용 정리</td><td>• 판소리의 구성요소를 발표한다.</td><td rowspan="3">*평가지</td><td rowspan="3">10′</td></tr>
<tr><td>• 형성평가</td><td>• 모둠별로 판소리를 감상하며 추임새를 넣기를 발표한다.
• 다른 모둠의 발표를 듣고 잘한 점과 보완할 점을 이야기 나눈다.</td></tr>
<tr><td>• 차시학습 예고</td><td>• 차시 예고(바른 자세와 주법으로 단소 소리 내기)</td></tr>
<tr><td colspan="2">평가방법</td><td colspan="3">상호평가</td></tr>
<tr><td colspan="2">평가관점</td><td colspan="3">1. 판소리의 구성요소를 발표할 수 있는가?
2. 판소리를 감상하며 추임새를 넣을 수 있는가?</td></tr>
</table>

3) 교수 · 학습 과정안 작성 후 평가

교수 · 학습 과정안을 작성한 후에 스스로 평가하는 과정을 거치게 되면 수업의 흐름에 맞게 작성되었는지, 꼭 필요한 내용이 빠지지는 않았는지 확인을 할 수 있다. 작성 후에 필요한 확인 문항 열 가지를 제시하면 다음과 같다.

〈표 11-8〉 교수 · 학습 과정안 작성 후 평가 문항

평가 기준	매우 미흡	미흡	보통	우수	매우 우수
1. 학습목표가 명확하게 진술되었는가?					
2. 수업에 필요한 교수 · 학습 자료가 제시되었는가?					
3. 필수적인 기본 학습요소가 제시되었는가?					
4. 수업 전개가 체계적으로 진행되었는가?					
5. 교수자와 학습자가 해야 할 활동이 정확하게 제시되었는가?					
6. 수업 정리 활동(학습 정리, 형성평가, 차시 예고 및 과제 제시 등)이 명료하게 제시되었는가?					
7. 학습량과 활동에 적합한 시간이 부여되었는가?					
8. 제시된 활동들은 학습자들의 수준에 맞는가?					
9. 제시된 활동들은 학습자들의 음악적 능력을 신장시킬 수 있는가?					
10. 제시된 활동들은 학습목표를 효율적으로 달성할 수 있는가?					

교수 · 학습 과정안을 작성한 후 앞의 문항들을 확인하면 수업을 실행할 때 발생할 수 있는 문제점을 사전에 예방하고 수정 · 보완할 수 있다. 교수 · 학습 과정안은 수업 설계를 구현하는 도구이고 이를 성실하게 작성하는 것은 교수자들이 갖추어야 할 필수 역량이다. 경력이 많든 적든 그 양식의 단계가 간소화될 수는 있으나 수업 설계를 하지 않고 즉흥적으로 수업을 하는 것은 수업 실패의 주요 원인이 될 수 있다. 누구나 자신의 수업을 정확하게 분석하기 어렵기 때문에 교수 · 학습 과정안을 작성하고, 작성이 잘 되었는지 확인하는 과정을 거쳐야 좋은 수업을 할 수 있다.

교육학을 전공하지 않은 국악전공 교수자들은 각 분야의 실기 전문성이 교육적 전문성보다 뛰어날 확률이 많다. 그로 인해 교육적 전문성은 간과하기 쉬운데, 학

교 현장은 학교 외의 교육 현장에 비해 보수적일 수 있기 때문에 교육적 전문성을 강화하는 것이 학교 현장에 적응을 용이하게 할 것이다. 그리고 국악교육으로 학습자들의 마음을 사로잡고 국악을 애호하고 생활 속에서 즐길 수 있도록 하려면 국악교육이 현재보다 더 체계화되어야 할 것이다. 이를 위해 가장 중요한 것은 많은 사례들이 축적되어야 하고, 사례들이 축적되기 위해서는 문서화되어야 한다. 국악 분야의 교수자 개개인의 노력이 모여서 우리나라의 국악교육을 발전시키고 성장시킬 수 있다는 생각으로 수업 설계 노하우를 문서화하는 것에 노력을 기울여야 할 것이다.

☞ 참고자료

〈예시 11-1〉 교수 · 학습 지도안 예시[4)]

<table>
<tr><td>단원명</td><td>제재명</td><td>〈상사소리〉</td><td>대상</td><td>5~6학년군</td></tr>
<tr><td>학습
주제</td><td colspan="4">1. 수심가토리의 음악적 특징을 이해하며 노래 부르기
2. 남북한의 〈상사소리〉를 비교하며 공통점 찾기
3. 분단으로 인한 음악적 피해상을 조사하여 발표하기</td></tr>
<tr><td>학습
목표</td><td colspan="4">• 수심가토리의 특징을 이해하고 시김새를 살려 〈상사소리〉를 노래 부를 수 있다.
• 남북한의 〈상사소리〉를 비교하며 공통점을 찾을 수 있다.
• 분단으로 인한 음악적 피해상을 조사하여 발표할 수 있다.</td></tr>
<tr><td>교육과정
성취기준</td><td colspan="4">[6음01-01] 악곡의 특징을 이해하며 노래 부르거나 악기로 연주한다.
[6사04-06] 6.25 전쟁의 원인과 과정을 이해하고, 그 피해상과 영향을 탐구한다.</td></tr>
<tr><td>요소 및 개념</td><td colspan="4">여러 지역의 토리, 시김새</td></tr>
<tr><td>수업
자료</td><td colspan="4">음원자료, 확대 악보, 장구</td></tr>
</table>

<table>
<tr><td>단계</td><td>학습내용</td><td>교수 · 학습 활동</td><td>유의점(∨) 및 자료(*)</td></tr>
<tr><td rowspan="2">도입</td><td>동기
유발하기</td><td>□ 〈상사소리〉의 배경 이해하기
- 논농사를 짓는 과정을 사진으로 본다.
□ 〈상사소리〉의 의미 알아보기
- 후렴에 '상사'라는 노랫말을 쓰는 민요이다.
- '상사'의 뜻은 복되고 길한 일이 일어날 조짐을 뜻한다(강등학, 2016, p. 34).</td><td>* 논농사 사진자료
∨다양한 생각을 이야기할 수 있는 자유로운 분위기를 조성한다.</td></tr>
<tr><td>학습문제 및 학습활동 안내하기</td><td>□ 학습문제 파악하기
- 수심가토리의 특징을 이해하고 시김새를 살려 〈상사소리〉를 노래를 불러 봅시다.
- 남북한의 〈상사소리〉를 비교하여 감상하고 분단으로 인한 음악적 피해상을 조사하여 발표해 봅시다.
□ 학습활동 안내하기
활동 1. 제재곡 익히기
활동 2. 수심가토리의 시김새를 살려 노래 부르기
활동 3. 남북한의 〈상사소리〉 비교하며 감상하기
활동 4. 분단으로 인한 음악적 피해상 조사하여 발표하기</td><td></td></tr>
</table>

4) 박지영(2017)이 '통일 대비 초등학교 교과서의 북한 민요 제재곡 개발 연구'에서 제시한 〈상사소리〉 교수 · 학습 과정안이다.

전개	제재곡 익히기	[활동 1] 제재곡 익히기 □ 〈상사소리〉 감상하기 • 전문가 창으로 〈상사소리〉을 감상해 보고 느낌을 이야기한다. - 노랫말과 시김새에 유의하여 감상한다. □ 노랫말의 뜻 알아보기 • 노랫말의 뜻을 알아본다. - '상사데야'는 복되고 좋은 일이 일어나기를 기원하는 내용이다. '어헐른휘딱'은 얼른, 빨리를 뜻하는 황해도 지역의 사투리이다. '배미'는 논의 구역을 말하고 논을 세는 단위로 쓰이기도 한다. □ 듣고 따라 부르기 • 받는 소리의 가락을 손으로 그리며 가락의 흐름을 파악한다. • 받는 소리를 듣고 따라 부른다. • 메기는 소리를 한 장단씩 듣고 따라 부른다. • 메기는 소리와 받는 소리로 나누어 반복하며 제재곡을 익힌다.	* 음원 자료, 전문가 창
	수심가토리 의 시김새를 살려 노래 부르기	[활동 2] 수심가토리의 시김새를 살려 노래 부르기 □ 수심가토리의 특징 알아보기 • 수심가토리의 구성음을 알아본다. - 수심가토리는 '레, 미, 솔, 라, 도'의 음계로 되어 있다. • 수심가토리의 특징적인 시김새를 알아본다. - '라'음을 떨고 '도'음을 흘러 내린다. • 떠는 소리와 흘러 내리는 소리를 찾아 악보에 표시한다. □ 수심가토리의 시김새 살려 노래 부르기 • 수심가토리의 시김새를 살려 노래 불러 본다. - 시김새를 살려 장단에 맞추어 메기고 받으며 노래 부른다.	* 확대 악보, 전문가 창, 장구 ∨ 전문가창을 듣고, 수심가토리의 시김새의 느낌을 파악하도록 한다.
	남북한의 〈상 사소리〉 비교 감상하기	[활동 3] 남북한의 〈상사소리〉 비교하며 감상하기 □ 남한의 〈상사소리〉 감상하기 • 전라북도의 〈상사소리〉를 감상한다. - 후렴의 '여어여어 여어루 상사뒤이요'의 노랫말에 유의하여 감상한다. • 〈상사소리〉를 알아본다. - 〈상사소리〉는 전국적으로 분포되어 있는 노래이다. 지역에 따라 모심기를 하거나 논매기를 할 때 부른다. • 남북한이 같은 종류의 노래를 부르는 이유를 이야기한다. - 같은 민족이기 때문이다, 분단 이전에는 자유롭게 교류할 수 있었기 때문이다 등.	* 전북 〈상사소리〉 전문가 창, 장구 ∨ 전문가 창은 노랫말을 알아듣기 어려울 수 있기 때문에 노랫말 악보를 보며 감상할 수 있도록 한다.

	사회과 연계	[활동 4] 분단으로 인한 음악적 피해상을 조사하여 발표하기	
	분단으로 인한 음악적 피해상 조사하여 발표하기	ㅁ분단으로 인한 문제 알아보기 • 분단으로 인해 발생한 피해상을 알아본다. - 휴전 상태, 이산가족과 실향민 문제, 남북한의 경쟁, 남북 언어의 이질화, 남북 왕래의 어려움, 민족 정체성 훼손, 북한 주민 및 북한이탈주민의 인권, 남북한 모두 과도한 군사비 지출로 인한 상대적인 사회복지 비용 축소 등 ㅁ분단으로 인한 음악적 피해상을 조사하여 발표하기 • 모둠별로 역할을 나눈다. - 진행자, 기록자, 발표자, 도우미 등 • 조사 방법을 정한다. - 관련 자료 조사하기, 인터뷰 등 • 모둠별로 조사한 내용을 발표한다. - 북한 어린이들이 좋아하는 음악이 무엇인지 알기 어렵다. - 북한의 국악 관련 문화재를 알 수 없다, 우리나라의 문화 자원이 축소되었다 등	∨분단으로 인한 피해상을 조사하고 발표하기까지 한 차시에는 어렵기 때문에 조사하기를 과제로 제시하고 발표하기는 다음 차시로 넘겨서 2차시 이상으로 확대하여 구성할 수 있다.
정리	학습 내용 정리하기	■ 학습내용 정리하기 • 〈상사소리〉의 특징을 이야기한다. - 복을 기원하는 내용의 농사를 지을 때 부르는 노래로 전국적으로 나타난다. • 수심가토리의 특징을 살려 노래 부른 느낌을 서로 이야기해 본다. - 수심가토리의 특징을 살려 노래 부른 느낌은 어떠했나요? (처음 감상할 때는 시김새가 낯설고 어색하게 느껴졌는데 지금은 익숙하고 재미있게 느껴진다, 떠는 소리가 재미있었다 등) • 통일을 대비해 할 수 있는 일을 이야기 나눈다. - 북한 민요를 공부하는 것을 통해 북한을 잘 이해하고자 하는 노력을 한다, 북한이탈주민을 배려하고 같은 민족이라는 것을 잊지 않는다 등	∨자유롭게 발표할 수 있도록 허용적인 분위기를 조성한다. ∨〈상사소리〉와 수심가토리의, 북한 민요와 통일대비를 연관지어 내면화할 수 있도록 한다.

평가 계획

평가 내용	☺	😐	☹
1. 수심가토리의 음악적 특징을 이해하며 노래 부를 수 있는가?			
2. 남북한의 〈상사소리〉를 비교하며 공통점을 이야기할 수 있는가?			
3. 분단으로 인한 음악적 피해상을 조사하여 발표할 수 있는가?			

토의 주제

1. 학교에서 사용하는 교수 · 학습 과정안의 핵심요소를 설명해 보자.

2. 문화예술교육으로서 국악교육을 위한 수업 설계의 필요성은 무엇인가?

3. '아리랑'을 주제로 학교급별 수준에 맞게 가능한 학습목표를 진술해 보자.

참고문헌

권건일 외(1998). 실기교육방법의 이해. 서울: 문음사.

권덕원, 석문주, 최은식, 함희주(2014). 음악교육의 기초 제3판. 경기: 교육과학사.

권덕원, 황병훈, 송정희, 박주만(2009). 국악교육론. 경기: 교육과학사.

김성재 (2013). 생각하는 수업설계. 경기: 생각나눔.

민경훈, 김신영, 김용희, 방금주, 승윤희, 양종모, 이연경, 임미경, 장기범, 조순이, 주대창, 현경실(2013). 음악교육학 총론 2판. 서울: 학지사.

변영계(2003). 수업설계. 서울: 학지사.

변영계(1997). 교육방법 및 교육공학. 서울: 학지사.

(2007). 수업설계의 원리. 서울: 아카데미프레스.

윤관식(2013). 수업설계. 경기: 양서원.

이성흠, 이준(2009). 교육방법 및 교육공학. 경기: 교육과학사.

정석기(2015). 수업기술 향상을 위한 좋은 수업설계와 실제. 서울: 박영story.

한국교육심리학회(2000). 교육심리학용어사전. 서울: 학지사.

Robert M. Gagné, Walter W. Wager, Katharine C. Golas, John M. Keller (2005). *Principles of Instructional Design, 5/e*. 송상호, 박인우, 엄우용 공역(2007). 수업설계의 원리. 서울: 아카데미프레스.

제12장

사회문화예술교육으로서 국악교육을 위한 수업 설계 실습

강혜인

1. 사회문화예술교육 대상을 위한 수업 설계
2. 사회문화예술교육 대상을 위한 차시별 교수 · 학습 과정안 작성 실습

사회문화예술교육은 사회적 취약계층을 대상으로 시작하여 현재는 전 국민이 다양한 문화예술을 즐길 수 있는 예술교육으로 확대되고 있다. 이 장에서는 사회문화예술교육에 참여하는 대상에 따라 수업을 설계하고 문서로 작성하는 방법을 알아본다. 교수자는 수업 설계 실습을 통하여 체계적으로 수업을 계획하는 방법을 배우고 학습지도 준비를 철저히 하여 학생들의 음악적 성장을 도울 수 있을 것이다.

1. 사회문화예술교육 대상을 위한 수업 설계

1) 사회문화예술교육의 목표 검토

사회문화예술교육에서 국악교육을 설계하기 위해서는 먼저 교육 대상과 교육활동에 대한 목표 이해가 우선되어야 한다. 한국문화예술교육진흥원 연구보고서(한국문화예술교육진흥원, 2015)에 따르면 사회문화예술교육의 목표는 “모든 국민의 문화적 삶의 질을 향상하여 국가의 문화적 역량을 강화하는 것”이다. 즉, 사회문화예술교육을 통하여 예술교육의 기회를 제공하고 문화 향유 및 참여를 확대하여 문화적 역량을 강화하자는 것이다. 이러한 사회문화예술교육의 효과는 궁극적으로 국민들이 고루 문화를 향유할 수 있는 문화 기본권을 확보하고 문화 가치의 사회적 확산을 가져오게 될 것이다. 사회문화예술교육의 목표 체계를 그림으로 나타내면 다음과 같다.

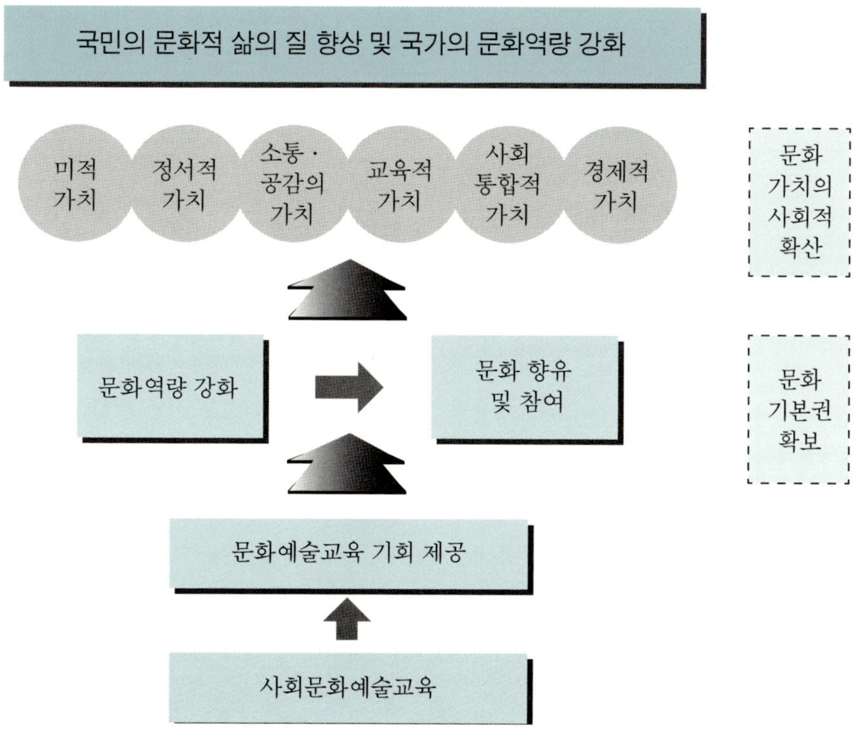

[그림 12-1] 사회문화예술교육의 목표 체계(한국문화예술교육진흥원, 2015)

사회문화예술교육을 위한 수업 설계는 앞에서 제시한 궁극적인 목표 이해를 바탕으로 구체적인 지원사업의 목표도 명확히 이해해야 할 것이다. 현재 진행되는 지원사업은 시행 주체와 교육 대상에 따라 〈표 12-1〉과 같이 다양한 목표를 갖고 있으며, 교수자는 대상에 맞는 목표를 명확하게 인식하여 국악 수업을 설계해야 할 필요가 있다.

〈표 12-1〉 2015년 사회문화예술교육 지원사업 단위사업별 목표(한국문화예술교육진흥원, 2015)

단위사업	2015년 사업계획서에서 제시된 사업 목표
복지기관 문화예술교육 지원사업	• 지역 내 복지시설을 이용하는 아동, 노인, 장애인 대상 정기적인 문화예술교육 기회 제공을 통해 참여자 삶의 질 향상 • 문화예술교육사가 교육 대상자의 특성과 수요에 적합한 문화예술교육 프로그램을 기획 · 실행할 수 있는 지원체계 구축
부처 간 협력 문화예술교육 지원사업	• 참여 주체(협력부처, 운영단체, 교육시설 등) 간 긴밀한 협력체계 구축을 통한 문화예술교육의 정책효과 및 공감대 확산 노력 • 문화예술교육의 질적 역량 제고를 위한 간접 지원 체계화
꿈다락 토요문화학교	• 학교 밖 전문 문화예술 기관 · 단체에서 아동 · 청소년과 그 가족이 함께 참여할 수 있는 토요일 문화예술교육 프로그램을 운영하여 문화예술 소양을 함양하고, 또래 간, 가족 간 소통할 수 있는 여가 문화를 조성
농산어촌 이동형 문화예술교육 지원 사업 '움직이는 예술정거장'	• 문화적 기반이 취약한 농산어촌 및 도서 지역 등 문화 소외지역 대상으로 찾아가는 문화예술교육 프로그램을 운영하여 문화 향유 격차 해소
시민 문화예술교육 지원사업	• 문화예술교육 운영 주체로서 시민 조직의 발굴 및 활동 활성화 지원(일상과 사회의 공감을 가지는 자발적 · 주체적 시민조직의 활동 기반 마련) • 문화적 다양성 창출과 공감의 토대를 마련하는 시민 문화 콘텐츠 확산(전문가의 교육서비스 제공이 아닌, 시민들의 상호 학습과 시민 문화 창출)
지역 특성화 문화예술교육 지원사업	• 지역 밀착형 문화예술교육 활성화(지역별 특성에 기반을 둔 문화예술교육 지원체계를 구축함으로써 생활권 내에서 지역주민들이 지속적으로 문화예술교육 활동에 참여할 수 있는 환경 조성)

창의 예술캠프 '우락부락 (友樂部樂)'	• 어린이들이 방학기간 동안 일상을 벗어나 낯선 공간에서 '예술가와 함께 놀며, 예술 작업하는' 행위를 통해 문화적 격차를 해소하고 예술적 감성을 발견할 수 있도록 함
문화예술 명예문화 예술교육사 사업 〈특별한 하루〉	• 문화예술 명예문화예술교육사의 참여 활성화 및 다양하고 차별화된 프로그램 기획 · 운영을 통해 사업 인지도 상승 및 타 재능기부 사업과의 차별화
문화예술 치유 프로그램	• 심리적 상처를 가진 소외계층을 위한 특화된 예술치유 프로그램의 지원 및 확산 기반 마련 • 예술치유 전문인력 발굴 및 효과성 검증을 통한 중장기적 안정화 기반 마련

2) 교육 대상에 맞는 교육과정[1] 수립

수업 설계는 국악교육 활동에서 특정한 교육목표를 달성하기 위해서 반드시 필요한 일이다. 특히 사회문화예술교육은 학교교육과는 달라서 시행하는 예술교육 사업과 대상에 따라 서로 다른 목표와 의미를 갖고 있기 때문에 교수자는 교육 대상에 맞는 목표, 내용, 방법, 평가에 대한 설계를 할 수 있는 능력을 갖추어야 한다.

교육과정은 교육활동의 조직 사항 전체를 말하는 것으로, 교육의 목적, 목표, 내용, 방법 등의 전반을 포함하고 있다(민경훈 외, 2013). 우리나라는 국가가 제시하는 '음악과 교육과정'에 각 학년에 따라 음악교육의 목표, 내용, 방법을 제시하고 있다. 학교에서 사용하는 음악 교과서는 이러한 교육과정의 기준에 따라 만들어지고 교사는 그 기준에 따라 음악 수업을 진행하게 된다. 교사는 교육과정에서 제시하는 음악과의 목적에 상응하는 내용을 구체적으로 수업에 조직하여 효율적인 방법을 유기적으로 연결하여 교육활동을 하는 것이다.

국가 수준의 교육과정으로 수업이 운영되는 학교와는 달리 사회문화예술교육에서는 그 누구도 교육과정을 제시해 주지 않기 때문에 이 교육과정을 교수자가 직접 설계해야 한다. 현재 사회문화예술교육 현장에서 교수자가 진행하고 있는 수업의 사례는 있지만, 매번 교육 대상은 달라지고 수업을 맡은 교수자도 각자 전공이 달

1) 사회문화예술교육에서는 국가 차원의 교육과정이 없기 때문에 프로그램을 운영하는 교수자가 스스로 '교육과정'을 만들어 사용할 필요가 있다.

라서 스스로 교육 대상과 목표에 맞는 수업을 설계하지 않고는 효율적인 예술교육이 이루어질 수 없는 것이다.

그렇다면 교수자가 수업을 시작하기 전에 대상에 맞는 '나만의 교육과정'을 수립해 놓았을 때 유익한 점은 무엇일까? 첫번째는 수업의 전 과정에서 일관된 교육철학과 교육활동을 유지할 수 있다는 것이다. 두번째는 문화예술교육사가 실기 중심의 교육방식에서 탈피하여 교육 대상과 목표에 맞는 다양한 활동을 전개할 수 있다는 것이다.

이 장에서는 사회문화예술교육의 대상과 목적에 따라 '나만의 교육과정'을 만들어 보고자 한다. 〈표 12-2〉는 교육부의 학교 교육과정을 기초로 하여 작성한 것이다. 먼저 교육 분야, 교육 대상, 교육 수준을 설정한 후, 다음과 같은 기준에 따라 나만의 교육과정을 만들 수 있다.

- 추구하는 인간상-본 교육활동을 통하여 교육 대상이 어떠한 삶을 누리기를 원하는가?
- 목표-본 교육활동의 결과로 대상이 달성하게 될 예술적 성취는 무엇인가?
- 내용-국악 중에서 대상의 수준에 맞추어 어떤 영역과 내용을 가르칠 것인가?
- 방법-내용을 효과적으로 학습하기 위하여 어떤 교육 자료와 방법을 사용할 것인가?
- 평가-교육활동을 통하여 목표가 달성되는지 어떤 방법으로 평가할 것인가?

〈표 12-2〉 나만의 교육과정 양식

〈_______ 대상 국악교육 교육과정〉

작성자: ○○○

대상		수준/ 교육기간	
추구하는 인간상			
교육 목표			
교육 영역/내용			
교수・학습 방법			
평가			

〈표 12-3〉 '무대공연 관련' 직업탐색 프로그램 교육과정 사례

〈'무대공연 관련' 직업탐색 프로그램 교육과정 사례〉[2)]

<table>
<tr><td>대상</td><td>복지기관 청소년 대상</td><td>수준/ 기간</td><td>초급, 직업탐구/ (15주)</td></tr>
<tr><td>추구하는 인간상</td><td colspan="3">• 예술 계통에 다양한 직업군을 이해하고, 견문을 넓히는 사람
• 가상의 공연을 기획할 수 있는 창의적인 사람</td></tr>
<tr><td>교육 목표</td><td colspan="3">• 하나의 공연이 완성되는 과정, 필요한 인력과 그들의 업무를 이해할 수 있다.
• 자신만의 공연을 기획하고, 발표할 수 있다.
• 현장 체험 및 공연 관람을 통해 생소했던 분야에 대해 관심을 가지고, 나아가 새로운 꿈을 꿀 수 있다.</td></tr>
<tr><td>교육영역 / 내용</td><td colspan="3">• 이해
- 공연을 보여 준 뒤 공연이 만들어지는 과정을 설명한다.
- 공연이 만들어지고 무대가 완성되는 데 필요한 인력(직업)을 소개한다.
- 각 직업이 갖추어야 할 능력과, 해당 분야에 대해 소개한다.
- 공연을 기획하는 법을 알려 준다.
• 창작
- 자신이 평소 관심 있던 장르의 공연을 기획하게 한다.
- 조를 짠 뒤, 제비뽑기를 통해 정한 특정 장르의 공연을 기획하게 한다.
• 체험(감상)
- 공연 영상을 통해 다양한 장르의 공연을 감상하게 한다.
- 특정 공연장과 협조하여 무대 리허설 및 본 공연을 참관한다.</td></tr>
<tr><td>교수 · 학습 방법</td><td colspan="3">• 다양한 장르의 공연 영상을 보여 준다. 공연에 어떤 요소들이 포함돼 있는지 발표하게 한 뒤 이와 실제 요소들을 비교한다(대중음악, 뮤지컬 등 대중적인 장르부터 무용, 국악 등의 장르까지 다양한 영상을 시간마다 보여 준다).
• 공연이 제작되는 과정을 그림으로 나타내어 단계별로 필요한 직업과 역할에 대해 자세하게 알아본다. 기획자, 연출, 조연출, 하우스매니저, 극작가, 연주자, 안무가, 무대 기술(조명, 음향, 영상, 특수효과, 의상 및 소품, 악기, 무대배경 등)에 관련된 다양한 직업의 역할과 요구되는 지식에 대해 설명한다.
• 각자 관심 있는 분야, 제비뽑기를 통해 뽑은 분야의 공연을 기획하게 한다. 이 과정에서 각 분야에 대해 조금 더 탐색하게 되고, 이를 통해 다양한 정보 습득과 간접 경험을 하게 된다. 실현가능성과 디테일한 요소들(예산, 테크니컬 라이더 등)은 배제하게 한다.</td></tr>
<tr><td>평가</td><td colspan="3">• 수업 시간에 소개한 다양한 직업군을 이해했는지 평가한다.
• 완성된 '가상 기획서'에 공연에 만들어지는 과정을 잘 표현했는지 평가한다.
• 발표와 사후 검토를 통해 '상호평가' '자가평가' 등을 하게 한다.</td></tr>
</table>

2) 김청원 강사가 작성한 교육과정 사례이다.

3) 교육 대상에 맞는 연간 교육계획서 작성하기

연간 교육계획서는 장기간(약 3~12개월/12~35차시) 동안 수업을 어떻게 구성하고 진행할 것인지를 설계하는 것이다. 교육목표를 달성하기 위하여 주어진 기간 안에 전반기, 중반기, 후반기로 교육내용을 나누고 융통성 있게 수업을 진행할 수 있도록 작성한다. 매회 수업내용은 표현 활동과 이해, 감상 및 생활화 영역의 내용이 고르게 분포되도록 계획을 수립해야 한다. 이 장에서 제시하는 연간 교육계획서를 살펴보고 장단점을 분석해 보자.

〈표 12-4〉 연간 교육계획서 양식

〈_______ 대상 국악교육 연간 교육계획서〉

연간 교육주제		
기획의도		
기간	교육내용	교육 회차 (총 35)
사전 방문 (2월)		
오리엔테이션		1
전반기		2
		3~6
		7~10

중반기		11~20
		21~30
후반기		31~35

〈표 12-5〉 장애인 대상 문화예술교육 연간 국악 수업 계획서 사례[3)]

연간 교육목표	• 국악교육에 참여함으로써 타인과 상호작용을 증진시키고 원만한 인간관계를 형성하게 하여 긍정적인 정서의 변화를 이끌어 낸다.	
참여자	• 장애인 성인(20~40세)으로 장애유형은 지체장애를 동반한 발달장애와 지적장애인 10명으로 이루어져 있다.	
기획의도	• 국악교육을 통해 부정적인 정서를 긍정적으로 발산하고 표출하여 정서적인 안정을 돕고 국악의 다양한 장르를 경험하고 향유하는 것을 통해 음악적인 자기표현 능력을 향상시킨다. 또한 타인과 호흡을 맞추어 노래하고 연주하는 활동을 통해 긍정적인 상호작용을 경험함으로써 바람직한 사회구성원으로서의 역할을 수행하는 것을 목표로 한다.	
기간	교육내용	회차(35)
사전 방문(2월)	• 참여자 진단명 및 필수 사전 정보를 입수한다. • 보유 기자재와 교육환경을 살펴보고 세부 일정을 협의한다. • 기관의 요구와 참여자들의 기대를 알아본다.	0
오리엔테이션	• 다양한 방법(이름표 만들기, 국악인사하기)으로 자기소개를 하고 규칙을 정한다. • 음악적 선호도와 사전에 음악 관련 지식이나 기술 습득 여부에 대한 진단평가를 한다. • 〈아리랑〉 노래 부르기로 친숙한 분위기를 만들어 수업에 참여하고자 하는 동기를 유발한다.	1

3) 박지영 강사가 작성한 장애 분야 연간 계획서이다.

전반기	• 생활 속에서 만날 수 있는 다양한 국악(영화, 드라마, 광고, 대중가요 등)을 살펴본다. • 국악기의 음색이나 생김새, 구조 등에 대해 두루 탐색하고 연주 방법을 알아본다. • 민요와 국악가요를 부르면서 자기표현을 한다. • 노래에 어울리는 장단을 익혀 장구로 연주한다. • 주고받으며 노래 부르고 동료들과 놀이를 통해 상호작용을 함으로써 타인과 소통의 즐거움을 느낀다.	2 ~ 12
중반기	• 노래를 부르며 악기를 연주하고 신체표현(한국무용, 탈춤 등)을 하면서 노래, 악기, 춤이 잘 어우러지는 국악의 즐거움을 느낀다. • 단순한 가락과 리듬의 대중음악에 맞추어 난타 연주를 한다. • 마음의 안정을 주거나 호기심을 자극하는 정악, 민속악, 창작음악을 감상하고 느낌을 이야기한다.	13~ 25
후반기	• 타인과의 음악적 상호작용을 통해 성취감과 만족감을 경험하는 것을 목표로 사물놀이를 연주한다. • 사물놀이 장단의 일부분을 참여자들이 만들게 하여 주인의식을 함양하고 동기를 촉진한다. • 동료들과 사물놀이 연주 발표회를 함으로써 공동체 의식, 소속감, 성취감과 만족감을 경험한다.	26~ 35

2. 사회문화예술교육 대상을 위한 차시별 교수 · 학습 과정안 작성 실습

교수 · 학습 과정이란 수업활동이 이루어지는 시간에 어떠한 목표, 내용, 방법을 적용하여 지도할 것인가를 예상하고 계획한 실제 수업의 설계도를 말한다(권덕원 외, 2013). 교수 · 학습 과정안이 필요한 이유는 교수자가 학습지도의 사전 준비를 철저히 하여 학습내용을 빠짐없이 지도하기 위한 것이고, 이러한 체계적인 수업계획 수립은 학생들의 음악적 성장을 기대할 수 있다. 교수 · 학습 과정안 작성에서 고려할 점은 학생의 수업 실태, 학교의 음악적 환경, 교재의 종류, 문화예술교육사의 음악적 능력 등이며 학습내용의 특성, 학습자의 요구 수준, 변경 가능한 융통성을 반영해야 한다. 특히 사회문화예술교육 사업의 목표를 충분히 이해하고 적용하여 대상에 맞는 수업을 설계하는 것이 필요하다.

1) 국악 교수 · 학습 과정안의 작성 사례

국악 교수 · 학습 과정안의 작성 방법은 앞 장인 11장에서 자세히 다루었으므로 이 장에서는 작성 사례와 유의사항에 중점을 두고자 한다. 국악 교수 · 학습 과정안 작성 시의 유의사항을 정리하면 다음과 같다.

- 국악 활동에 대한 학습목표를 학생의 성취 기준을 중심으로 제시한다.
- 수업의 단계인 도입-전개-정리의 과정에 따라 목표달성에 적합한 내용을 설정한다.
- 실제적인 국악 체험을 할 수 있는 방법을 제시하고 학습자료를 적용한다.
- 교육 대상과 수업 상황에 따라 변동될 수 있는 활동 시 유의점을 체크한다.

〈표 12-6〉에서 제시하는 교수 · 학습 과정안 양식 사례는 한국문화예술교육진흥원의 사회문화예술교육 사업 중 복지기관 문화예술교육 지원사업에서 사용하고 있는 양식이다. 학교에서 사용하는 양식과 항목명에서 다소 차이가 있을 수 있으나 각 항목에서 진술해야 하는 내용에는 크게 차이가 없다.

〈표 12-6〉 사회문화예술교육의 교수 · 학습 과정안 사례[4)]

강사명	○○○	교육 회차	27차시
분야	장애 국악	대상	성인
수업 주제	민요, 놀이, 사물놀이로 표현하고 소통하기	준비물	사물악기, 화이트보드, 보자기, 제기, 노트북, 프로젝터, 음향기기
수업명	〈군밤타령〉 부르며 보자기 제기차기 해요!	핵심 개념	노래로 자기표현하기, 놀이로 동료와 소통하기, 사물놀이 연주로 예술적 표현하기
교육목표	1. 장단에 맞추어 〈군밤타령〉을 노래 부를 수 있다. 2. 동료들과 호흡을 맞추어 보자기 제기차기를 할 수 있다. 3. 휘모리장단의 구음을 익혀 사물악기로 연주할 수 있다.		

4) 박지영 강사가 작성한 장애 분야 교수 · 학습 과정안 사례이다.

학습단계	시간	수업내용
기대효과		1. 〈군밤타령〉은 자진모리장단의 경기민요로 가락이 단순하고 장단이 홍겨워서 쉽게 따라 부를 수 있다. 모노톤, 조음, 발성의 어려움을 겪는 장애인들이 홍겹게 노래를 부르면서 표현언어 능력의 향상을 기대하며, 더불어 노래를 통한 자기표현을 할 수 있도록 한다. 2. 놀이를 통해 동료들과의 긍정적인 상호작용을 기대한다. 악기 연주 전에 몸을 움직이는 활동을 함으로써 에너지를 분출하는 효과도 기대할 수 있다. 3. 사물놀이 악기의 역할을 나누어 장단을 연주하면서 기능이 높은 참여자는 조금 더 심화된 활동을 할 수 있기 때문에 활동에 지속적으로 참여할 수 있는 동기를 부여하고, 음악적으로 완성도 있게 연주함으로써 예술적으로 표현하는 즐거움과 만족감을 느낀다.
주요 교육내용		• 〈군밤타령〉 노래 익히기 • 보자기 제기차기 놀이하기 • 사물놀이 휘모리장단 연주하기
도입	20분	□ **음악 감상하며 긴장 이완하기** • 참여자는 원형으로 의자에 앉는다. • 숙명가야금 연주단의 가야금 연주를 감상하는 것으로 국악 수업의 시작을 알린다. • 출석여부를 확인하고 참여자들의 컨디션을 확인하면서 인사를 한다.
	80분	□ **〈군밤타령〉 노래 익히기** • 그림퀴즈로 군밤을 떠올린다. • 군밤을 먹어 본 경험에 대해 이야기 나눈다. • 노랫말을 읽어 보고 노래의 내용에 대해 설명한다. • 강사의 시범창을 감상한다. • 두 장단씩 듣고 따라 부른다. • 전체를 반복해서 노래하고 익숙해지면 한 명씩 노래 부른다.
전개		□ **보자기 제기차기 놀이하기** • 보자기 제기차기의 방법을 알아본다. • 모둠을 나누어 보자기 제기차기를 한다. • 다양한 형태로 보자기 제기차기를 한다. • 〈군밤타령〉을 노래 부르거나 들으며 보자기 제기차기를 한다. • 짝과 호흡을 맞추어 보자기 제기차기 놀이를 한다. • 잘된 모둠을 칭찬하고 소감을 이야기 나눈다. □ 사물놀이 휘모리장단 연주하기 • 전시에 학습한 휘모리장단의 말장단을 떠올리며 노래 부른다. • 휘모리장단의 기본장단을 장구 구음으로 익힌다. • 구음으로 익숙하게 부르게 되면 장구로 연주한다.

		• 사물악기를 나누어 휘모리장단의 기본장단을 연주한다. • 동료들의 소리를 잘 듣고 호흡을 맞추어 사물놀이를 연주한다. • 악기를 정리한다. • 본인이 사용한 악기는 스스로 정리할 수 있도록 한다.
정리	20분	□ **악보 사보 및 정리하기** • 사인펜으로 휘모리장단을 사보한다. • 각자 사보한 악보를 수업 초반에 나누어 주었던 클리어파일에 끼워 넣는다. • 수업내용을 다시 한 번 정리한다. • 수업 참여를 격려하고 박수치며 수업을 마친다. • 교실 뒷정리를 하고 퇴실한다.

2) 국악 교수 · 학습 과정안 분석

〈표 12-8〉에 제시한 국악 교수 · 학습 과정안을 〈표 12-7〉에 제시한 평가지의 항목에 따라 분석하고 수업의 장단점을 발표하도록 한다.

〈표 12-7〉 국악 교수 · 학습 과정안 평가지

	분석 내용	평가		
1	사회문화예술교육의 목적에 맞는 수업인가?			
2	학생들의 국악적 능력 및 수준을 고려한 수업인가?			
3	학습목표는 명시적 동사를 사용하여 학습자 입장에서 도착점 행동용어로 진술하였는가?			
4	수업 내용과 방법은 목표를 달성하는 데 가장 적합한 활동인가?			
5	수업에 필요한 적절한 자료를 선정, 활용하였는가?			
6	국악의 이해, 표현, 감상, 생활화 영역이 고르게 반영되었는가?			
7	국악의 미적 체험을 통해 음악의 가치를 내면화하도록 하는가?			
8	활동지는 수업내용과 일치하도록 구성되었는가?			
9	활동지는 학생의 호기심과 참여도를 높일 수 있도록 구성되었는가?			
10	잘한 점 및 수정 보완할 점을 서술하시오.			

〈표 12-8〉 국악 교수 · 학습 과정안 사례

단원	〈풍년가〉	대상	복지기관 아동/ 초 5~6학년
학습주제	추임새로 소통하기	학습자료	장구, 활동지, 음원
학습모형	음악 만들기 중심 수업모형	차시	2 / 4
학습목표	• 모둠별로 〈풍년가〉를 만들고 추임새 하며 노래 부를 수 있다. • 추임새 할 때와 추임새를 받을 때의 기분을 서로 나눈다.		

단계	교수 · 학습 활동	시간	유의점(∨) 및 학습자료(*)
도입	ㅁ〈풍년가〉를 부르며 추임새하기 • 명창들이 부르는 〈풍년가〉를 들어 보고 알맞은 곳에 추임새를 해 봅시다. - 명창들이 부르는 〈풍년가〉를 들으면서, 자신의 흥을 살려 추임새를 해 본다.	5′	*명창 CD자료 ∨추임새를 하면서 즐거운 분위기가 되도록 한다.
전개	1. 나의 앞날 생각해 보기 • 10년 뒤에(23세) 여러분에게는 새로운 많은 일들이 생길 것입니다. 그때를 상상하며 자유롭게 이야기해 봅시다. 2. 모둠별로 주제를 선택하여 〈풍년가〉 만들기 • 모둠별로 정한 주제를 바탕으로 서로서로 협력하여 새로운 풍년가를 만들어 봅시다. 〈예시1〉 어른이 되어서 자신이 원하던 직업을 갖게 되었다면 ______________. 〈예시2〉 남북통일이 되어 백두산 여행을 하게 되었다면 ____________________. 3. 〈10년 뒤 우리들의 풍년가〉 발표하기 • 모둠별로 만든 〈풍년가〉를 발표해 봅시다. 4.생활 속 상황에 따라 추임새 나누기 • 생활 속에서 친구의 말에 어떻게 추임새를 하는지 발표해 봅시다. 5. 음악 추임새로 인한 생활 추임새 변화 나누기 • 음악 추임새가 생활 추임새를 하는 데 도움이 되었는가 나누어 봅시다.	10′ 10′ 10′	∨자신의 경험을 살려서 풍년가를 새로운 가사로 만들어 보도록 한다. ∨음악 추임새로 인하여 생활의 변화가 이루어지도록 학생들을 지도한다.

정리	ㅁ학습활동 평가 및 정리 • 추임새 활동과 관련된 생각이나 느낌은 나누어 봅시다. ㅁ차시 예고 • 다음 시간에는 〈둥당기 타령〉을 불러 보고 장단을 새롭게 만들어 보는 활동을 하겠습니다.	5′	
평가 계획	ㅁ자기 및 상호평가하기 • 모둠별로 〈풍년가〉를 만들어 추임새 하며 노래 부를 수 있는가? • 추임새 할 때와 추임새를 받을 때의 기분을 서로 나눌 수 있는가?		

〈표 12-9〉 추임새 교육 활동지 부록

〈나의 풍년가를 만들어 볼까요?〉

성명:________________

1. 풍년가에 맞추어 추임새 말과 성음을 만들고 기호로 표시해 보세요.

풍-년-이 왔네-- (---------)	풍 년이 왔 -네 (---------)
금 - 수 강산- 에 -- (-------)	풍 년이 왔 ㅡ네 (-------)
지화자 좋-다 (---------)	얼 -씨구나 좋 구 좋다 (------)
명-년 춘삼월에 (---------)	화전 놀이 가ㅡ자 - (--------)

2. 10년 뒤에 부를 풍년가를 만들어 봅시다.

주제:

- 10년 뒤에(23세) 여러분에게는 많은 일들이 생길 것입니다. 그때를 상상하면서 우리들의 풍년가를 만들어 봅시다.

〈예시 1〉 23세에 우연히 길에서 지금 옆에 있는 친구를 만난다면 ____________.
〈예시 2〉 어른이 되어서 자신이 원하던 직업을 갖게 되었다면 ____________.

풍-년-이 왔네--	
지화자 좋-다	얼 -씨구나 좋 구 좋다

〈표 12-10〉 국악 교수·학습 과정안 사례

<table>
<tr><td>강사명</td><td>○○○</td><td>교육
회차</td><td>11회차</td></tr>
<tr><td>분야</td><td>예술경영 / 공연기획</td><td>교육 대상
(연령대)</td><td>복지기관 청소년 대상
(14~15세)</td></tr>
<tr><td>수업 주제</td><td>공연기획 프로세스</td><td>학습자료</td><td>유인물, ppt, 관련 영상</td></tr>
<tr><td>수업명</td><td>공연기획, 무엇이 중헌디</td><td>핵심 개념</td><td>• 공연기획서
• 공연의 구성, 목적, 의의</td></tr>
<tr><td>교육목표</td><td colspan="3">• 영상자료와 공연 예시들을 통해 공연 예술 분야의 다양한 장르와 직업에 대해 이해할 수 있다.
• 10회차 수업결과(공연 제목과 장르 정하기)를 통해 자신만의 공연을 구상할 수 있다.</td></tr>
<tr><td rowspan="3">기대효과 /
수업의 효과</td><td>직업
탐구</td><td colspan="2">공연·예술 분야에는 다양한 직업군이 있는데, 교육 대상들의 연령대에서는 이를 알기가 어렵다. 그 직업들을 소개해 줌으로써 교육 대상들은 다양한 직업에 대한 정보를 제공받고, 나아가 장래의 진로를 결정할 때 참고할 수 있다.</td></tr>
<tr><td>공연을 보는 안목</td><td colspan="2">'아는 만큼 보인다.'라는 말이 있다. 교육 대상의 대부분은 공연 관람 시 공연의 외적인 부분(배우, 스토리 등)만을 감상하게 되는데, 위 수업을 통해 공연의 내적이고 자세한 부분들에 시선이 가게 되고, 공연이 만들어진 과정을 상상해 볼 수 있다.</td></tr>
<tr><td>창의력
증진</td><td colspan="2">조별로 자신들만의 공연을 구상하고 만들어 가는 과정에서 교육 대상은 타인의 생각과 아이디어를 듣고, 자신의 생각을 말하게 된다. 위 과정을 통해 한층 더 창의적으로 사고할 수 있게 된다.</td></tr>
<tr><td>주요
교육내용</td><td colspan="3">• 공연 기획서 작성 양식 중 도입 부분인 '제목, 공연개요, 기획의도, 공연 내용'에 대해 설명한다.
• 배운 부분에 대해 조별 토론의 시간을 부여한 뒤 토론 결과를 나누어 준 학습지에 맞춰서 정리하게 하고, 대표자가 나와서 발표하게 한다.</td></tr>
</table>

<table>
<tr><th colspan="2">학습단계
시간(분)</th><th>수업내용</th><th>자료</th></tr>
<tr><td rowspan="2">도입
20분</td><td>영상 시청-흥미유발
(10분)</td><td>T. 안녕하세요? 지난 시간에 조랑 그 조에서 어떤 장르의 공연을 만들 건지 다 정했죠? 조별로 앉고 나눠 주는 프린트를 각자 받아 주세요.
- (유인물을 나눠 주고, 조별로 앉게 한다.)
T. 제가 여러분에게 공연 영상을 두 개 보여 줄 건데, 이 공연을 보고 프린트에 빈칸(제목, 공연개요, 기획의도, 공연 내용)을 채워 보세요.
- (첫 번째 공연 영상. 아이돌 그룹의 콘서트)</td><td>영상(1)
영상(2)</td></tr>
<tr><td>기획서
작성요령
알기1
(10분)</td><td>T. 방금 보신 공연의 제목이 뭘까요?
S. xx아이돌 콘서트요.
T. 이 공연은 왜 만들었을까요?
S. 유명해질려구요. 돈 벌려구요.
T. 네, 맞습니다. 여러분이 대답한 것은 공연기획에서 '기획의도'라고 하는 거예요. 이번에는 조금 생소한 공연 영상을 보여 드릴께요.
-(두 번째 공연 영상. 해외 사물놀이 공연 영상)
T. 이 공연은 왜 만들었을까요?
S. 우리나라 음악을 세계에 알리려고요.
T. 네, 맞습니다. 여러분이 대답한 것은 공연을 만들 때 제일 먼저 생각해야 하는 것입니다. 수익을 내기 위한 것인가 과시를 하기 위한 것인가를 생각해 보세요.
오늘부터 여러분들은 1학기 때 배웠던 내용들을 토대로 '공연 기획서'라는 것을 써 볼 거예요. 어렵게 생각하지 말고, 어떤 공연을 하고 싶은지 토의해 보고 나눠 드린 프린트에 맞게 적어 보세요.</td><td></td></tr>
<tr><td rowspan="2">전개
50분</td><td>조별 활동
-기획서
만들기
(25분)</td><td>S. 조별 토론을 통해 기획서의 기본 양식 채우기
차별화된 공연을 만들기 위한 아이디어 회의
T. (교수자는 돌아다니면서 학생들에게 질문받고 학생들의 창의적 사고를 유도하는 시도를 계속한다.)</td><td>유인물</td></tr>
<tr><td>조별 활동
결과 발표
(25분)</td><td>T. 이제 여러분들끼리 토론을 한 내용과 아이디어를 다른 친구들에게 알려 주는 시간을 갖겠습니다. 여러분은 잘 듣고 저 팀이 할 공연에 이런 게 들어가면 더 좋겠다 싶은 것들을 얘기해 주세요.
S. 조별로 돌아가면서 발표 및 피드백
T. 학생들의 피드백 이후 코멘트를 통해 방향 정립 및 지도</td><td>유인물</td></tr>
</table>

<table>
<tr><td rowspan="2">정리
10분</td><td>피드백, 수정 (5분)</td><td>S. 발표하며 들은 학우들의 피드백과 교수자의 코멘트를 기반으로 공연 기획서 수정</td><td>유인물</td></tr>
<tr><td>차시 예고 및 과제 제시</td><td>T. 자, 이제 우리가 어떤 공연을 할 것인지까지 정했습니다.
다음 시간에는 그 공연이 어떻게 전개될 것인지, 어떤 스토리로 흘러갈 것인지에 대해 얘기해 보겠습니다.
다음 주 수업 시간까지 조별로 공연 내용에 대해 의논해 오세요.</td><td></td></tr>
<tr><td colspan="2">확장활동</td><td>학생들의 참여를 활성화하고, 흥미를 유발시키기 위해
각자의 공연의 주연을 정해 본다.</td><td></td></tr>
</table>

〈표 12-11〉 공연기획수업 활동지 부록

공연기획수업 활동지-제11회차

〈공연기획, 무엇이 중헌디 - 공연 기획서 작성하기〉

(　)반 (　)조, 공연 장르 - (　)
조장(　) 조원 (　)

우리가 만든 공연 - 조별 공연 기획서	
공연 제목	
공연 장르	
공연 시기	
공연 일자 선택 이유	
공연장	
공연장 선택 이유	
기획의도 (수익성 · 과시성)	
공연의 성격 (concept)	
공연의 차별화 아이디어	

사회문화예술교육은 사회적 취약계층을 대상으로 하는 예술교육을 시작으로 현재는 전 국민이 다양한 문화예술을 즐길 수 있는 예술교육으로 영역이 확대되고 있다. 이 장에서는 사회문화예술교육에서 대상에 따라 수업을 설계하고 문서로 작성하는 방법을 알아보았다. 수업 설계는 교육의 시작을 뜻하며, 수업 설계 실습을 통하여 체계적으로 수업을 계획하는 방법을 배울 수 있다. 이와 같은 교육적 역량 강화로 학습지도 준비를 원활하게 하고 효과적으로 학생들의 음악적 성장을 도울 수 있을 것이다.

토의주제

1. 사회문화예술교육의 목표는 무엇일까?
2. 사회문화예술교육에서 청소년을 위한 국악교육의 유형을 선택하고 연간 계획안을 작성해 보자.
3. 사회문화예술교육에서 성인을 위한 국악교육의 유형을 선택하고 1차시 교수·학습 과정안을 작성해 보자.

참고문헌

권덕원, 황병훈, 송정희, 박주만(2013). 국악교육론. 경기: 교육과학사.

김세준, 김세훈, 민정아, 전민정, 김명준, 장두용, 송안나, 최윤희(2015). 2014 사회문화예술교육 현황 조사. 서울: 한국문화예술교육진흥원.

민경훈, 김신영, 김용희, 방금주, 승윤희, 양종모, 이연경, 임미경, 장기범, 조순이, 주대창, 현경실(2013). 음악교육학총론. 서울: 학지사.

한국문화예술교육진흥원(2011). 2011 사회문화예술교육 프로그램 분석 연구. 서울: 한국문화예술교육진흥원.

한국문화예술교육진흥원(2015). 2015 지역기반 사회문화예술교육 프로그램 사례분석. 서울: 한국문화예술교육진흥원.

양혜원, 김세훈, 박영정, 임학순, 권순일, 이사민(2015). 2015 사회문화예술교육 중장기 사업전략 연구. 한국문화예술교육진흥원 연구 보고서. 서울: 한국문화예술교육진흥원.

찾아보기

[인 명]

[내 용]

ㅈ

ㅊ

저자 소개

윤명원(尹明遠, Yoon Myung won)

서울대학교 음악대학 국악과

서울대학교 음악학 석사

고려대학교 문학 박사

현 단국대학교 국악과 교수

〈논문 및 저서〉

문화예술교육 교육표준 개발 연구:국악(한국문화예술교육진흥원, 2011, 공저)

국악교육논총(국악춘추사, 2004)

한국음악론(음악세계, 2003, 공저)

곽은아(郭銀兒, Kwak Eun ah)

이화여자대학교 음악대학 한국음악과

이화여자대학교 음악학 석사

성균관대학교 철학 박사

현 이화여자대학교 한국음악과 교수

〈논문 및 저서〉

한국전통음악교육의 철학적 토대와 교과과정 적합성 분석(성균관대학교 대학원 박사학위논문, 2013)

강혜인(許胤晶, Kang Hye in)

경북대학교 예술대학 음악학과

경북대학교 음악교육학 및 한국음악학 석사

동아대학교 음악문화학 박사

현 이화여자대학교 문화예술교육원, 중앙대학교 전통예술학부 강사

〈논문 및 저서〉

날아라 유아국악(민속원, 2013, 공저)

한국전래동요의 음악문화 연구(동아대학교 대학원 박사학위논문, 2007)

한국근대음악의 전개양상(한국예술종합학교 전통예술원, 2005, 공저)

박소현(朴昭鉉, Park So hyun)

한양대학교 음악대학 국악과
한양대학교 음악학 석사
한양대학교 음악학 박사
현 영남대학교 음악대학 음악과 교수

〈논문 및 저서〉
만주이야기(동북아역사재단, 2013, 공저)
명인에게 길을 묻다 II(민속원, 2006, 공저)
신을 부르는 노래 몽골의 토올(민속원, 2005)

박지영(朴志永, Park Ji young)

이화여자대학교 음악대학 한국음악과
명지대학교 음악치료학 석사
경인교육대학교 음악교육학 석사
현 이화여자대학교 국악과, 수원대학교 국악과, 서원대학교 음악교육과 강사

〈논문 및 저서〉
초등 3-4 음악교과서(천재교육, 2018, 공저)
창의적인 어린이를 위한 국악교육(교육과학사, 2016, 공저)
초등 5-6 음악교과서(교학사, 2014, 공저)

정모희(鄭牟姬, Jung Mo hee)

영남대학교 음악대학 국악과
영남대학교 음악학 석사
현 한국문화예술교육진흥원 예술강사

〈논문 및 저서〉
달성다사12차진굿의 장단 분석 연구(영남대학교 대학원 석사학위논문, 2014)

황부남(黃富南, Hwang bu nam)

경북대학교 예술대학 국악학과

동국대학교 한국음악 석사

성균관대학교 교육학 박사

현 녹천중학교 음악교사

〈논문 및 저서〉

중학교 국악수업에 관한 연구동향 고찰 (예술교육연구, 제14(1)집, 2016, 공저)

Scaffolding을 적용한 민요수업 방안 고찰(남북문화예술연구, 제9집, 2011, 공저)

유아국악교육 프로그램연구(한국전통음악학, 제6집, 2005)

이영주(李暎周, Lee Yeong ju)

중앙대학교 음악대학 피아노과

단국대학교 음악교육학 석사

현 한광중학교 강사

〈논문 및 저서〉

자유학기제를 중심으로 한 예술중심 융합교육의 분석 및 제언(단국대학교 교육대학원 석사학위논문, 2017)

배영진(裵榮珍, Bae Young jin)

우석대학교 문화사회대학 국악과

대구대학교 사범대학 유아교육과

중앙대학교 유아국악교육 석사과정 수료

현 대구 홍익유치원 원장

국악 교수 · 학습방법
Korean Traditional Music Teaching and Learning Method

2018년 2월 23일 1판 1쇄 인쇄
2018년 2월 28일 1판 1쇄 발행

지은이 • 윤명원 · 곽은아 · 강혜인 · 박소현 · 박지영
정모희 · 황부남 · 이영주 · 배영진
펴낸이 • 김진환
펴낸곳 • (주) 학지사
04031 서울특별시 마포구 양화로 15길 20 마인드월드빌딩
대표전화 • 02)330-5114 팩스 • 02)324-2345
등록번호 • 제313-2006-000265호

홈페이지 • http://www.hakjisa.co.kr
페이스북 • https://www.facebook.com/hakjisabook

ISBN 978-89-997-1402-3 93370

정가 18,000원

이 도서의 국립중앙도서관 출판시도서목록(CIP)은 서지정보유통지원시스템 홈페이지(http://seoji.nl.go.kr)와 국가자료공동목록시스템(http://www.nl.go.kr/kolisnet)에서 이용하실 수 있습니다.
(CIP 제어번호: CIP2018006855)